# HIDDEN IN
# PLAIN SIGHT
# 관찰의 힘

# HIDDEN IN
# PLAIN SIGHT

## 관찰의 힘

평범한 일상 속에서
미래를 보다

얀 칩체이스·사이먼 슈타인하트 지음 | 야나 마키에이라 옮김 | 이주형 감수

WINNER'S BOOK

# 한국 독자들에게

## :

한국은 매우 빠른 속도로 글로벌 경제의 엘리트 반열에 올라섰습니다. 하지만 급변하는 글로벌 시장의 치열한 경쟁 속에서 선두 자리를 지키기란 쉽지 않습니다. 삼성, LG, 현대 같은 기업들은 인도, 중국, 인도네시아, 러시아 등의 소비자층에 접근해 새로운 시장을 개척하는 데 보다 많은 노력을 기울이고 있습니다. 이곳의 소비자들은 한국 대기업들의 기존 고객들과 비교했을 때 삶의 모습과 구매 행위가 매우 다른 양상을 띠고 있기 때문이지요.

저는 지난 10년 동안 한국을 비롯해 세계 각국 대기업들의 의뢰를 받아 지구촌 각지를 종횡무진 누벼왔습니다. 나의 고객사들은 새로운 시장을 제대로 찾아내고 그 속에서 경쟁력을 갖기 위해서는 인간에 대한 심도 있는 통찰이 필요하다는 사실을 잘 알고 있습니다. 그러려면 사람들이 아침에 일어나서 잠자리에 들기 전까지 하는 모든 일부터 그들의 포부나 희망 그리고 두려워하는 것이 무엇인지 등에 관해 다층적으로 분석하고 이해하는 게 중요합니다.

지난 수년간 한국이 공공장소에 첨단 기술을 구축하는 것에서부터 한류 드라마나 K-POP에 이르기까지 지구촌 문화를 창조하는 트렌드 리더로 탈바꿈하는 모습을 지켜보았습니다. 반면 미니홈피와 같은 흥미롭고도 독특한 기술이 세계무대에서 자리 잡지 못하고 막다른 골목에 다다르는 모습을 목격하기도 했습니다. 여러분이 흥미로운 제품을 보유하고 있더라도 그것의 진가는 존재 자체에 있는 것이 아닙니다. 인간에게 동기를 부여하는 요인에 대해 깊이 이해하고 거기에서 비롯된 통찰력을 적용해 문제를 해결하고 도전을 헤쳐 나갈 때에야 비로소 그 제품의 진가가 발휘된다는 사실을 이 책을 통해 깨닫게 될 것입니다.

한국 기업들은 시장에서 얄팍한 상술을 쓴다는 비판을 가끔씩 받습니다. 즉 교묘한 시장 포지셔닝과 효과적인 마케팅으로 매출을 올리기는 하지만 제품의 근간이 되는 사용자 가치는 제한적이거나 거의 없는 경우가 많습니다. 신흥시장의 급증하는 신규 소비자들에게는 이런 전략이 잘 먹히는 게 사실입니다. 경쟁이 심하지 않고 제품에 대한 이해도가 상대적으로 낮기 때문입니다. 그러나 통신이 발달한 글로벌 경제의 소비자들은 정보를 신속히 얻을 수 있기 때문에 이런 전략을 구사하다간 상당히 위험해질 수 있습니다. 막대한 자금을 투여해 시장점유율을 높일 수는 있겠지만 인간 행동에 대한 근본적인 통찰이 없다면 제품 및 브랜드와의 관계는 피상적인 수준에 머물게 될 것입니다.

저는 이 책에서 인간 행동과 그 저변 동기를 바탕으로 사물의 진정한 가치를 이해하기 위한 '관찰 여행'을 떠나고자 합니다. 여러분의 동네에 있는 작은 카페나 포장마차에서 그 여정을 시작해도 좋을 것입니다. 여러분은 사람들의 행동이나 습관, 오랫동안 당연시하던 것들을 관찰해 해독하는 방법을 배우게 될 것입니다. 사물을 한 꺼풀씩 벗겨내고 관찰하면서 얻은 통찰력으로 향후 각광받을 제품과 서비스가 무엇인지 파악하고 영감을 얻을 수 있도록 말입니다.

2019년 6월

얀 칩체이스

## 감수자의 말

《관찰의 힘》에서 저자 얀 칩체이스는 '드러나 있어 보이지 않는 hidden in plain sight' 사람들의 행동과 생각을 꿰뚫어볼 수 있는 그만의 검증된 비법을 숨김없이 보여준다. 우간다, 인도, 브라질, 이집트를 비롯한 아시아와 아프리카, 남미와 중동을 넘나들며 펼쳐지는 저자의 '여행기'를 읽다 보면, 이 책이 소비자 행동심리학에 관한 책인지, 세계 각지의 트렌드를 조사하고 미래를 예측할 수 있도록 도와주는 안내서인지, 아니면 예능 프로그램 〈정글의 법칙〉의 비즈니스 버전인지 헷갈릴 정도다.

저자가 2010년부터 몸담고 있는 프로그frog는 우리에게 프로그 디자인Frog Design이라는 이름으로 더 잘 알려진 세계적인 디자인 회사이자 이노베이션 컨설팅 회사다. 휴대전화 제조회사 노키아에서도 10년 동안 근무하며 인간 중심의 디자인human-centered design에 관한 세계적인 전문가로 명성을 떨친 저자의 업무는 전 세계에 흩어져 살고 있는 사람들 속으로 들어가 그들의 평범한 일상 속에서 미래를 보는 일이다. 사람들이 당연하게 받아들이는 사소한 일들을 완전히 새로운 눈으로 바라봄으로써 영감을 얻고 이를 비즈니스에 활용하는 저자의 독특한 방법을 독자 여러분은 이 책에서 배울 수 있다.

저자가 국가나 성별, 나이, 소득수준, 문자 해독 여부 등 다양한 배경을 가진 사람들을 대상으로 관찰하고 해독하고 분석한 결과물들에 대해 세계 유수의 대기업들은 엄청난 돈을 지불한다. 하지만 저자의 관찰 기법과 노하우가 주목을 끄는 진짜 이유는 그 관찰로부터 예리한 통찰력을 이끌어내고 이를 비즈니스와 일상에 적용하여 창조적인 성과를 만들어낼 수 있기 때문이다. 이 책의 저자는 단순한 관찰자에 머무르지 않고, 본인이 직접 25개가 넘는 특허를 출원하기도 했다. 미국의 경영 전문 월간지 〈패스트 컴퍼니〉가 저자를 두고 "디자인 연구의 제임스 본드"라고 부른 것이나, 세계적인 경영 전문지 〈포춘〉이 "개발도상국을 위한 기술의 인디애나 존스"라고 찬사를 보내고 "세계에서 가장 똑똑한 50인(기술 분야)"으로 선정한 것은 결코 우연이 아니다.

책 속에 빠져 저자의 지구촌 여행기를 따라가다 보면 독자 여러분은 다음과 같은 흥미진진한 이야기를 만나게 된다. 우간다에서는 주도면밀한 사업 준비나 정식 서비스 제공자가 없음에도 불구하고 세계 어느 곳보다 먼저 모바일 뱅킹이 탄생했으며, 태국에서는 십 대 소녀들이 부모의 경제력을 과장하기 위해 39바트짜리 가짜 치아교정기를 산다. 베트남에서는 3~4리터 정도 되는 반투명한 액체가 담긴 커다란 병이 길가 벽돌 위에 놓여 있고 그 옆에 10살 정도 되어 보이는 소년이 플라스틱 호스를 들고 있는 모습을 목격할 수 있는데 이는 다름 아닌 주유소다.

이 책에는 저자가 즐겨 사용하는 다양한 관찰의 방법론과 분석의 틀이 등장한다. 새로운 기술이나 아이디어가 확산되는 과정을 저자 자신이 발로 찾은 사례들과 함께 생생하게 설명한 부분이 인상적이며, 사회관계망이 혁신의 확산에 미치는 영향에 대해 저자 특유의 관점과 이야기로 풀어낸 부분도 흥미롭다. 평범한 인간 활동을 완전히 새로운 시각으로 들여다보기 위해 저자는 한계치 맵 threshold map이라는 기법을 이용하는데 간단하면서도 효과적인 이 방법은 마케팅이나 디자인 분야에 종사하는 독자들뿐만 아니라 사람들의 행동과 거기에 숨겨진 이유를 이해하고자 하는 사람이라면 누구나 유용하게 응용할 수 있는 도구이다.

저자가 책에서도 강조했듯이 "사물을 새로운 시작으로 보고, 길목마다 의문도 던져가며, 삶의 구석구석을 탐구하는 것"이 이 책을 가장 잘 활용하는 방법이다. 저자가 세계 곳곳을 누비며 몸소 보여준 '관찰의 힘'으로 무장하고 새로운 일상 속으로 모험을 떠나보자.

2019년 6월

이주형

# 목차 ────────────── ❶

# 혁신을 갈망한다면, 주변을 살펴보라

:

내가 신기하고도 흥미진진한 특수직에 종사한다고 생각하는 사람들이 꽤 있다. 사실 따져보면 내가 하는 일은 그저 사람들이 어떤 것에 반응하는가를 연구하는 것이다. 즉, 사람들이 당연하게 받아들이는 사소한 일을 감지해서 그것을 해독하는 일을 주로 하는데, 세계 유수의 대기업들은 이 일을 위해 아낌없이 돈주머니를 푼다.

내가 하는 일은 다양하다. 미국 유타 주에서 일요 예배에 참석하기도 하고, 도쿄 외곽에 있는 대규모 건축자재 마트의 통로를 누비거나, 꼭두새벽에 주택가로 가서 사람들이 하루를 시작하기 위해 부산히 움직이는 모습을 관찰하기도 한다.

또 어떤 때는 앞으로 사회가 흘러갈 방향을 이해하는 데 도움이 될 만한 극단적인 상황이나 활동에 뛰어들어 미래의 한 페이지를 엿보기도 한다. 말레이시아에서 고리대금업자에게 돈을 빌린다든지, 중국 외딴 사막에서 공안 경찰에게 체포되었다가 말재주로 풀려난다든지, 우간다의 수도 캄팔라에서 혼잡한 출퇴근길을 오토바이로 달린다든지, 호주머니에 현금을 가득 쑤셔 넣고 범죄가 판을 치는 리우 데 자네이루의 거리를 걷는다든지 하는 것들이 그 예다.

위험이란 것은 상대적이다. 개인적 생각으로는 아프가니스탄 수도 카불에서 AK-47 소총의 중고 시세를 알아보는 것보다 상하이에서 구두 쇼핑을 하는 여자를 따라나서는 것이 더 위험한 듯하다. 사진기가 행여 눈에 띄기라도 하면 경쟁업체에서 자사 제품을 역분석하기 위해 파견한 직원인 줄 알고 구두가게 경비원이 당장 출동할 테니 말이다. 반면 카불에서는 사진기를 들고 있는 외국인을 우려하는 사람은 아무도 없다. 어차피 여기서 파는 총은 이 나라에 오는 사람들에게 팔기 위해 만든 복제품이라는 것을 누구나 알기 때문이다.

이렇듯 파란만장한 직업이지만 나름의 매력이 있다. 가령 온종일 경비원들을 피해 도망치다가 마야 신전 꼭대기에서 잠든 이튿날, 발밑으로 정글의 울창한 밀림을 내려다보며 근사한 새벽을 맞이한 적도 있다. 또 한번은 자전거를 코코넛 배에 묶고서 조심조심 모스키토 해안Mosquito Coast을 따라 항해를 한 적도 있다. 좋아하는 일을 하면서 사례도 두둑이 받고, 고객사들의 성공에 이바지한다는 보람도 크게 느끼다 보니, 내가 일을 하고 있는 것인지 놀고 있는 것인지 분간이 안 갈 때가 많다.

나는 평소 사진기를 갖고 다닌다. 요즘 들고 다니는 모델은 부피가 크고 기능이 단순한 캐논 EOS 5D Mark II인데 큰돈을 주고 샀지만 이미 본전을 다 뽑았다. 전문적으로 사진을 찍는 사람은 아니지만 평범한 것을 관찰하는 데는 전문가라 할 수 있다. 어딜 가든 나는 휴대전화로 전화를 거는 모습, 지갑에서 현금이나 신용카드를 꺼내는 모습, 차에 기름을 넣는 모습 등 평범한 사람들이 평범한 물건으로 평범한 일을 하는 것을 관찰하는 데 시간을 쏟는다. 그런 일상 속에서 아직 개척되지 않은 세계 시장의 문을 열어젖힐 도화선을 발견할 수 있기 때문이다. 팔려는 상품이 하이테크 무선 네트워크 시스템이든 최첨단 기술과는 거리가 있는 비누 덩어리든 상관없다. 내 목적은 고객사가 뚜렷한 경쟁우위를 확보할 만한 기회를 감지해내는 것이다. 그런데 어떤 기회는 수익 극대화가 그 동기지만, 다른 한편으로는 의료혜택, 교육, 빈곤과 같이 세계 곳곳에서 일어나는 중대한 사회문제를 해결하고자 하는 열망이 동기가 되기도 한다.

이러한 모든 상황에서 내가 찾는 것은 대부분의 사람이 그저 기계적으로 별 생각 없이 하는 행동과 그 행동을 하게 만드는 저변 동기다. 그러다 보니 "왜 저 사람들은 저런 일을 할까?", "왜 저런 방법을 사용할까?" 하는 질문들이 늘 나를 따라다닌다.

## 기술의 탄생과 소멸

:

사람들을 이해하려면 먼저 손대지 않은 자연스러운 환경에서 인간이 어떻게 움직이는지 이해해야 한다. 손대지 않은 자연스러운 환경이란 곧 혼돈과 모호성의 세계며, 결과의 세계이자, 늘 변화하는 세계다.

그런 의미에서 철저한 과학적 사고로 변수 한두 가지를 조절하면서 그것이 결과에 미치는 영향을 알아보는 실험을 척척 해내는 대학 연구원들이 대단히 존경스럽다. 이 책을 계속 읽어나가다 보면 알게 되겠지만, 그들의 연구결과는 내가 하는 일에 중요한 기반이 되기도 한다. 만약 가난한 학자로 행복하게 지낸 젊은 날의 경험이 없었다면 나는 고객을 찾아내는 비전통적인 방법의 중요성을 절실하게 느끼지 못했을 것이며, 메마른 학술지 논문에 삶의 본질을 쑤셔 넣는 것이 불가능하다는 사실 또한 깨닫지 못했을 것이다.

사소한 것의 저변을 파헤쳐서 세상을 좀 더 다채롭게 바라보고, 온전히 이해하는 것이 내 직업이자 이 책의 내용이다. 이러한 이해가 가능해지면 우리는 새로운 관점으로 더 나은 관계를 만들거나, 까다로운 문제를 해결하고, 더 유용하고 더 근사한 물건을 만들며, 전반적으로 세상을 좀 더 실제의 모습에 가깝게 이해할 수 있게 된다.

비즈니스 측면에서 보면 관점을 바꿔야 할 70여 억 개의 이유[1]

가 존재하며 그 수는 지금도 계속 늘고 있다. 큰 그림을 이해하기 위해서는 도쿄의 기차역, 베이루트의 커피숍, 카불에 사는 어느 교사의 아파트처럼 한정된 세부 사항에 집중할 수 있는 능력이 필요하다. 요즘은 인터넷과 첨단 물류 및 공급망 관리 시스템 덕분에 세계 각국의 모든 사람이 고객이 될 수 있는 시대다. 하지만 그들이 누구이고 무엇을 원하며 그 이유가 무엇인지 알아내려고 노력하지 않는다면 이 아까운 기회들을 놓치게 될 것이다.

물론 세상 사람들 모두가 똑같은 것을 갖고 싶어 하는 것은 아니며 그것을 살 만한 재력이 있는 것도 아니다. 하지만 사람들이 금전적으로 쪼들리는 상황에서도 감당이 안 되는 물건을 갖고 싶어 하는 모습을 보면 놀랄 때가 많다. 게다가 온갖 수단과 방법을 동원해 그것을 손에 넣는 것을 보면 입이 떡 벌어진다. 세계 인구의 80퍼센트 정도가 하루에 10달러도 되지 않는 액수로 살아가는데도 전체 인구의 절반 이상이 휴대전화를 소유하고 있지 않은가?[2]

이러한 수치들은 개발도상국의 구매력을 설명함과 동시에, 휴대전화처럼 마음을 사로잡고 뒤흔드는 과학기술이 세계 시장을 어떻게 탈바꿈시키는지 잘 보여준다. 이 책의 전반에 걸쳐 휴대전화에 대한 이야기가 종종 나온다. 이는 내가 통신 산업에 오랫동안 몸담은 탓도 있지만 더 큰 이유는 따로 있다. 현대 사회를 크게 교란시킨 가장 대표적 현상 중 하나가 바로 개별적이고 편리한 통신이 가능해진 것인데, 휴대전화는 이 현상을 시각적으로 가장 뚜렷이 보여주기 때문이다. 호주머니에 손을 찔러 넣기만 하면 언제, 어디서나, 누구에게나 연락을 주고받을 수 있는 장치를 꺼낼 수 있다는 사실은 인류의 상호작용 자체를 변화시켰다. 이제 우리는 스위치를 올려서 방이 환해지는 순간, 불이 켜지기 위해 얼마나 많은 작업이 필요한지에 대해서는 생각하지 않는다. 집 안의 전기 배선, 전등갓 거푸집, 전구, 온 동네에 전기를 공급할 수 있게 되기까지의 실험 및 최종 표준화 과정, 전기를 발전시키고 저장하고 운반하는 방법 등 복잡하고 긴 일련의 과정을 잊고 사는 것이다. 전깃불의 원리보다는 어두컴컴한 방 안에서 테이블에 걸려 넘어지지 않도록 조심하는 일이 더 중요하지 않은가. 이제 우리는 스위치를 올릴 때 '과학기술'에 대해 생각할 틈이 없으며, 전구에 불이 제대로 들어오는 한 그럴 필요도 없는 것이다.

지금도 세계 곳곳에서 신기술이 활발히 등장하고 있지만, 아직은 불완전하다고 생각하는 제품을 불평 없이 사용할 사람은 흔치 않다. 소비자의 입장에서 본다면, 지금 널리 사용하고 있는 제품들도 충분히 쓸 만한데 왜 제대로 작동할지 확신할 수 없는 신제품에 돈과 시간을 낭비하겠는가? 여기서 잠시 내가 '과학기술'이라는 단어를 어떤 의미로 사용하는지 설명하는 것이 좋겠다. 도쿄 연구소에서 과학자로 일하던 시절을 비롯해 과학기술 전문가들과 함께 어울려 일할 기회가 여러 번 있었다. 건전지에서부터 연료전지나 신종 모니터와 새로운 무선 연결에 이르는 모든 부분에서 한계에 끊임없이 도전하는 것이 그들의 일이었다. 또 세계 최고의 첨단 기술공학 회사에서 일한 적도 많았고, 최신 기술을 도입하는 전권을 위임받은 적도 있었다. 그런가 하면 도쿄, 서울, 샌프란시스코 같은 최첨단 도시에서 근무하기도 했으며, 일반인은 대부분 구경도 못한 최신 기술을 이미 능숙하게 사용하고 있는 조기수용자early adopter들이 사는 곳을 방문하기도 했다. 내 업무를 제대로 수행하려면 과학기술의 현주소와 앞으로 나아갈 방향에 대한 기본적인 이해가 필수적이기 때문이다.

그러나 내게 '과학기술'은 비단 전자제품이나 거기에 관련된 서비스만을 지칭하는 것이 아니다. 이는 제품에 대한 초기 인지initial awareness와 신제품 수용 동인, 지각된 기술 가치에 관한 소비자 이해력consumer literacy, 실생활에서 사용될 때 가치가 어떻게 발현되는가 등을 폭넓게 아우르는 뜻으로 정의된다. 이뿐만 아니라 제품 설계자가 가정한 사용법과 소비자가 실제로 사용하는 방식이 다른 경우도 있는데, 이 부분은 책의 뒤편에서 다룰 것이다. 기술은 건전지, 모니터, 인터넷 연결 장치, 전기회로 같은 것이 달려 있는 물건에만 국한되는 것이 아니다. 물론 이런 기능을 탑재한 제품들이 점점 더 많아지고 있기는 하지만, 과거에는 무쇠솥이나 손목시계, 연필[3] 같은 것들이 첨단 기술 제품으로 여겨지던 시절이 있었다. 그러나 이후 사람들이 제품의 특성이나 생산품의 일관성 및 영구성을 당연하게 받아들이기 시작하면서 그 물건들은 배경의 일부가 되어 사람들의 관심 밖으로 사라지게 되었다.

요즘에는 시장에 선보이는 신기술 제품마다 사용방법에 대한 설명서가 딸려 나오지만, 사용법은 오직 실제 경험을 통해서만 규정되고 상황, 성격, 동기, 수입을 포함한 여러 요소를 통해 구체화된다. 어떤 기술은 그 진화 과정에서 새로운 사용법과 구매 동기에 박차를 가하는 획기적인 사건을 맞이하기도 한다. 이메일이나 채팅의 경우, 통신망에 더 많은 사람이 가입할수록 효용이 늘어나고, 효용이 늘어날수록 많은 사람이 가입하는 네트워크 효과network effects가 극대화된다. 휴대전화 같은 전자제품의 경우에는 휴대가 용이하고 크기가 작아진 것이 변화의 순간이었을 테고, 또 어떤 경우에는 배터리 수명, 쉽게 파손되지 않는 튼튼함, 가격 같은 것이 분기점이 될 것이다. 이렇듯 새로운 사용자, 새로운 상황, 새로운 사용법 등 모든 것이 새로운 행동양식으로 귀결되고, 그 결과 과학기술에 대한 우리의 생각과 기대치가 변하게 된다.

시장이나 조기수용자 같은 세분시장이 어떻게 반응하는지 보기 위해 첨단 기술을 완전히 날것으로 내놓는 회사들이 간혹 있다. 예를 들어 중국, 일본, 한국처럼 생산 공정이 가까이에서 일어나는 나라에서는 시장에 제품을 먼저 선보이는데, 나중에 디자인을 조율하는 데 드는 비용이 상당히 낮기 때문에 시장에서 실험이 이루어지는 경우가 종종 목격된다. 내 경험에 따르면 일본에서는 먼저 자국 시장을 겨냥해 전자제품을 디자인 및 생산한다. 이런 과정을 거치다 보면 세 번째 버전 정도에 가서야 냉정한 국제 시장에 내놓을 만한 성숙한 제품이 나온다. 그러나 현재 잘 나가는 브랜드가 있는 회사들은 돈나무를 흔들지 말자는 생각으로, 시장에 내놓는 제품에 대해 좀 더 보수적인 태도를 취하는 경우가 많다.

과학기술이 배경 속으로 소리 소문 없이 사라진다는 말은 주로 서구 사회에 잘 맞아떨어지는 개념이라고 볼 수 있다. 기술의 존재를 상기시키는 일이 일어나지 않으면 기술이 배경 속에 묻히는 과정이 좀 더 매끄럽게 이루어지기 때문이다. 가령 제품이 별 탈 없이 잘 작동되는 경우, 토스터처럼 고장이 나더라도 부품 교체보다는 새 제품을 사게 되는 경우, 잉크젯 카트리지처럼 모듈식으로 만들어져 토대가 되는 기저 기술이 잘 보이지 않는 경우가 그러하다. 신문이나 잡지의 정기구독처럼 비용에 대해 생각나지 않도록 만드는 비즈니스 모델의 경우도 마찬가지다. 그러나 지구촌 대부분의 지역에서는 기본 인프라가 턱없이 부족한 데다 제대로 작동을 하지 않는 경우가 흔하고, 또 자금이 턱없이 부족한 소비자가 많아서 제품이나 서비스를 이용할 때 비용에 대해 신중히 고려하도록 권장하는 비즈니스 모델을 선호하게 마련이다.

그 결과 소비자가 기저 기술을 자꾸 생각하게 되고 그 기술에 대한 이해도가 높아진다. 기술이 모든 사회에서 똑같이 수용되지 않듯이 폐기되는 것도 사회마다 다르게 마련이다. 나는 아프가니스탄에서 인도, 나이지리아, 인도네시아에 이르기까지 전 세계에 걸쳐 물건을 고쳐 쓰는 문화가 진화하는 모습을 연구하면서, 사람들이 매우 복잡한 과학기술의 경우에도 수리에 필요한 지식과 기능, 그리고 정보 인식 능력을 습득하는 것을 본 적이 있다. 하지만 이는 그 지역 주민들의 기술에 대한 이해와 관심이 다른 사람들보다 더 커서 그런 것이 아니다. 단지 기술과 다양한 사용 방법을 이해해야 할 필요성이 다른 사람들보다 더 크다는 뜻이다. 그 저변을 파헤쳐보면 그것이 생존에 필요한 도구이기 때문이라는 사실을 알 수 있다. 나중에 더 다루겠지만, 이렇게 기술의 기저 속성을 이해하고자 하는 수준 높은 정보 인식 능력과 지식과 열망 덕택에, 본래의 디자이너가 의도한 형태와는 사뭇 다른 사용 유형과 새로운 비즈니스의 중대한 기회를 발견할 수 있게 된다.

## 유일무이한 은행의 등장

:

몇 년 전 우간다에서 통신 수단을 개인적으로 소유하는 것 대비 어느 정도 수준까지 통신 수단을 기꺼이 공유하는지를 조사한 적이 있다. 여기서 얻게 되는 정보를 바탕으로 나의 고객사는 기존 제품을 재디자인할 것인지 아니면 이미 시장에 나와 있는 상품을 수십억 개 더 생산할 것인지 결정할 계획이었다. 또 이 프로젝트에는 빌리지 폰Village Phone이라는 새로운 통신 서비스에 대한 조사도 포함되어 있었다. 이는 시골에 휴대전화 서비스를 제공하는 프로그램으로 지금은 휴대전화 기지국이 설치되지 않은 곳이 거의 없지만, 그 당시만 해도 시골에는 수신불가 지역이 많았다(변화의 속도는 이렇게나 빠르다). 그 프로그램은 미국 그라민 재단Grameen Foundation USA[4]의 공동 사업으로, 현지 소액 금융기관 및 그 지역 무선통신업체인 MTN과 협력하고 노키아와 삼성으로부터 휴대전화 단말기를 기증받아 운영하고 있었다. 프로그램 자체도 흥미로웠지만 가장 놀라웠던 것은 지구촌 어디에서도 찾아볼 수 없는 혁신적 관행을 목격한 일이었다. 디자인 과정이나 정식서비스 제공자가 없었음에도 불구하고 그곳에 세계 최초 모바일 뱅킹 중 하나가 생겨난 것이다.

우간다의 수도이자 인구 140만 명이 넘는 대도시인 캄팔라의 중심부에서 있었던 일이다. 여느 도시들처럼 이곳에는 직장을 구하기 위해 지방에서 상경한 사람이 많이 몰려든다. 대부분은 시골집에 가족을 두고 오는데 시골에는 저렴한 통신 인프라가 부족하다

보니 멀리 떨어진 가족들이 서로 소식을 전하지 못해 불편해하고 있었다. 빌리지 폰 프로그램은 이런 시골에 과학기술을 들여와서 휴대전화와 자동차 배터리(전기가 들어오지 않는 지역에서는 자동차 배터리를 전력 공급원으로 이용하는 일이 흔하다)와 안테나를 함께 공급해주었다. 이 안테나는 크고 강력한 TV용으로, 전화기에 꽂으면 30킬로미터 이상 떨어진 기지국의 신호를 수신할 수 있었다(보통 휴대전화가 신호를 받을 수 있는 거리는 최고 20킬로미터 정도다).

소액 금융기관이 특정 마을에 사는 창업자에게 돈을 빌려주면, 그 창업자는 동네 주민들이 사용료를 내고 전화를 쓸 수 있는 전화가게를 차린다. 이처럼 통신 연결이 불가능하던 곳에 통신 수단을 제공하는 것은 분명 솔깃한 제안이다. 그러니 그것을 이용하기 위해 사람들이 기꺼이 대가를 지불한 것도 그다지 놀라운 일이 아니다. 하지만 빌리지 폰을 후원하는 기관들이나 전화가게를 운영하는 사람들은 이러한 통신 수단이 가져올 수 있는 잠재적 부수 혜택에 대해서는 전혀 생각하지 못했다. 마을 주민들이 매일같이 마주치는 일상적인 문제가 무엇인지 알아볼 생각도 하지 않았으니 문제를 해결할 도구를 자신들이 쥐고 있다는 사실도 깨닫지 못한 것이다. 장거리 송금도 그러한 문제 중 하나였다.

예를 들어 캄팔라에 사는 아키키가 고향집에 남아 있는 아내 마사니에게 송금을 하려고 한다 치자. 옛날 같으면 두 가지 방법이 있었을 것이다. 첫 번째 방법은 아키키가 필요한 서류를 다 갖고 있고 자격 요건을 충족한다는 전제하에 은행계좌를 개설해 돈을 입금한 다음, 고향집에 전갈을 보내 계좌에 돈이 들어 있다는 사실을 알리면 마사니가 택시를 타고 가장 가까운 은행으로 가서 돈을 찾아오는 방법이다. 이 경우 번거로움과 택시비 문제는 둘째 치더라도, 은행 업무 처리과정이 지연되어 마사니가 은행에 도착하고 나서도 통장에 아직 돈이 입금되어 있지 않은 경우가 허다하다. 더구나 송금액이 적은 경우에는 은행에서 서비스를 제공해주지 않기 때문에 아키키가 어느 정도 돈을 모을 때까지 마사니는 마냥 기다릴 수밖에 없다. 두 번째 방법은 고향으로 가는 버스 운전사를 찾아서 마사니에게 현금을 전달해달라고 부탁하는 것이다. 하지만 그 운전사가 믿을 만한 사람인지 확신하기 어렵고 사람을 제대로 찾아서 줄 것이라는 보장도 없다. 안전한 금융거래와는 거리가 좀 있는 셈이다.

나는 우간다 시골 지역에서 조사활동을 하는 동안 사람들이 길거리에서 센테Sente에 대해 이야기하는 것을 자주 듣게 되었다. 센테는 정식 금융기관을 통하는 대신, 기존 통신사업 모델과 인프라를 이용해 우회적으로 돈을 송금하는 것을 일컫는다. 예를 들어 아키키는 마사니에게 직접 송금을 하지 않고, 캄팔라의 나카세로Nakasero 시장에 늘어서 있는 수많은 가게 중 한 군데에 들어가서 그 돈으로 휴대전화 선불 요금을 지불한다. 물론 자신의 휴대전화에 그 금액을 직접 충전하는 건 아니다. 사실 아키키가 2006년 당시에 휴대전화를 소유하고 있었을 리도 만무하다.[5] 그 대신, 시골의 전화가게 교환원에게 전화를 걸어 선불 요금 충전 코드를 알려주면, 교환원은 그것을 이용해 마을 사람들에게 전화 서비스를 제공하고 통화료를 받는다. 그러고 나서 아키키가 매입한 충전 금액에서 20퍼센트 내지 30퍼센트의 수수료를 뺀 나머지를 마사니에게 현금으로 전해준다. 이렇게 하면 은행도, 버스도, 택시도 필요 없이 문제가 해결된다.

이렇게 비공식적인 루트를 통해 돈을 보내는 센테를 처음 시도한 사람이 누구인지는 아무도 모른다. 테이프 절단식도, 기념패 증정식도, 언론의 찬사도 없었으며 첫 거래의 흔적조차 남아 있지 않다. 그저 누군가가 사용 가능한 자원을 이용해 시간과 노력을 절약하려고 애쓴 것뿐이다. 그리고 전화가게들은 주민들이 모여 정보를 공유하는 동네 사랑방 역할을 했기 때문에 이 거래 방식이 순식간에 퍼져 나갔으며 이내 다른 손님들에게도 서비스가 제공되기 시작했던 것이다. 그라민 재단과 최대 이동통신사, 휴대전화 생산업체에 이르는 대규모 기관들이 아무리 노력해도 이처럼 현지 사정과 주민들 입맛에 딱 맞아떨어지는 서비스를 고안해내기는 어려울 것이다.

물론 센테는 비공식 루트라서 불편한 점도 많았다. 자동 영수 확인 시스템이 없었기 때문에 수취인이 송금인에게 전화를 걸어 돈을 받았다는 사실을 직접 알려야 했고, 가끔씩 동명이인에게 돈이 전달되는 일이 발생하기도 했다. 또 수수료 때문에 다툼이 일어나는가 하면, 전화가게에서 충전 금액을 한꺼번에 현금화하지 못할 때도 있었다. 소비자 행동 경향을 관찰해보면 센테의 수요는 폭발적이었지만, 현저한 단점들 때문에 한계가 보였다. 바로 여기서 정식으로 설계된 서비스를 공급할 기회가 포착되었다.

그런가 하면 이웃 나라 케냐에서는 영국 보더폰Vodafone의 닉 휴즈Nick Hughes와 수지 로니Susie Lonie가 영국 국제개발부로부터 자금을 지원받아 좀 더 효율적인 소액금융 상환책을 마련하기 위한 제도를 시험적으로 운영하고 있었다. 그들은 이 시험을 진행하면서 고객들과의 대화를 통해 상업적인 개인 송금 서비스[6]가 필요하다는 사실을 피부로 느끼게 되었다. 그래서 첫해 고객 20만 명을 예상하면서 2007년에 서비스를 개시했는데, 무려 첫 달 안에 고객 수 20만을 채웠다. 이미 고객 대부분이 자신의 휴대전화에 선불 요금을 충전하고 있었고 그중 상당수가 그 지역 사정에 맞는 센테를 활용하고 있었던 것이다. 오늘날 케냐의 엠-페사M-Pesa는 세계에서 가장 성공한 모바일 뱅킹 서비스로 간주된다. 우간다 텔레콤 역시 엠-센테M-Sente라는 정식 휴대전화 결제 서비스를 제공하고 있다.

휴대전화 통화 시간을 전송하여 현금화하는 이 관행은 휴대전화 사용에 대한 이해력을 높이고, 통화 시간이라든가 전신환처럼 송금 과정에서 생기는 추상적인 개념에 대한 신뢰를 낳았다. 또한 개선의 여지가 있는 부분을 더 쉽게 찾아내게 되어, 궁극적으로 미래의 가능성에 대한 기대를 이끄는 등 성장의 중요한 밑거름이 되었다.

## 왜? 왜? 왜?

:

현 소비 행태를 탐구해 미래 예측의 초석으로 이용하는 방법에는 여러 종류가 있다. 그중 한 방법은 창발적 행위emergent behaviors를 찾아내는 것이다. 이는 사람들이 최근에야 시작한 행동으로, 조건만 형성되면 삽시간에 퍼져 나갈 수 있다. 올림픽 우승자가 시상대 위에서 취해 유행이 된 포즈, 깊숙이 뿌리 내린 사회 관습을 뒤집어엎는 자연재해들, 또는 새로운 사업 모델의 등장과 그것에 드는 비용을 피해가기 위해 나타나는 반작용(휴대전화 요금을 내지 않고도 연락을 취하기 위해 전화벨만 울리고 끊는 것과 같은)들이 그 예다. 이러한 창발적 행위는 종종 문화적 밈memes(유전적 방법이 아닌 모방을 통해 습득되는 문화요소-옮긴이)에 의해 일어난다.

창발적 행위들을 밝혀내거나 더 자세히 알아보는 한 가지 방법은 사람들의 새로운 행동을 이끌 만한 상황을 만들어내는 것이다.

가령 극단적인 상황과 환경으로 말미암아 현 사회 관습이나 법규에 구애받지 않고 가능한 모든 것을 다 동원해야 할 처지에 놓인 사람들을 찾아내는 것이다. 필요에 의한 혁신이라고나 할까. 이런 사람들을 종종 극단적 사용자extreme users 혹은 선도 사용자lead users 라고 부른다.

조호르바루Johor Bahru는 싱가포르 근처에 있는 말레이시아 쪽의 허름한 국경 도시다. 이곳은 주유비를 몇 푼이라도 줄여보고자 오는 알뜰한 여행객들과 깨끗하고 발전된 싱가포르로 일하러 가기 위해 지나가는 이주 노동자와 다양한 밤 문화로 잘 알려져 있다. 이 도시가 안고 있는 문제 하나는 바로 도박이다. 고금리 단기대출 광고 전단이 거리 표지판 같은 곳에 빼곡히 붙어 있는 모습은 이곳 주택가에서 흔히 볼 수 있는 풍경이다. 오랫동안 계속 덧붙여져 퇴적물처럼 쌓인 광고지들을 보면 이곳 대출 시장의 경쟁이 치열하다는 것을 쉽게 눈치 챌 수 있다.

나는 새로운 글로벌 모바일 금융 서비스를 제공하려는 고객사의 의뢰를 받아 사람들의 돈에 대한 태도와 관행을 탐구하기 위해 한 팀의 전문가들과 함께 조호르바루에 있었다. 그런데 이 특이한 광고가 우리의 관심을 끌었다. 100퍼센트의 이자에 단 이틀 동안 돈을 빌릴 이유가 도대체 무엇일까? 비합리적으로 보이는데도 이런 거래가 이루어지는 데는 틀림없이 이유가 있을 것이다. 이것을 알아보기 위해, 우리는 극단적 사용자나 선도 사용자를 인터뷰할 수도 있었다. 그러나 그것보다 더 이해도를 높일 수 있는 방법이 있었으니 바로 대출자가 되어보는 것이다. 그래서 우리는 직접 대출을 받기로 결정했고 그 과정에서 극단적 금융의 안팎을 속속들이 들여다볼 수 있었다. 고리대금업자는 우리가 대출금을 다 갚을 때까지 카메라 한 대를 보관하고 있기로 했다. 그 물상담보 이외에도 돈을 떼일 위험을 낮출 전략으로 우리가 사는 곳 근처를 배회하고 나를 보좌하는 여직원 아니타의 신분증을 복사해놓았으며 업자의 휴대전화로 그 직원의 사진을 직접 찍기도 했다. 이 마지막 조치는 아니타도 역시 담보물 중 하나라는 사실을 알려주는 징표였다.

이 글을 읽고 있는 독자 대부분은 자기 신원의 주인은 자신뿐이라고 굳게 믿고 있으리라. 물론 사기꾼에게 신원을 도용당하는 경우가 있기는 해도 계약서를 써서 남에게 넘겨줄 수 있는 것이 아니라고 생각할 것이다. 그러나 가진 것이 없는 자들에게는 자신의 신원과 거기에 딸린 평판이 유일한 담보물인 경우가 많으며 실제로 그것마저 다른 사람에게 넘기는 경우도 허다하다. 조호르바루에서는 돈을 제때 못 갚는 채무자의 경우, 일단 집에 빨간 페인트가 칠해진다. 그래도 여전히 돈을 갚지 않으면, 수치스러워서라도 돈을 갚게 하자는 심산으로 동네 게시판에 "이 사람에게 돈을 빌려주지 마세요."라는 글과 함께 채무자의 사진을 내다 붙인다. '빚쟁이'라는 꼬리표는 말레이시아 문화에서 매우 수치스러운 일인지라, 이 협박은 채무기일을 맞추는 데 특히 효과가 뛰어나다. 이런 문화는 고리대금업의 확산을 가져왔는데, 친지에게 돈을 부탁하는 굴욕을 당하느니 차라리 엄청난 이자를 물겠다는 것이다. 수치심은 달러나 링깃화로 환산할 수 없지만, 확실한 경제적 요인임에는 틀림없다.

문화적 가치 차이는 이런 종류의 대조적 합리성contrasting rationality을 통해 전혀 다른 의사결정 과정으로 이어진다. 대조적 합리성은 서로 다른 문화가 만나는 그 어떤 상황에서도 작용할 수 있다. 따라서 "왜?"에 관한 육감을 단련하는 일이 매우 중요하다.

인도의 저소득층을 대상으로 디자인되어 출시 가격이 2,900달러밖에 되지 않는 자동차 타타 나노Tata Nano는 왜 인기를 얻지 못한 것일까?[7] 왜 그들은 가격이 두 배 이상인 마루티 스즈키 알토 Maruti Suzuki Alto를 선택할까? 저소득층은 얼마 안 되는 수입에 맞는 제품과 서비스, 즉 싸구려를 소비하리라는 것이 일반적인 통념이다. 하지만 현실은 전혀 다르다. 그들이 정말로 무엇을 원하는지 알아내기 위해 "왜?"에 관한 육감을 발휘하여 저소득층에 대해 가장 잘 아는 사람들, 즉 소득이 적은 사람들과 대화를 나누어보라. 이들이야말로 세계에서 가장 까다로운 소비자군임을 알게 될 것이다. 그들은 동전 한 닢이라도 최대한 효율적으로 써야 하기 때문에 어설픈 제품을 살 형편이 못 된다. 따라서 수중에 2,900달러가 있다 해도 자체 화재 발생이 잦다는 소문이 도는 차를 살 수 있는 상황이 아니다. 혹시라도 차에 화재가 발생하면 새로 차를 구입할 돈이 없기 때문이다.

그럼에도 타타 나노는 여전히 가능성이 큰 제품이다. 문제없이 잘 굴러가는 2,900달러짜리 초저가 자동차는 100달러짜리 랩톱 컴퓨터나 20달러짜리 휴대전화처럼 시장을 교란시키는 변화의 힘이 될 수 있기 때문이다. 또 사람들이 직면하게 되는 교통수단, 교육, 통신 영역의 근본적 장애 극복에 실질적인 도움이 되는 한편, 소유주에 대한 긍정적인 이미지를 자아내도록 멋지게 디자인된 물건들은 일상생활의 강력한 도구가 될 수 있다. 이러한 종류의 해결책을 제공하기 위해 노력하는 기업이나 NGO 및 정부기관과 과학자들은 서비스를 제공하려는 사람들에 대해 미묘한 부분까지 이해할 때에야 비로소 목표하는 바를 이루어낼 수 있을 것이다. 그들이 현 생활방식을 선택한 이유는 무엇인가? 일자리가 귀할 때 그들은 어떻게 생활비를 마련하는가? 그들이 특정 상황에서 어떤 결정을 내리게 되는 동기는 무엇인가?

## 현지의 일상 속에서 보물 캐기

:

여행자에는 두 가지 유형이 있다. 첫 번째는 사람이 많이 다녀간

이정표와 전형적인 관광객 코스를 열심히 따라가는 유형이다. 이들은 다른 문화를 보러 가서도 남들이 관광객을 위해 미리 골라놓은 부분만 구경하면서 아주 시시하고 불완전한 경험을 하고 집으로 돌아온다. 두 번째는 탐험하고, 일부러 길을 잃기도 하면서 의외의 일들이 일어나는 것을 즐기는 유형이다. 이들의 경우 첫 번째 유형과는 달리 불확실성에 노출되어 실망감을 맛보거나 날강도를 만날 가능성이 높다. 그러나 독특한 경험을 할 수 있어 참신한 아이디어와 새로운 시각을 얻을 가능성 역시 높다.

많은 여행자가 시간을 아끼고 기대 수준에 어느 정도 부합하는 경험을 하겠다는 명목 아래 관광객 코스를 선택하고 만다. 많은 교육을 받고 훈련된 민족지학 연구가들조차 이런 늪에 빠지는 경우가 있다.

전형적인 글로벌 디자인 리서치를 단순화해서 설명하자면 다음과 같다. 연구팀이 새로운 지역으로 날아간다. 유명 호텔에 체크인을 하고 인력 채용업체에 인터뷰 대상자를 부탁해놓는다. 그다음 택시를 타고 시내를 돌면서 맥락적 인터뷰contextual interviews를 하고 하루가 끝나면 피곤한 심신을 이끌고 열정에 차서 호텔로 돌아간다. 이 경우 지역의 색깔이나 풍습에 대한 연구팀의 경험은 매우 한정적이다. 시간에 쫓기며 급하게 식사한다든지, 생활필수품을 사기 위해 반시간 정도 가게에 다녀온다든지, 잠깐 밤에 짬이 나면 시내 구경을 하러 나간다든지 하는 것이 전부다. 이러한 과정을 반복하면서 두어 도시를 더 거친 후 조사결과를 분석하기 위해 팀원들이 다 한자리에 모일 즈음이면 더 이상 열정에 찬 모습은 찾아보기 힘들다. 과연 그들은 정보를 얻었을까? 그럭저럭. 그렇다면 영감도 얻었을까? 그건 상황에 따라 다를 것이다.

이것보다 더 좋은 방법이 있다. 먼저 인터뷰 대상을 물색하는 과정에서부터 시작하자. 지역 주민들의 일상생활을 쉽게 관찰할 수 있는 동네를 물색한다. 그렇게 하려면 도심에서 빠져나와 상권이 어느 정도 형성되어 있는 주택가를 찾아야 한다. 거기서 나는 가급적이면 유명 호텔보다는 일반 주택가에서 연구팀이 묵을 곳[8]을 찾는다. 보통은 집을 통째로 세 들지만, 가끔 가족들이 사는 집에 방을 빌리기도 한다. 호텔보다 싸기도 하거니와 그 문화에 깊이 들어갈 수 있고, 또 팀원들의 관계를 더욱 돈독히 하는 효과도 있다. 뒤에서 기다리는 다섯 명의 동료 팀원을 위해 뜨거운 물을 아껴 쓰려고 1분 만에 샤워를 끝내는 것만큼 동지애를 잘 보여주는 것이 또 있을까.

보통 다른 연구가들은 그 지역의 인력 채용업체를 통해 조수들을 고용해서 경험자의 도움을 받는다. 하지만 나는 그 지역 대학교에 가서 학생을 고용한다. 아무 학생이나 고용하는 것이 아니라 영리하고 사교적인 학생들을 고른다. 그들은 영감으로 가득한 도시의 숨은 장소로 우리를 인도하는 역할을 한다. 또한 매일 회의할 장소를 제공하고, 자신들의 친지 및 친구들을 우리에게 소개해주며, 지역문화의 섬세한 뉘앙스를 이해하도록 우리를 조율시켜준다. 그뿐만 아니라 신선한 눈을 가진 새로운 사람이 프로젝트 진행을 도우면서 참신한 시각과 싱싱한 아이디어의 원천이 되는 경우가 많다. 그래서 나는 여건이 되는 한 학생들이 연구팀과 함께 숙소에서 머물도록 방을 마련한다.

한편 나는 가이드나 통역 대신 흥신소 해결사를 자주 고용한다. 이는 그들이 그 지역에서 강력한 연줄을 가지고 있는 데다 해당 지역 나름의 교류방식을 완벽히 이해하고 있기 때문이다. 즉 그들은 인터뷰할 때 상호작용을 적절히 통제하여 본격적인 질문으로 들어가도록 이끈 다음, 거기서부터 인터뷰 대상자가 주도권을 쥐고서 의미 있는 대답을 하도록 유도할 수 있다.

일반적으로 어떤 나라에 도착하면 적응할 시간이 별로 없다. 이를 적응기라 하는데 시간이 얼마가 걸리든 연구팀에게 가장 중요한 기간이다. 그렇기에 우리는 또 다른 비밀 무기를 사용할 수밖에 없다. 당장 동네 근처에 있는 자전거가게로 가서 무기를 몇 대 받아오는 것이다. 사실 자전거로 시내를 돌아다니다 보면 근무 중이라는 의식이 희박해진다. 그래도 이 방법을 쓰면 인간적 경험을 통해 재빨리 상황에 빠져들 수 있어서 도시의 리듬과 운율과 흐름에 금방 익숙해진다. 무엇보다도 중요한 것은 이 방법을 쓰면 도시의 크기와는 관계없이 그곳에 살고 있는 주민들과 같은 선상에 서서 도시의 삶을 체험할 수 있다는 점이다.

조사 초기에 도시를 체험하기 위해 즐겨 쓰는 간단한 방법이 있다. 바로 도시와 함께 깨어나는 것이다. 동이 트기 전에 팀원들을 모아서 적당한 동네를 찾은 다음, 상인들이 가게의 셔터를 올리고, 신문배달원들이 골목을 돌고, 주민들이 새벽 운동을 나갈 무렵, 다 같이 동네를 한 바퀴 돈다. 차나 커피, 갓 구워낸 빵 등 생필품을 사러 아침 일찍 가게로 나서는 것은 인간 사회 어디서나 흔히 볼 수 있는 모습으로 문화 비교에는 안성맞춤이다. 줄이 길면 오히려 더 좋다. 우리가 할 일은 사람들과 최대한 많은 대화를 나누는 것이니까.

어떤 경우에는 대화 중에 상당히 많은 정보를 얻게 된다. 우리가 노리는 것이 바로 이런 대화다. 성공의 열쇠는 좀 더 편안하게 대화할 장소를 찾는 것이다. 계속 사람들을 만나고 질문해야 하므로 많은 이가 모여 거리낌 없이 이야기하고 처음 본 사람에게도 경계심 없이 속내를 드러낼 수 있는 곳이 좋다. 이때 가장 가능성이 높은 후보감은 이발소다. 그래서 나는 어떤 도시에 가든 면도를 하러 간다. 심지어 하루에 두 번 면도하는 날도 있다. 일단 가면 그곳에 있는 누구에게라도 말을 건다. 연구에 쓸 수 있을 만큼 길게 이야기를 이어간다면 실적이 좋은 날이다. 만약 상대편이 인터뷰에 응하여 우리를 자신의 집으로 초대한다면 운수대통한 날이다.

다음 장에 나오듯이 우리는 이 과정의 모든 단계마다 자료를 이해하기 위해 큰 힘을 쏟는다. 그래서 한 도시에서의 여정이 끝날 무렵이면 우리가 먹고 자고 일하던 공간이 마치 휴스턴 미션관제센터Mission Control처럼 느껴진다. 도시의 지도와 인터뷰 대상자들의 프로필, 수백 아니 수천 장의 관찰 메모와 구술문과 분석지로 모든 벽면이 빈틈없이 도배되어 있다. 이 모든 것의 중심에는 차세대 혁신을 낳을 보물이 있다.

## 세 가지의 마음가짐

:

간혹 막 직업 전선에 뛰어든 젊은이[9]들이 나에게 누구나 선망하는 직업에 어떻게 '안착'하게 되었느냐고 질문하는 경우가 있다. 분명 내 직업은 대단한 성취감을 주는 일이지만 사람들이 알지 못하는 속사정도 있다. 예를 들어 나는 아직도 한 곳에 정착하지 못했다. 지금도 여전히 고객에게 최고의 가치를 제공하는 일과 가족이나 사랑 같은 사생활이 삶에 주는 진정한 의미 사이에서 균형을 찾는 법을 배워가는 중이다. 물론 이 과정에 뼈대가 되는 것은 세계의 곳곳을 누비는 여행이다.

나는 긴 시간 동안 자동차로 여행하면서 문화적 이해와 통찰을 위한 초석을 다지곤 했다. 그 당시에는 일이라기보다는 놀러 가는 것처럼 느껴졌을지라도 말이다. 이 모든 것이 사고방식에 영향을 주었고, 나는 삶을 최대한 활용하는 방법에 대해 깊이 생각하게 되었다. 이것이 오늘날 내가 이 직업에 '안착'하게 된 계기이기도 하다.

　첫째, 일생을 살면서 정말로 중요한 일은 많지 않다는 점을 자각해야 한다. 나머지는 설령 그 순간에는 중요하고 대단해 보일지 몰라도 결국에는 퇴색된다. 여기서 문제는 그 순간에 실체를 알아보고 최적의 결과가 나오도록 노력을 기울일 수 있느냐는 것이다. 우리가 삶의 순간순간이 제공하는 크고 작은 즐거움을 누리는 것은 전적으로 보는 관점에 달려 있다. 이는 또한 우리가 어떤 종류의 인간으로 진화해갈지, 현재는 불가능해 보이는 일을 어떻게 쉽게 해내게 될지를 말해준다.

　내가 살면서 내린 중요한 결정 중 하나는 젊은 시절, 디자인과 기술의 첨단을 걷는 나라에서 공부하고 싶다는 열망 하나로 당시 여자친구였던 아내와 함께 도쿄로 건너간 일이다. 일본어도 모르고 돈도 직업도 없는 상태에서 말이다. 자신의 분야에서 앞서 가려면 어디에 있어야 가장 많이 배울 수 있을지 생각해볼 필요가 있다. 그다음 왜 그곳으로 곧장 가지 않고 꾸물거리고 있는지 자신에게 물어보라. 당시 내게는 도쿄가 바로 그곳이었다.

거기서 우리는 집 밖으로 나갈 때마다 새로운 것을 경험하고 배울 수 있었다. 거의 10년이 지나고 다음 보금자리를 향해 출국하던 바로 그날까지도 도쿄는 끊임없이 교훈을 주었다.

둘째, 특정한 곳에 오래 머물면 좀 더 색다르고 깊은 부분에 대한 이해가 가능해진다. 나는 원래 흥미로운 곳에 근거지를 둔다는 삶의 원칙을 가지고 있었다. 그러나 시간이 흐르면서 일과 함께 그 원칙이 변화해왔으며, 결국 이러한 자각에 이르게 되었다. 물론 그 과정에는 어려움도 따르게 마련이다. 좀 더 자세하게 설명해보겠다. 단순히 직업적 관찰자로 여러 곳을 방문하면서 표면 아래로 파고드는 것도 나쁘지는 않지만, 냉정하게 말해서 이런 방문은 문자 그대로 '방문'에 불과하다. 본질적으로 많은 것을 알아내기에는 한계가 있다는 뜻이다. 좀 더 깊은 이해는 달콤한 신혼 같은 순간이 지나고 모든 이가 겪는 일들을 함께 겪기 시작할 때에야 경험할 수 있다. 공과금을 내고, 장을 보고, 도난도 당해보고, 병원에 가고, 돈과 일과 사생활과 친구들 사이에서 균형 잡기를 하고, 출퇴근길에 발을 동동 굴러보면서 말이다. 이것이 바로 한 도시를 이해하게 되는 순간이다.

지난 몇 년 동안 나는 개인적 혹은 직업적 이유로 세 대륙에 걸쳐 여러 도시를 옮겨 다녔다. 이렇게 이사할 때마다 새로운 곳으로 가면서 잃게 되는 것과 얻게 되는 것에 대한 강렬한 이해와 인식이 생겨났다. 앞으로도 지구촌과 그 속에 사는 세계인들을 더욱 자세히 이해하고자 하는 욕망이 우리를 다음 보금자리로 안내하리라.

셋째, 실패의 역할에 관련된 자각이다. 이것은 내가 영국의 휴양도시인 브라이턴에서 학교에 다니던 시절로 거슬러 올라간다. 나는 평범한 학생이었고 학교 가는 것이 대체로 즐겁긴 했지만 열심히 공부하지는 않았다. 세상은 넓고, 재미난 일은 너무 많은 탓이었다. 그러니 대학입시에서 떨어진 것도 별로 놀라울 것이 없었다. 그저 원하던 학교에 들어가지 못한 정도가 아니라, 어떤 대학에도 들어가지 못했다. 그 정도로 공부를 못했다. 대학이 주는 기회를 누리게 해주려고 나를 열심히 후원하던 부모님은 이 일에 관해 직접적으로 언급한 적은 없지만 크게 낙담했다.

가족들의 도움으로, 다시 입학시험을 쳐서 다음 해에 지원한다는 대책을 세웠다. 현 직업의 씨앗이 뿌려진 것은 바로 그 실패와 재수와 가까스로 대학에 입학한 그 시기 동안이었다. 나는 베를린에 사는 친척 집에서 얼마간 머물렀다. 난생처음 외국에 살면서 언제나 생각해왔던 것과는 다른 곳에 세상의 중심이 존재한다는 사실을 깨닫기 시작했다.[10] 다른 지리적 위치에 서서 도시지도, 나라지도, 세계지도를 바라보는 단순한 행위는 더 이상 자신이 '거기'에 있지 않고 '여기'에 있다는 사실을 깨닫게 한다. 그것은 결국 우리가 삶에서 원하는 것이 무엇인지 깨닫게 해줄 수많은 생각의 발단이 된다. 어디에서 살 것인가, 어떤 가치관을 가지고 살 것인가, 기존 친구들과의 관계를 돈독히 하거나 새로운 사람들을 사귀는 일이 얼마나 중요한가, 어떻게 재창조할 것인가 등 열거하자면 끝이 없다. 지도는 많은 면에서 유용하지만 특히 세계의 지형과 세계 속에서 우리가 차지한 위치를 새로이 상상하는 것을 가능케 해준다는 데서 더욱 그러하다.

## 극히 평범한 것들 속에 미래의 기회가 있다

:

나는 이 책 전반에 걸쳐 평범한 인간 활동을 완전히 새로운 눈으로 바라보는 방법을 설명하고자 한다. 독자 여러분도 통찰력과 영감을 얻고 직업을 구하는 데 유용한 사회적 암호 해독법을 배우게 될 것이다.

　나는 하기doing와 하지 않기don'ting 사이의 전환점을 한계치threshold라고 부른다. 이 한계치를 탐구하면서 특정 행동을 어떻게 이해할 수 있는지 알아보는 것이 우리 여정의 시작이다. 또한 우리가 구입해서 소지하고 다니는 물건들이 언제, 어떻게, 왜 수중에 들어오게 된 것인지, 그것이 타인 앞에서 어떤 식으로 과시되며 우리의 정체성을 어떻게 형상화하고 표현하는지 살펴볼 것이다. 2만 달러짜리 휴대전화와 1달러짜리 가짜 치아교정기의 관계와 아이오와주에서 잡종 옥수수 종자가 확산된 현상과 나이지리아에서 휴대전화 블랙베리가 인기를 끈 현상 사이의 관계를 공부하면서 공통점과 변칙들도 알아보기로 한다.

그다음 인간관계를 능숙하게 관리하는 방법에서부터 어떤 물건과 기술이 우리의 앞날을 밝혀주는지 등 사적 영역과 과학기술 및 공적 영역에 이르는 부분까지 다양하게 초점을 맞추겠다. 예를 들어 '이 물을 마시지 마시오'라든지 '개는 출입금지'라는 경고문이나 포스터, 벽보 따위가 관광가이드보다 그 지역의 문화(즉 사람들이 왜 어떤 행동은 하고 다른 행동은 하지 않는가 하는)를 더 효과적으로 보여줄 수 있음을 살펴보고 그 이유도 생각해볼 것이다. 또한 기업과 소비자가 상호 간의 신뢰를 어떤 식으로 표출하는지, 국가나 지역별 고유의 신뢰 생태계trust ecosystem가 존재하는 이유와 그것이 판매하는 제품과 서비스에 어떻게 영향을 미치는지 알아보도록 한다. 휴대전화, 열쇠, 돈 등 일상적으로 지니고 다니는 물건들이 모바일 생활방식에 대해 무엇을 말해주는지, 이런 물건들이 디지털화되고 형체가 사라지면 어떤 일이 일어날지, 미래의 모바일 제품과 서비스를 창조하기 위해 현재의 '소지 행위'를 어떻게 해독할 것인지도 함께 살펴볼 것이다.

마지막으로 제한된 자원을 가진 사람들이 복잡한 문제를 해결하기 위해 기발한 해결책을 고안해내는 방법과 최첨단 과학기술 제품을 개발, 디자인하는 이들이 세계에서 가장 가난한 소비자들로부터 배울 점이 무엇인지 알아볼 것이다. 그 예로 호치민 시의 지저분한 뒷골목에서는 겨우 병 하나, 벽돌 하나, 호스 하나로 돈 많은 대기업들이 제공하는 서비스의 정수를 재현해낸다. 또 골치 아픈 문제가 더 골치 아픈 해결책을 만들어낼 경우 어떤 일이 생기는지도 관찰할 것이다. 예를 들어 글자를 읽을 줄 모르는 사람들이 문맹인 전용 휴대전화를 두고 굳이 일반형을 쓰는 이유가 무엇인지 생각해보자. 또한 다른 사람의 문제를 해결하고자 할 때 생기는 장단점과 함정을 분석하고, 글로벌 기업들의 오만과 편견 그리고 그들이 받는 오해에 대해 고민해보고자 한다.

이 책의 각 장은 앞에 나온 이야기를 토대로 하고, 또 뒷장의 토대가 되기도 한다. 그러나 우리는 일직선이 아닌 얽히고설킨 길을 가게 될 것이다. 따라서 여기에 쓰인 이론이나 방법론은 부분별로 따로 읽어도 상관없고, 독자가 원하는 대로 읽는 순서를 바꾸어도 괜찮다.

다만, 이 책을 각각의 개별적 렌즈의 형태로 사용하기보다는 전체적인 프리즘으로 사용하여 세계를 바라본다면 효과를 가장 극대화할 수 있을 것이다. 책의 마지막 장에 도달할 즈음에는 여러분이 좀 더 날카로운 눈매로 인간 사회의 혼돈과 흐름을 바라보게 되었으면 하는 것이 나의 바람이다. 그 과정에서 미래에 대한 예측이 떠오르기도 할 것이고 다양한 미래의 모습을 엿보게 될 수도 있다. 그러나 무엇보다 중요한 것은, 미래의 사업 준비를 위한 새로운 도구를 얻게 될 것이라는 점이다.

# 01

## '하기'와
## '하지 않기'

여러분은 내가 누군지 전혀 모를 수 있다. 나 역시 여러분이 어디에 살며 어떤 연유로 이 책을 읽고 있는지 전혀 아는 바가 없다. 그러나 한 가지는 확신한다. 어디에서 이 책을 읽고 있든 샤워하면서 읽고 있는 사람은 없다는 데 내기를 걸겠다. 내가 옳다면, 다시 던지고 싶은 질문이 있다. 왜 여러분은 책을 읽는 지금 이 순간에 샤워하지 않는가?

어리석은 질문처럼 들리겠지만, 인간 행동의 핵심에 다가서는 방법은 바로 이런 종류의 기본적인 질문이다. 결혼반지나 인공심박조율기 외에 소비자가 하루에 24시간, 일주일에 7일, 1년에 365일 계속 사용하는 제품이란 없다. 우리가 디자인하는 제품 및 서비스와 사용자가 만나는 시간과 장소를 접점touchpoint이라고 부른다. 나와 동료들은 이것을 조사하는 데 긴 시간을 투자한다. 또한 사용자가 그 접점에서 특정 방식으로 행동하게끔 촉발하는 요인이 무엇인지 다각도로 생각하기도 한다. 이러한 부분은 채워지지 않은 욕구를 충족하거나 제품과 서비스를 소비자가 사용하는 상황에 맞게 재단할 새로운 기회를 알려준다. 그러나 접점과 촉발 요인을 이해하기 위해서는 사용과 비사용을 구분하는 분계선, 즉 '하기'와 '하지 않기'의 경계를 고려해야 한다.

이러한 사고방식을 카페에 적용해보자. 대부분의 사람은 주변을 훑어보면서 한 무리의 사람들이 테이블에 앉아 커피를 마시고, 수다를 떨고, 랩톱 컴퓨터에 무언가를 열심히 입력하고 있는 모습을 관찰하는 데 그친다. 반면 호기심이 많은 사람이라면 왜 이 사람들이 화장실 안에 앉아 있지 않은지, 화장실에 가고 싶어할 만한 이유는 무엇일지, 심지어 경영자 측에서 화장실에 가기 귀찮아하는 소비자들을 위해 무료 기저귀를 제공해야 할지도 자문한다.

이 같은 질문들은 멍청하게 들리기는 해도 사용자 행동과 더 나아가 보편적인 인간 행동에 대한 매개변수의 윤곽을 잡는 데 도움이 된다. 즉 이런 질문을 던지는 이유는 개인의 행동이 단순히 자연법칙이나 국가 규범의 지시에 따라 이루어지는 것이 아니라 문화적 관습이나 사회적 맥락, 인간관계, 개인의 성격과 자각 등에 따라 좌우되기도 하기 때문이다. 하다못해 화장실 출입같이 단조롭고 일상적인 행동조차도 잘 관찰해보면 거기에 영향을 미치는 온갖 요인들을 발견할 수 있다. 우리의 목적은 행위의 매개변수들을 새로운 시각으로 바라보는 것이다. 또 제대로 된 그림을 그리려면 먼저 제대로 된 틀에 넣을 필요가 있다.

## 당신의 행동에 숨어 있는 비밀
:

기업의 현장조사에서는 참가자들이 아침 몇 시에 일어나는지, 눈을 감고 잠을 청하기 전 마지막으로 하는 일이 무엇인지, 어디서 누구와 어울려 시간을 보내는지, 어디에서 쇼핑을 하는지, 어떤 옷을 입는지, 왜 이 브랜드보다 저 브랜드를 선호하는지, 누구와 어떤 목적으로 이야기를 주고받는지 등 삶의 자질구레한 부분에 관해 다량의 정보를 수집하게 된다. 그중에는 상당히 중요한 내용도 있고 전혀 쓸모없는 내용도 있다. 그래서 우리는 여러 가지 방법을 동원해 어떤 정보가 중요한지 알아낸다. 모든 정보 수집이 끝나고 정보 분석과 통합으로 넘어가면, 두 가지 할 일이 생긴다. 하나는 관찰한 내용을 이해하는 것이고 또 하나는 고객사에 보고할 수 있을 정도의 확실한 패턴과 흐름을 찾는 것이다.

또한 모든 현장조사에서는 그 과정 전반에 걸쳐 다층적 통합이 이루어진다. 인터뷰하는 동안 질문은 기본적 이해를 쌓는 내용에서 추론한 가정을 포함하는 내용으로 점점 진화한다.

인터뷰나 다른 자료를 수집하는 시간이 끝나자마자, 팀원들은 근처 카페에 모여 수집한 자료를 검토하면서 개개인이 흥미롭게 느낀 부분과 그에 대한 이해를 공유한다. 자료는 마치 우유와 같아서 신선할 때 마시는 것이 가장 좋다. 분석하는 시간이 오래 걸릴수록 자료와 본래의 의미를 이어주는 끈을 놓치기 쉽기 때문이다. 그리고 나서 어느 순간이 되면 팀원들은 우리의 '미션관제센터'로 되돌아간다. 그곳은 호텔방일 때도 있고 게스트하우스 혹은 가정집일 때도 있지만, 각종 자료와 아이디어 메모로 벽이 온통 도배되어 있는 것만은 똑같다. 그리고 도시를 떠나기 전, 함께 일하던 지역 주민들과 연락이 가능할 때 하루를 통째로 빼서 자료를 다시 걸러낸다. 나중에 스튜디오로 돌아와서는 한두 주 정도 벽이나 거대한 스티로폼 보드에 꽂아놓은 자료에 둘러싸인 프로젝트실에서 보내기도 한다. 이렇게 하면 팀 전체가 새로운 시각을 이용해 체계적으로 자료를 처리할 수 있다.

이 단계에서 우리는 자료를 통합적 프레임워크로 정리할 필요가 있다. 제대로 된 프레임워크는 뒤죽박죽인 자료에 질서를 부여하고, 자질구레한 기록이나 사건, 결과물들을 하나의 이야기로 만드는 이런 프레임워크를 찾기가 그리 쉽지는 않다.[1] 훌륭한 프레임워크는 여러모로 유용하다. 첫째, 모든 중요한 자료가 하나의 진실을 입증한다. 둘째, 시간과 공간을 뛰어넘어 인간의 행동을 분석한다.

셋째, 다양한 인간이 보여주는 다채로운 행동을 잘 포착하면서 각자의 독특한 개성을 고려하되 지나치게 일반화하지는 않는다. 넷째, 인과관계들에 살을 붙여 어떤 가상적 상황에도 타당한 가정을 할 수 있다. 누구든지 그것을 한번 훑어봤을 때 최소한의 설명만으로 이해가 가능하고, 자기 세계관에 접목해서 새로운 시나리오를 고려하는 데 반영할 수 있다면 이는 프레임워크가 잘 작동하고 있다는 뜻이다.

기업들의 리서치에 기본값으로 지정된 프레임워크가 하나 있다면, 바로 고객 여정지도customer journey map다. 이 도구는 하루 동안 소비자가 일반적으로 겪는 각각의 사건에 관한 상세 정보를 제공하고, 한 사건에서 다음 사건으로 옮겨가는 방법을 도표화하며, 우리가 디자인한 제품과 서비스를 사용하는 접점을 식별해낸다. 고객 여정지도는 문서화 과정이 꽤 정확하고 외양 역시도 수많은 네모와 선이 연결되어 있어 상당히 전문적이다. 따라서 기본 수준의 이해를 쌓아가는 데 유용하게 쓰인다. 그러나 그것을 살펴보면 가끔 기계적으로 느껴질 때가 있다.

고객 여정지도 이외에도 프레임워크를 짜는 방법은 많다. 그중에서도 흔히 사용되지는 않지만 잘만 적용하면 엄청나게 유용한 방법이 있다. 바로 한계치 맵threshold map이다. 이것은 신제품 확산 스펙트럼diffuse spectrum상에 있는 어떤 인간 행동에도 초점을 맞출 수 있다는 장점이 있다.

한계치 맵을 짤 때, 한 인간이 대부분의 시간 동안 경험하는 일반적 상태(예를 들어 대부분의 사람은 보통 낮에 자신이 지나치게 더러운 상태라고 느끼지 않기 때문에, 물이 눈에 띈다고 해서 하던 일을 제쳐놓고 물속에 뛰어들지 않는다)를 기본값default condition이라고 부른다. 한계치 맵은 이러한 기본값을 알려주고, 그다음 인간이 다른 상황으로 건너갈 때 무슨 일이 생기는지 이해할 수 있게 해준다. 사람들이 한계에 다가가거나 이를 뛰어넘으면서 경험하는 감정은 그들로 하여금 다른 방식으로 생각하고 행동하게 만든다.

디자인 스튜디오나 작업실 및 실험실에서는 제품을 얼마나 다양한 방법으로 사용할 수 있는지, 또 일상의 여러 마모 상황에서 제품을 사용했을 때 얼마나 버티는지 알아보는 테스트와 조사를 수행한다. 대부분의 제품보증서는 일상적인 사용에서 오는 '정상적 마모'를 예상하고 작성되는데, 이 '정상'이라는 단어를 올바르게 정의하기 위해 연구원들은 엄청난 시간을 할애한다. 최근 지구촌의 수많은 회사는 그저 제품을 만드는 데 그치지 않고 고객을 만드는 연구에 힘을 기울여서 그 결과물을 디자인에 융합하려 노력하고 있다. 인간의 행동을 이해하기 위해 실험실에서 나와 자연스러운 인간 환경 속으로 들어가는 것 또한 그 일환이다.

사람들이 어떤 상태에서 다른 상태로 들어가는 한계치를 건너거나, 자신을 통제해 그 경계를 건너는 일을 피하는 것은 주로 수용성acceptability 및 적합성appropriateness 수준 유지와 관계가 있다. 무엇이 적정한 용도의 경계 안에 있고 무엇이 그 밖에 있는지 이해하려면, 먼저 물건이 사용될 맥락을 파악하고 이를 변경할 수 있는 상황의 범주를 알아야 한다.

제품의 정상적인 사용과 극단적인 사용의 경계를 이해하는 데도 디자인 연구가 효과적인 것처럼, 정상적 인간 행동의 경계를 이해하는 데도 디자인 연구가 큰 도움이 된다. 그 일에서 가장 효과적인 방법 중 하나는 한계치 도표diagram를 사용하는 것이다.

## 너 도대체 왜 그래?
:

한계치는 사람들이 자신의 신체적·정신적 상태를 바탕으로 결정을 내리는 방식과, 사람들이 어떤 특정한 상태를 유지하거나 되찾기 위해 하는 행동에 관해 많은 것을 알려준다. 기본적인 내용을 짧게 설명하기 위해서, 우리가 날마다 하고 있는 한계치 매핑의 예를 들어보겠다. 그것은 바로 배고픔이다.

새벽 12시 1분부터 밤 12시까지의 하루를 수평적 타임라인으로 상상해보라. 먼저, 아침 기상 시간과 저녁 취침 시간을 표시한다 (일단 잠이 들면 아침까지 깨지 않는다고 가정하자). 낮에 가는 여러 장소와 거기에서 보내는 시간을 기록한다. 집, 출근길, 직장, 점심 먹으러 가는 식당, 퇴근길에 장을 보기 위해 들르는 마트, 다시 집, 이런 식으로 말이다. 여기에다 식사나 간식을 먹는 시간도 함께 기록한다. 여기서 수직축은 허기의 수준을 나타낸다. 이제 하루 종일 달라지는 허기의 수준에 따라 타임라인을 세 등분 해보자. 먼저 최고 한계치, 즉 그 위로 올라가면 너무 배가 불러 음식을 생각하기만 해도 속이 느글거리는 지점을 찾는다. 그다음 최저 한계치, 즉 그 밑으로 가게 되면 배가 너무 고파서 다른 일을 할 수 없는 상태의 지점을 찾는다. 그 두 한계치 사이의 공간은 컴포트존comfort zone이다. 사람들은 정상적인 상황이라면 이 상태를 유지하기 위해 최선을 다할 것이다.

하지만 배가 터지도록 먹는 것을 좋아하거나 아사 직전까지 금식하는 것을 즐기는 희귀한 경우를 제외하면, 이 한계치는 절대적이거나 직선 형태가 아니다. 우리는 하루 종일 다양한 맥락을 거치면서 이 한계치가 계속 오르내린다. 예를 들어 중요한 시험 직전에는 활발한 두뇌활동을 위해 영양분이 필요하기 때문에 최저 한계치가 올라가는 반면, 잠자리에 드는 순간에는 배에서 꼬르륵거리는 소리가 들려도 허기를 채우기에는 너무 피곤하기 때문에 최저 한계치가 떨어진다.

허기의 정도 역시 고정적이지 않다. 음식을 섭취하지 않고 보내는 시간이 길어질수록 허기의 정도가 점점 바닥으로 내려간다. 컴포트존에 머무르고자 의식적·적극적으로 노력하는 사람들은 최저 한계치가 다가오는 것을 보고 그것에 도달하기 전에 무엇인가를 먹는다. 물론 최고 한계치에 도달하기 전에 먹던 것을 중지할 것이다. 이렇듯 이것은 누구나 시각화할 수 있는 간단하고 깔끔한 패턴이다.

그러나 대부분의 사람에게 별로 현실적인 것은 아니다. 정상적인 규칙이 적용되지 않는 상황이 많기 때문이다. 늦잠으로 인해 아침 식사를 거르고 출근한 뒤 사무실 옆에 있는 카페에서 아침 식사거리를 방금 사놓고서도 그 가게에서 제일 유명한 베이글의 유혹을 뿌리치지 못한다든지, 점심 식사 후 배가 터질 지경인데도 주변의 압력 때문에 동료의 생일 케이크 한 조각을 받아든다든지, 늦은 퇴근길에 배고픈 상태로 마트에 들렀다가 제과점에서 풍기는 신선하고 고소한 빵 냄새 때문에 살 찔 음식을 한가득 사게 된다든지 하는 상황들이 그 예다. 이 마지막 문장의 끝 부분을 읽는 동안 여러분의 컴포트존도 약간 변경되었을지도 모르겠다. 물론 식사 여부에 따라 변화의 정도는 다르겠지만 말이다.

이슬람교의 금식을 해야 하는 라마단 기간이나 으레 폭식하게 되는 명절에는 한계치가 훨씬 더 심하게 변한다. 이렇듯 다양한 외부의 힘이 질서정연한 행동을 엉망으로 만들어버릴 수 있지만, 이러한 순간들을 모두 고려하여 결과와 함께 도식화할 수 있다는 점이 한계치 맵의 장점이다. 이렇게 해서 나온 그림은 아무리 도표의 선이 삐죽삐죽할지라도 명확하고 이해하기 쉽다.

또, 사람마다 다양한 한계치 도표를 짤 수 있다. 허기 한계치 도표의 경우 20세 운동선수의 것과 45세 회사원의 것이 어떻게 다를까? 다이어트에 성공한 사람과 폭식증 환자의 경우는 또 어떻게 다를까?

이것은 간단한 작업이지만 효용이 크다. 사람들이 어떤 일을 하고 어떤 일을 하지 않는지에 대한 깊은 이해를 돕고, 어떤 경우에 컴포트존을 벗어나는지 설명해준다. 그러나 무엇보다 중요한 것은 '왜'라는 질문에 대한 답을 줄 수 있다는 점이다. 또한 예외적인 상황에서도 기본 뼈대를 빨리 이해하게 도와주면서 놀라울 만치 심오한 통찰을 가능케 한다.

## 우리를 약하게 만드는 결정피로

:

많은 이에게 컴포트존은 이상적이고 정상적인 상태다. 사람들이 '정상'이라고 부르는 모든 것이 그러하듯 컴포트존도 개인의 세계관이 반영된 일련의 사회적·개인적 가정에 싸여 있다. 그뿐만 아니라 그 표현 자체는 이미 사람들이 피하는 극단적 한계 이면의 상태, 즉 '비정상'이 존재한다는 것을 암시한다. 비정상적인 상태는 지나치게 배가 고프다든지 신체적으로 불편한 경우가 많아서, 그 상태에 처하게 되면 거기서 빨리 빠져나오기 위해 애를 쓰는 경우가 대부분이다. 무엇이 사람을 극단적 상황으로 옮겨가게 만드는지 이해하는 것은 실험실에서 이뤄지는 제품의 강도 시험만큼이나 중요하다. 기업들은 정상의 영역은 잘 이해하지만 극단적인 부분에 대해서는 고전하는 경우가 많다. 그 말은 회사들이 정상 상태를 제각기 방향으로 잡아당기는 장력tension을 이해하지 못한다는 뜻이다.

생각해보라. 이메일을 한 시간 동안 확인하지 않았을 때 얼마나 마음이 불편한가? 작은 케이크 한 조각을 부담 없이 먹으려면 헬스장에서 몇 분 동안 운동해야 하는가? 셔츠를 얼마나 오랫동안 입지 않아야 다른 사람에게 줘버려야겠다는 생각이 드는가? 집 안에 잔고장이 난 물건이 얼마나 신경에 거슬려야 마침내 손을 보겠는가? 예외적 상황과 컴포트존으로 다시 돌아가는 데 필요한 행위를 이해하면, 사소해 보이는 일들이 사실은 사소하지 않다는 것을 깨닫게 될 것이다.

이런 한계치는 우리가 일부러 정한 것이든 아니든 의사결정에 있어 본질적인 요소다. 그러나 그것을 고수하기란 생각만큼 단순하지 않다. 사람들이 겨냥한 목표 조준점이 왜, 어떻게 빗나가는지 알아내기 위해 무척 많은 연구가 이루어졌다.

카지노는 술과 음식을 공짜로 대접하고 대량의 산소를 실내에 주입해 피로감을 느끼지 못하도록 하는 방법을 써서 고객이 컴포트존 밖으로 나와 위험감수 행동을 하게 만들기로 유명하다. 인간의 의지에 대한 심리실험 결과에 따르면 배고픔, 수면 부족, 빈번한 의사결정이라는 정신적 노동으로 오는 결정 피로decision fatigue 요인들 때문에 내공이 쌓인 사람도 흔들리기 쉽다고 한다.[2] 소비자심리를 연구하는 학자들은 간헐적 소리나 조명 등 겉보기에는 별로 영향을 끼치지 않을 것 같은 작은 요인이 어떻게 충동적이고 비이성적인 구매 습관[3]을 조장하는지 알려준다. 리처드 탈러Richard Thaler와 캐스 선스타인Cass Sunstein의 책《넛지》에서 저자들은 선택 설계choice architecture를 통해 사람들이 더 나은 결정을 내리도록 부추길 수 있다고 말한다. 선택 설계란 소비자의 행동을 어떤 방향으로 강제하는 대신, 기본값을 설정해 그쪽으로 자연스럽게 옮겨가도록 격려하는 방법이다.[4] 이것들은 평범한 행동의 유연성pliability에 관한 수많은 연구 중 극히 몇 가지 예들에 불과하다.

그런데 이 모든 것이 한계치 매핑과 무슨 상관이 있을까? 이 기법은 인간의 행동 변화에 영향을 주는 수많은 변수를 탐구하는 데 매우 효과적이다. 또한 앞에서 언급된 예들은 매개변수가 끊임없이 이동한다는 것을 시사한다. 정성적 자료를 근거로 했든 정량적 자료를 근거로 했든 관계없이 한계치 맵은 인간 행동에 눈에 띄는 변화가 없을 때조차 매개변수들의 변화를 잘 설명해준다. 또한 그것은 어떤 상태가 극단에 다다라 외부자극에 더 쉽게 영향을 받을 수 있는지를 잘 보여준다. 그러니 나중에 케이크 먹는 것을 피해야 할 일이 생긴다면, 얼마나 배가 고픈가에 대해서만 집중하지 말고 주변 환경에 대해서도 신경을 쓰는 게 좋다. 그렇지 않으면 최저 한계치가 올라가서 여러분도 모르는 사이 케이크가 입에 들어가 있을지도 모른다. 반면 여러분이 케이크를 파는 입장이라면 배고프고 피곤하고 정신적으로 지친 행인을 찾아서 부드럽게 권해봄 직하다.

## 누구를 위한 몸단장인가?

:

앞에 나왔던 질문으로 다시 돌아가 보자. 여러분은 왜 지금 이 순간에 샤워하지 않고 있는가? 한계치라는 렌즈를 통해 바라보면 지금 컴포트존 안에 있기 때문이라는 간단한 답이 나온다. 즉 불쾌의 최저 한계치 위에 있다는 의미다. 그러면 여러분을 최저 한계치 아래로 밀어내는 것은 무엇일까? 또 최고 한계치를 넘어서 컴포트존 밖으로 나가도록 밀어올리는 요인들은?

생활용품 전문 대기업의 의뢰로 수행한 연구가 있다. 나와 연구팀은 고객사에게 소비자들이 매일 어떤 방식으로 몸단장하는지 보여주기 위해 이러한 질문들을 이용했다.

우리는 아시아의 몇몇 대도시에서 사람들의 몸단장 습관과 그 습관에 영향을 미치는 모든 동기와 결과에 대해 설문조사를 했다. 사람들의 가정생활, 사회생활, 연애 관계, 직장생활과 거기에 따른 압력을 알게 되었다. 또한 언제 사람들이 머리를 빗고 이를 닦는지 조사했고, 목욕하는 경우와 간단히 세수만 하는 경우의 차이를 알았다. 아침 샤워와 저녁 샤워의 미묘한 차이를 깨닫는 한편, 아침과 저녁에 출퇴근길도 함께 가보았다. 우리는 이 모든 정보를 이용해서 각각의 설문 대상자들이 경험하는 일상적 주중 일과와 주말 일과의 윤곽을 잡을 수 있었다. 그런 다음 몸단장하게 만드는 주된 동기를 바탕으로 설문 참여자들을 다양한 유형으로 나눴다. 그 동기에는 이성과의 만남, 승진, 암내나 입 냄새 수습 등 여러 가지가 있겠다.

이러한 각각의 유형에는 독특하고도 미묘한 습관이 있다. 가령 데이트 상대를 찾는 사람은 토요일 밤에 나이트클럽으로 향하기 전 거울 앞에서 오랜 시간을 보내고, 야심 있는 회사원은 상사가 지나갈 때마다 구취 제거 사탕을 입에 털어 넣는다. 반면 천하태평 백수의 경우 사람들이 냄새 때문에 자기를 피한다는 걸 눈치채기 전까지는 위생에 신경을 쓰지 않곤 한다. 그들은 모두 자신에게 맞는 컴포트존에 머무르고 있었지만 그들의 컴포트존을 도식화해보면 크기는 매우 달라 보인다.

우리는 몸단장에 관한 연구를 통해 청결의 욕구는 보통 신체적 불편함과는 거의 연관이 없고, 자신감이나 사회적 용인과 밀접한 관계가 있다는 사실을 알아냈다. 오랫동안 집에 혼자 있는 상황에서는 설문참여자 대다수가 몸단장에 별로 관심을 보이지 않았다. 집에 있으면서 몸단장하는 경우는 외출이나 사교적인 만남을 기대할 때였다. 집 밖에서는 외모 때문에 창피한 일을 곧 당하게 될 것 같거나 현재 진행 중인 일의 방향을 바꿀 필요가 있다고 느낄 때 외모에 신경을 쓰게 된다.

아무도 만나고 싶지 않거나 회의나 데이트 같은 특정한 사회적 교류를 하지 않으려는 순간에 몸단장의 최저 한계치가 존재한다는 사실을 이 자료를 통해 알 수 있다. 한계치 아랫부분은 이른바 '수치의 영역'이 된다. 반대로 최고 한계치는 자신감이 최고조에 달하는 지점이라 볼 수 있다. 여기서 사람들은 자신의 외모가 너무나도 근사하다고 생각해 누구 앞이든 당당히 나설 수 있을 것 같이 느낀다.

사람은 최저 한계치 아래로 떨어졌을 때, 특히 칫솔이나 갈아입을 옷이 없거나 샤워할 곳이 마땅치 않은 등 자원이 한정된 경우에는 최고 한계치나 컴포트존으로 가기를 바라는 것이 아니라 그저 최저 한계치 위로 재빨리 기어오르는 것이 목표가 된다. 입 냄새를 확실히 잡아준다는 포장문구가 붙은 구취 제거 사탕이나 찬물 세수나 화장 고치기, 심지어는 친구의 격려 한마디가 그렇다. 최소한의 품위를 지키기 위해 필요한 것은 대부분 단순하다. 이러한 것들은 자신감의 최고점으로 가기 위해 거치는 정교한 의례 절차처럼 철저하지는 않은데, 그 이유는 동기 자체가 다르기 때문이다. 전자의 경우 사람들 앞에 나서기에 부끄럽지 않을 정도가 되는 것이 목표인 반면, 후자는 정성을 들여 완벽을 추구하는 것이 목표다. 영리한 마케팅 담당자는 이 차이를 인지하고 전자에는 '사람들을 피할 필요가 없습니다. 잠깐이면 됩니다'를, 후자에는 '당신도 슈퍼스타가 될 수 있습니다' 따위의 알맞은 메시지를 전달할 것이다.

어떤 도시나 국가 혹은 문화적 맥락 안에서 사용자 행동의 매개변수를 한계치라는 렌즈를 통해 바라보면 사회적 기준은 컴포트존을 늘였다 줄였다하는 조리개의 역할을 한다. 실리콘 밸리에 있는 회사의 복장 기준을 보면 다양한 모습이 허용된다. 건빵바지를 입거나 눈에 띄는 문신을 하거나 좀 지저분해도 괜찮다. 한편 일본 기업 환경에서는 허용되는 복장이 훨씬 더 엄격하며 따라서 더 좁은 컴포트존을 형성한다. 회사원은 특정한 색의 양복을 입어야 하고 특정한 종류의 신발과 셔츠를 착용해야 하며 신체적 불편에 관계없이 이런 복장을 유지해야 한다. 이 영역이 너무나 좁다 보니 일본 정부는 여름 사무실 평균온도를 28도로 올리는 절전냉방 캠페인을 벌이면서 회사원들에게 재킷과 넥타이를 착용하지 않고 근무하도록 유도하는 캠페인을 동시에 펼쳐야 했다. 상사들에게 이런 불량한 복장을 빌미로 부하 직원을 해고하지 말라는 당부도 함께 곁들이면서 말이다.[5]

다양한 문화에 따른 행동을 비교하고 싶다면 한 개인의 습관, 즉 기능 수준선을 선택하여 다양한 문화적 제약에 따라 컴포트존을 늘이거나 줄였을 때 무슨 일이 일어나는지 관찰하는 것이 굉장히 유용하다. 예를 들어 네팔의 시골에 사는 막노동꾼의 사회적 적정 체취 수준과 수도 카트만두에 사는 교사의 사회적 적정 체취 수준은 어떻게 다를까? 이러한 질문의 답을 생각해보면 어떤 행동이 바뀔지, 언제 어디서 행동의 변화가 야기되는지 알 수 있다. 마찬가지로 다른 문화로 여행하면서 업무나 그 외의 다른 일로 그 지역 사람들에게 좋은 인상을 심어주어야 한다면 옷차림, 몸단장, 화폐 소지 방법에서 적정 음주 수준까지 문화적 기준점을 알아보고 거기에 맞게 자신의 한계치를 조절하는 것이 좋다.

## 결정적이지만 사소한 차이
:

우리는 지금껏 동기나 개인행동의 프레임워크로서 한계치 맵에 초

점을 맞추어왔다. 그러나 사회학자 마크 그래노베터Mark Granovetter
는 한계치 매핑이 개인행동의 저변에 깔려 있는 다양한 면을 탐구
할 수 있는 창문을 열어주듯, 집단행동을 이해하는 데 효과적 도구
가 된다고 말한다.[6]

1970년대 후반, 그래노베터 교수는 다음과 같은 문제를 연구하
기로 했다. 보편적 사회 기준에 따라 행동할 것이라 믿었던 한 무
리의 사람들이 그 기준에서 벗어났을 때, 그것은 사회의 불문율이
갑자기 바뀌어서 그렇게 된 것일까 아니면 다양한 개인적 동기가
모여서 예상치 못한 결과를 가져온 것일까? 그는 광장에 모여서 혼
돈으로 치닫는 100명의 군중에 관한 가상 시나리오 두 개를 만들
었다. 첫 번째 시나리오에서는 한 선동가가 창문을 부수면 그 행위
가 두 번째 사람을 부추겨 돌을 던지도록 만들고 그다음 세 번째,
네 번째 이런 식으로 계속되어 마침내 대규모 폭동이 일어나게 된
다. 이 상황에 대해 신문들은 '한 무리의 과격분자들이 폭동을 일으
키다'라는 헤드라인을 실을 것이다. 그다음 시나리오도 역시 한 선
동가가 창문을 깨는 것으로 시작하지만 폭동은 거기에서 멈춘다.
이번에는 신문에 '한 무리의 모범시민들이 바라보는 가운데 정신
나간 난동가가 창문을 부수다'라는 헤드라인이 실린다. 집단적 행
동에서의 이런 큰 차이는 어떻게 설명될까? 99명의 과격분자들이
갑자기 유순한 모범시민으로 변한 것일까? 그래노베터 교수의 설

명에 따르면 99명 중 단 한 명이 변한 것뿐이다. 그것도 아주 조금.

군중의 일원들은 하나같이 폭동에 따르는 이익(분노 분출의 카타르시스)과 위험(체포 가능성)에 대한 자신의 인식을 바탕으로 폭동에 참여할지 말지 개인적인 결정을 내린다. 무조건 폭동을 일으킬 작정을 한 첫 선동가를 제외한 나머지 군중 속의 개인들은 모두 폭동에 가담할 시점을 기다린다. 과격한 사람들은 선동가의 뒤를 곧장 따를 것이고 그 후에 몇몇이 더 뒤를 잇겠지만 보수적인 이들은 거의 모든 사람이 폭동에 참여하기 전까지는 합세하지 않을 것이다. 사람들이 그 일에 기꺼이 참여하기 위해 필요한 폭동자들의 수치가 바로 한계치다. 선동가의 한계치는 0이고, 그 100명 중 가장 보수적인 사람의 한계치는 99가 된다.

첫 번째 시나리오는 한계치의 분포가 완벽히 고른 경우다. 선동가 다음에 한계치가 1인 사람이 두 번째 돌을 던지고, 한계치가 2인 사람이 그 뒤를 따를 것이며 이렇게 계속 진행되다 보면 모두가 폭동에 참여하게 된다. 그러나 두 번째 시나리오의 경우 한계치가 2인 사람이 두 명이지만 한계치가 1인 사람은 아무도 없다. 선동가가 폭동을 일으키고 나면 한계치 2인 두 사람은 돌멩이를 던지기 전에 주변을 둘러보면서 그들보다 먼저 돌멩이를 던지는 사람(한계치가 1인 사람)을 찾지만 보이지 않는다. 100명 중 99명이 폭동에 참여하고 싶은 생각을 갖고 있더라도 한계치에 도달하지 않았기 때문에 그 뒤에 발생하는 상황은 전혀 딴판이 된다.

물론 그래노베터의 모델은 순전히 가상이다. 그 점을 고려하더라도 한계치 1 대신 98에서 이러한 작은 변화가 생기는 상황이라면 여전히 비슷한 결과가 나타나리라고 생각하는 독자도 있을 것이다. 그렇지만 그러한 경우에도 주어진 일련의 개인적 동기가 맥락에 크게 영향을 받는 경우에 전혀 다른 개인적, 집단적 결과를 이끌어낼 수 있다는 사실을 보여준다.[7] 투자은행이 법적 면책조항에서 자주 언급하는 것처럼 과거의 실적은 미래의 결과를 보장하지 않는다.

그러나 우리는 세상을 바꾸기 원하고 다음 히트작을 내고 싶어 하며 우주에 발자취를 남기기 위해 애쓰는 존재이므로 미래의 결과는 상당히 중요하다. 언뜻 한계치 맵이 별 도움이 안되는 것처럼 보일 수 있다. 과거와 현재의 경험에서 수집한 세부적인 내용으로 작성된 까닭도 있지만, 인생 전체보다는 전형적인 매일의 삶에 주로 초점을 맞춘 반응적 도구처럼 보이기 때문이다.

하지만 미래를 예측하는 데 미흡한 구석이 있다 해도 새로운 시각을 제공함으로써 그 미흡한 부분을 상쇄하고도 남는다. 우리는 정상 행위, 허용 행위, 선호 행위의 경계를 각각 표시하고 그 선을 넘었을 때 발생하는 결과를 기록함으로써 사람들의 한계치를 확인한다. 필요시 컴포트존의 확장을 돕는 새로운 도구를 만드는 데 이를 적극 활용할 수 있다.

## 미래를 디자인하기
:

디자인의 진화 과정을 보면 완만한 포물선이라는 것은 존재하지 않는다. 다만 한계치 사고방식에서는 다음과 같은 패턴이 생긴다. 디자이너가 먼저 특정 한계치를 규명한 다음 그 한계치를 정확히 짚어내고 그것을 유지하는 방법을 찾아내 컴포트존을 확장하려는 노력을 쏟는다. 역사를 통해 사람들이 잠의 한계치를 관리해온 방법을 생각해보라.

위대한 철학자 플라톤이 꼭두새벽에 담론을 시작해 해가 떠오르기 전에 변증법으로 들어가곤 했다는 것은 잘 알려진 이야기다. 그런데 이 시간표는 스승과 제자 모두에게 까다로운 문제를 야기했다. 해시계는 정확한 시간을 알려주기는 했지만 해가 떠 있지 않은 시각에는 무용지물이었다. 이에 플라톤은 물을 조금씩 떨어지게 해서 밤새 시간을 측정하는 기계를 사용했다. 이 시계는 일정량의 물이 통과하고 나면 저절로 음악이 울리게 설계되어 있었다. 플라톤의 물시계는 정확한 시각을 알려주지는 않았으나 아카데미에 다니는 학생들 사이에서는 사회적 용납 행위의 보편적 한계치가 되어주었다. 어쩌면 "일찍 일어나는 새가 벌레를 잡는다."라는 속담의 원조는 플라톤이었을지도 모른다. 이번에는 2,000년 정도 빨리 감기를 해서 산업혁명 시대로 가자. 그 시기에는 사람들이 다 출근할 때까지 공장을 가동할 수가 없었기 때문에 기상 시간의 한계치가 좀 더 엄격해졌다. 기계 장치가 달린 자명종이 대중에게 소개되었지만 초기의 형태는 워낙 불안정해서 오히려 지각하는 직원들이 애용하는 정당한 핑계가 되었다. 시계가 제대로 작동하지 않으니 공장 감독들은 어떻게든 지각을 방지할 도구가 필요했다. 그들은 동네를 돌면서 문이나 창문을 두드려 공장 직원들을 깨우는 사람을 고용하는 방법으로 이 문제를 해결했다.

그 이후로 우리는 정시 출근을 방해하는 요인을 정복하게 되었다. 또한 최대 수면 한계치가 어디인지 정확하게 알아냈다. 그와 더불어 한계치에 다가갈수록 수면의 질이 떨어진다는 사실도 발견했다. 더구나 슬립 사이클Sleep Cycle 같은 자명종 애플리케이션 덕택에 컴포트존 안에 있기가 더 쉬워졌다. 이러한 도구들은 개인 수면 패턴을 분석해 가장 쉽게 깰 수 있는 순간을 계산한 다음 가장 기분 좋은 방법으로 우리를 깨운다.

지금까지 특정 한계치를 규명하는 한편 그것을 정확히 짚어내고 컴포트존 안에 머무르는 방법을 알아냈으니, 이제 다음 단계로 넘어가 어떻게 이것을 조작하는지 알아보자. 사실 우리는 오랜 시간 동안 카페인으로 이미 잠을 조작해왔다. 하지만 인간이 잠을 완전히 이길 수는 없다는 사실은 나 같은 커피 중독자들조차 인정할 수밖에 없다. 그럼에도 군대에 소속된 연구원들은 원숭이들에게 오렉신orexin이라는 두뇌 호르몬을 투여하자 36시간 이상 잠을 자지 못한 상태에서도 인지력 테스트에서 숙면을 취한 원숭이들만큼 높은 점수를 올렸음을 알아냈다.[8] 10년 정도 뒤에는 우리도 오렉신 카페 같은 곳에서 며칠을 지새우게 되진 않을까? 그렇게 되면 30시간 연속 근무가 표준이 된 세상에서 그 약을 복용하지 않고 살아가는 사람들이 겪는 사회적 압력은 무엇이 될까? 먼 나라 이야기가 아니다. 의사, 간호원, 장거리 화물차 운전사, 전투기 조종사 같은 사람들과 이것에 대해 한번 이야기를 나누어보라.

한계치 모델을 이용해 우리가 살고 있는 생태계를 위해 더 나은 서비스를 디자인하는 방법을 살펴보자. 그 생태계는 바로 돈의 세계다.

2009년 노키아에서 근무할 때, 신흥시장의 모바일 금융 서비스에 관한 연구를 수행한 적이 있다.[9] 그 당시 전 세계 약 35억 명의 사람들이 금융기관 서비스를 제공받지 못하는 상태였으나 그들 중 거의 절반이 휴대전화를 소유하고 있었다. 노키아는 노키아머니라는 휴대전화기반 시스템을 개발하고 있었는데, 향후 사람들은 이것을 이용해 모바일 결제나 송금, 저축을 할 수 있을 터였다.[10]

연구를 위해 우리는 중국과 인도네시아 그리고 말레이시아로 갔다. 거기서 우리 조사팀은 길거리에서 막노동꾼과 이야기하고, 주택가로 가서 주부들을 만났으며, 다양한 사회경제 계층에 속하는 사람들과 함께 그들이 어떻게 돈을 쓰고, 모으고, 갖고 다니는지에 대해 이야기했다. 우리는 사람들의 지갑 소지 여부와 그 이유를 물어보았다. 또한 한꺼번에 현금을 얼마만큼 가지고 다니며, 큰 금액을 지니고 다니는 것에 대해 어떻게 생각하는지, 돈이 거의 없는 상태로 다니는 것에 대해 어떻게 느끼는지 조사했다. 그와 더불어 그들이 돈과 관련된 위험을 방지하는 방법을 알아보았다. 이 부분에서 우리는 강도를 만나는 위험에만 국한하지 않고 돈 낭비를 피하는 방법과 돈을 지불하려는 순간에 돈이 다 떨어져 없는 경우를 예방하는 방법에 대해서도 이야기를 나누었다.

그들 대부분은 비상금 전략을 쓰고 있었다. 지갑이 텅 비게 되어도 소액의 비상금을 다른 곳에 숨겨놓았기 때문에(양말 속이나 다른 호주머니일 때도 있고 강도들이 많이 설치는 곳에서는 옷에 직접 꿰매놓기도 한다) 집이나 은행이나 현금인출기까지 별 탈 없이 갈 수 있었다. 특히 비상금 사용이 사람에게 겁을 주기도 하면서 동시에 마음을 안정시키는 역할을 한다는 재미있는 사실도 발견했다. 빈 지갑을 쳐다보는 것은 무서운 일이다. 아주 묵직한 한계치에 도달했다는 뜻이니 말이다. 그러나 "이제 돈이 한 푼도 없는데 어떻게 집에 가지? 어떻게 배를 채우지?" 하는 비극의 한계치는 비상금이 있으면 단지 경계경보 정도의 가벼운 한계치가 된다. 비상금은 이 한계치의 의미를 '빈털털이 내 인생'에서 '이제는 다르게 행동하고 소비할 때'로 전환하기 때문이다.

빈 지갑은 현금 거래에 대한 뚜렷하고 구체적인 피드백 메커니즘feedback mechanism이다. 심리학자들은 짠돌이 성향이 있는 사람들이 뇌의 섬엽피질insula 부분에 있는 피드백 기제를 사용한다는 사실을 발견했다. 뇌의 이 부분은 우리가 불쾌한 냄새나 끔찍한 영상을 접했을 때 혐오감을 느끼도록 만든다. 그런데 짠돌이들의 경우 고액의 가격표가 붙은 브루노 마글리Bruno Magli 명품 구두를 보면 섬엽피질에서 같은 반응이 나타난다고 한다.[11]

하지만 카드나 모바일 지갑을 사용할 때는 지갑 속의 휑한 모습이 눈에 보이지 않는다. 그렇다고 섬엽피질이 우리를 항상 바른길로 인도해주기만을 바랄 수도 없는 노릇이다. 바로 이 지점이 똑똑한 제품으로 승부수를 던질 기회다.

민트닷컴Mint.com이라는 웹사이트는 사용자들이 경계경보 한계치 근처 영역을 잘 관리할 수 있도록 해준다. 이 사이트에 은행계좌, 신용카드, 재테크, 공과금 등을 한자리에 모아놓을 수 있어서, 그것을 바탕으로 예산을 짜고 가계의 목표를 세울 수 있다. 예산이 초과하거나 계좌 잔고가 부족하거나 큰 지출이 발생하거나 수상한 활동을 감지하면 민트닷컴은 사용자에게 경고 메시지를 보낸다.

일반적으로 은행들은 고객이 깜빡하고 한계 금액을 넘길 때 짭짤한 수수료를 챙기곤 한다. 그러나 이 웹사이트가 선풍적인 인기를 끌게 되면서 은행도 유사한 고객 서비스를 제공할 수밖에 없는 처지가 되었다.

이런 한계치에 대해 이제는 능동적으로 그 경계를 표시하는 여러 가지 방법이 등장했다. 향후 우리는 사람들이 컴포트존에 머무를 수 있도록 돕기 위해 어떤 도구를 디자인할 수 있을까? 어쩌면 우리가 선호하는 제품과 예산을 알아내 두 조건을 모두 충족시키는 장보기 목록을 작성해주는 프로그램을 누군가 개발할지도 모른다. 여기에 장까지 봐서 배달해준다면 금상첨화다.

소비 컴포트존의 반대쪽 끝인 걱정의 한계치에도 역시 혁신의 가능성이 존재한다. 소비에 대한 결정을 내려야 하는 순간마다 정신적 에너지가 어느 정도 소모된다. 행동경제학에서는 이것을 정신적 거래비용이라고 부른다.[12] 심리적 희생이 구매 가치보다 더 클 때 우리는 걱정의 한계치에 다다르게 된다. 이것이 바로 온라인 소액 결제 시스템이 실패한 이유다. 상대적으로 적은 금액이지만 정기적으로 돈을 낼 마음이 있다고 해도, 사람들은 돈이 나갈 때마다 그 사실을 알고 싶어 하지 않는다.[13] 이러한 연유로 사람들은 자질구레한 소액 결제보다는 연간 회비를 내고 회원으로 가입하는 것을 선호하고, 식당에서 계산할 때 현금이 충분한 경우에도 신용카드를 사용한다. 물리적 자금의 고갈보다 가상적 자금의 고갈이 정신적 거래비용이라는 측면에서 더 낮기 때문이다.[14]

걱정의 한계치를 타개하려면 정신적 거래비용을 없애버리면 된다. 그 방법 중 하나는 그 일을 위임하는 것이다. 여러분의 자동차가 주차 시스템과 연결되어 있어서 어디에서든 빈 주차 공간을 자동 파악하고 주차비도 알 수 있다고 치자. 또한 운전자에게 두 블록을 더 걸어야 하지만 주차비가 1달러 더 싼 곳에 주차하겠느냐고 묻는 대신 설정해놓은 선호도에 따라 돈을 절약할 것인지 행선지와 가장 가까운 곳에 주차할지를 스스로 알아서 결정한다. 주차할 때 동전을 넣어야 하는 미터기도 없다. 자동차가 알아서 사용자의 신용카드에 대금을 청구하거나 사용자가 미리 돈을 넣어둔 스마트 계좌에서 돈을 이체해간다.

미래의 모습이 반드시 이러하리라 장담할 수 있을까? 그건 결코 아니다. 한계치와 한계치 맵은 단지 현재의 윤곽을 잡는 데 사용되는 도구일 뿐이다. 다만 현재에 대한 이해는 그다음 단계를 생각하고 디자인하는 데 훌륭한 시작점이 된다.

# 02

## 구찌 양복이
## 독이 되는 장소

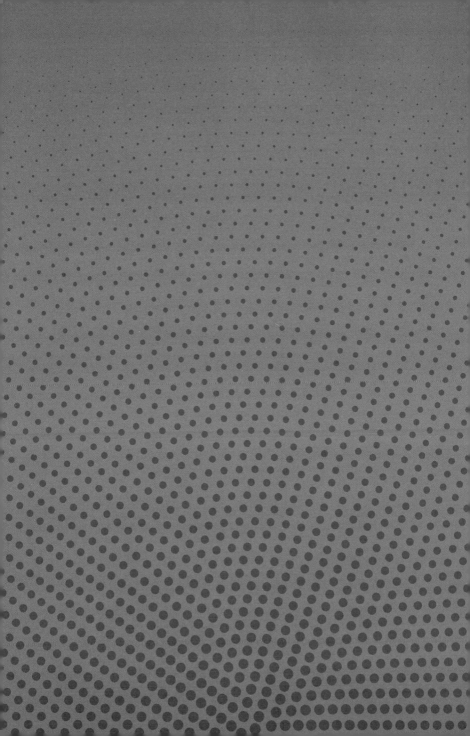

고대 로마 문명 초기에 사회적 계급에 상관없이 남녀노소 전 국민이 즐겨 입은 의복은 토가toga였다. 그 보편성 때문에 토가를 입고서 "나는 젊고 세련된 패셔니스타" 따위의 자기표현을 하기가 어려웠다. 그나마 판사나 사제 같은 사람들은 가장자리에 자주색 단을 덧대어 특별한 계급에 속해 있음을 나타내곤 했다. 그러나 기원전 2세기에 이르자 토가는 남성 정치가들의 계급적 상징으로 변모했다. 특정 디자인이나 염료로 물들인 토가를 입을 수 있는 이들을 규정하는 사치금지령이 제정된 것이다. 이에 따라 여자들이 토가를 입는 것은 완전히 금지되었으나 매춘부의 경우는 예외였는데, 오히려 그들에게는 반드시 토가를 입게 하여 성적불명예를 공개적으로 드러내도록 했다. 또한 자주색의 단색 토가는 최고 권력의 상징으로서 왕들과 황제를 제외한 그 누구도 입을 수 없었다.[1]

단순한 일상용품에 갑자기 강력한 상징성을 부여하는 것이 엉뚱하게 보일 수도 있겠다. 그러나 브랜딩과 과시적 소비가 넘쳐나는 현대 사회에서, 개인 진열장 위에 놓인 대부분의 물건은 그 사람의 정체성에 대한 일종의 메타포다. 우리는 이러한 상징물에 지나치게 집착하는 사람들에게 경멸의 눈길을 보내며 '천박'이라는 단어를 운운하지만, 사람들은 누구나 상징물에 어느 정도 신경을 쓴다. 보석이나 자가용처럼 노골적인 물건들에서부터 화장실에 갖다놓는 읽을거리처럼 은근한 것들에 이르기까지, 우리가 사용하는 모든 물건이 우리 자신의 다양한 면을 표현하는 소통의 도구가 되기 때문이다. 고대 로마인들처럼 옷을 잘못 입어서 벌금을 물거나 감옥에 가지는 않아도, 우리는 몸치장하거나 집을 꾸미는 일에서부터 시간을 확인하는 사소한 행위까지도 사회적 불문율을 따르며 살아간다.

　　우리가 늘 접하는 상황 속의 규칙은 잘 알지만, 일단 낯선 사회적 환경에 들어서면 전혀 다른 규칙을 접할 수 있다. 대기업에서 편한 일자리를 얻는 데 도움이 되었던 구찌 양복을 입고 노숙자 쉼터에 갔다는 흠씬 얻어맞게 될 수도 있다. 터부taboo의 어원인 통가어 타푸tapu가 금지되다의 의미와 신성하다는 의미를 동시에 갖는다는 사실이 그리 놀라운 것도 아니리라.

　　쿨함과 구차함, 세련됨과 촌스러움, 싸구려와 고가품의 경계는 종종 흐려지거나 이해하기가 불가능해진다. 이 문제에 대해 오리무중인 소비재 브랜드 회사들은 잘 나가는 젊은이들이 무엇을 하고 무슨 생각을 하며 무엇을 입는지, 또 이런 추세가 대중적으로 퍼질 것인지를 트렌드스포터trend spotter들이 파악해 알려줄 거라 기대한다. 내가 하는 일이 이런 것이라고 생각하는 사람들이 있는데, 나의 일과 트렌드스포터들이 하는 일에는 차이가 있다. 유행은 시대정신을 가늠하는 중요한 척도 역할을 하지만, 유행을 만들어내는 사람들과 유행을 따르는 사람들이 한 유행에서 그다음 유행으로 빠르게 건너뛰기를 하는 이유는 항상 유행의 중심에 서고 싶은 본질적 차원의 욕구 때문이다.

트렌드스포터들은 눈앞에 보이는 패턴에 집중하는 반면, 내 고객사들은 사람들이 자아를 표현하는 방식에 영향을 주는 보다 영구적이고 저변적인 욕망과 여러 요인을 이해하는 데 관심이 더 많다. 개인 물품을 다른 이들이 보게끔 두는 것은 마치 문을 열고 우리 자아 속으로 사람들을 초대하는 것과 마찬가지다. 우리가 누구인지, 어떤 자아상을 가지고 있는지, 그들이 우리를 어떻게 생각하기를 바라는지 등의 모든 정보가 들어 있는 것이다. 그러나 자아라는 건물 속에 들어가기 전에 자아가 위치하는 동네에 대해 먼저 알아보아야 할 것이다.

## 잘난 척이 필요할 때가 있다

:

사회적 역학을 분석한 도서 《일상생활에서의 자아 표현The Presentation of Self in Everyday Life》에서 사회학자 어빙 고프먼Erving Goffman은 상호작용을 개개인이 연기자와 관객의 이중 역할을 담당하는 연극 공연으로 묘사했다.[2] 각각의 공연은 연출된 배경 내에서 이루어지며 무대, 즉 상황을 중심으로 돌아간다. 어떤 연기자든지 상황을 규정하려고 시도할 수는 있으나, 다른 연기자들과의 합의가 없다면 순조롭게 공연하기 어렵다.

친구와 둘이서 차에 앉아 있는데 라디오에서 인기곡이 흘러나온다고 상상해보라. 목청껏 따라 부를 것인가, 아니면 채널을 돌릴 것인가? 본인이 좋아하는 노래가 아니지만 친구가 그 곡에 열광하며 상황을 즉각적으로 규정할 수도 있다. 그러면 친구를 위하는 마음에 자기 음악 취향은 잠시 접어두고 우스꽝스럽게 기타 치는 흉내를 내며 같이 합류할지도 모른다.

어떤 상황에서는 행동 규범 및 정의가 미리 확립되어 있어서, 모든 참여자가 적절하게 연기하도록 암묵적인 요구를 받는다. 이러한 의미에서 무례라는 것은 그저 어떤 장면에서 엉뚱한 연기를 무대에 올리는 문제다. 고프먼은 1940년대에 귀향하여 바다 생활의 습관을 버리지 못한 선원들에 대한 논문을 인용한 적이 있는데, 그

중 한 명은 자신의 어머니에게 '젠장맞을 반찬' 좀 이쪽으로 밀어 달라고 말하는 무례를 저지르기도 했다.[3]

2005년 노키아에서 일하는 동안 나는 어떤 발상을 실험해보기로 결심했다. 규정되지 않은 상황 속에 신분을 노골적으로 드러내는 물건을 갖다 놓았을 때, 그 물건 자체만으로 내 신분이나 상황을 규정하지는 못하리라는 발상이었다. 당시 뉴욕으로 출장을 간 상태라 임시로 쓸 사무공간을 물색 중이었다. 동료 한 사람이 노키아의 독립 자회사이며 명품 휴대전화 브랜드인 버투Vertu 사무실에 자리를 마련해주었다. 버투가 2002년 처음 시장에 소개되자 미국 IT 전문지 〈와이어드〉는 "파리의 패션쇼 주간에 문을 연 버투사는 장장 2만 4,000유로의 가격이 매겨진 첫 휴대전화에 백금 케이스와 사파이어, 크리스털 유리 화면이 장착될 것이며, 모차르트 교향곡처럼 맑고 정교한 소리가 날 것이라고 소개했다."라는 기사를 실었다.[4] 버투의 디자인 부장 허치 허치슨Hutch Hutchison은 〈파이낸셜 타임스〉와의 인터뷰에서 버투 브랜드의 탄생 배경을 다음과 같이 말했다. "회의 중에 이 전화기를 테이블에 올려놓았을 때, 그 전화기 주인이 회의실 내에서 가장 중요한 핵심 인사로 보이게 하자는 생각으로 만들게 되었습니다." 나는 이 가설을 몸소 확인해보고 싶었다.[5]

버투 사무실을 나서면서 나는 실험용으로 쓸 버투 휴대전화 하나만 빌려도 될지 농담 반 진담 반으로 물었다. 놀랍게도 그들은 그러마 했고(아마 내가 첨단 기계를 늘 만지는 사람이라서 그런 것 같다) 자물쇠로 채워진 서랍에서 한 대를 꺼내왔다. 나는 그 휴대전화를 들고 일본에 갈 거라는 사실은 언급하지 않았다. 그 당시 버투 전화기는 아직 일본에 소개되지 않았을뿐더러 GSM 방식이라서 일본의 3G 통신망에서는 사용이 불가능한 상황이었다. 문을 괴는 받침대로 사용하는 것 이외에 그 휴대전화로 할 수 있는 일은 단 두 가지밖에 없었다. 하나는 울리지도 않는 전화벨 소리를 인위적으로 조작해 감상하는 것이고, 다른 하나는 세계적 유행에 지극히 민감한 소수를 제외하고는 버투 전화기를 아는 이가 없는 일본에서도 허치슨의 주장이 통하는지 알아보는 것이었다.

나는 도쿄의 고급 주택가인 다이칸야마에 있는 카페 몇 군데로 버투 전화기를 들고 가서 일부러 테이블 위에 올려놓은 다음 사람들의 반응이 어떤지 살펴보았다. 일본에는 오트쿠튀르나 디자인, 예술 쪽으로 전문가가 울고 갈 만큼 안목이 높은 사람들이 있다. 그러나 카페에는 이 제품의 세공 기술을 눈여겨보는 사람도, 일본 근로자 평균 월급의 아홉 배에 맞먹는 가격표를 알아채는 사람도 없었다. 이 장소는 비싼 물건을 과시한다든지 어떤 제품이 눈에 확 띄면 낯선 사람에게 다가가서 대화를 주고받는 일이 자연스러운 곳인데도 말이다. 카페 내에서 나를 주요 인사로 본 사람이 있었는지는 아무도 모르는 일이지만 내 앞에 무릎을 꿇고 경배하는 사람이 없었던 것은 확실하다.

버투가 매력적인 만큼 혐오스럽기도 한 이유는 백금과 사파이어와 크리스털로 치장된 2만 달러짜리 외양 속에 버투 전화기 가격의 100분의 1밖에 안 되는 휴대전화와 거의 똑같은 회로판과 사용자 인터페이스가 장착되어 있기 때문이다. 버투의 가치제안에는 고급스러움과 일대일 맞춤 서비스 및 안목 높은 고객을 위해 장인이 세공한 전화 케이스 같은 것이 포함된다. 하지만 이런 것들이 그 가격에 해당하는 값어치가 있을까? 다시 말해, 고전경제학의 수요와 공급 체계에서 휴대전화 한 대에 2만 달러를 지불할 이성적인 소비자가 있을까? 게다가 그다음으로 저렴한 고급 휴대전화 값이 대략 1,000달러밖에 안 되는데도 과연 1만 9,000달러나 더 주고 최고급 휴대전화를 구입할 사람이 있을까? 정답은 '물론 없다'가 되겠다. 하지만 우리는 고전경제학이 그대로 먹혀드는 이상한 나라wonderland에 살고 있지 않다. 우리는 버투 전화기처럼 가격이 올라갈수록 이율배반적으로 수요가 따라 올라가는 베블런재Veblen goods 세계에 살고 있다. 베블런 효과Veblen effect[6]라는 용어는 1950년에 경제학자 하비 라이벤스타인Harvey Leibenstein이 주창했다. 그는 소비자 수요가 제품의 기능적 효용뿐만 아니라 특정한 사회 적 요인에 의해 결정된다고 지적했다. 유행을 따라가고 싶은 욕구(편승 효과bandwagon effect), 남다르고 싶은 욕구(속물 효과snob effect), 과시적 소비conspicuous consumption의 욕구 등이 그것이다. '과시적 소비'라는 용어는 이미 반세기 전에 사회학자 소스타인 베블런Thorstein Veblen이 소개한 것이다.

《유한계급론The Theory of the Leisure Class[7]》에서 베블런은 지배 계급이 일반 국민들로부터 자신들을 구별하고 부자들이 자신의 우월성을 주장하기 위해 사용하는 사회 방정식의 개요를 설명했다. 베블런은 다음과 같이 기록했다. "단지 부나 권력을 유지하는 것은 사람들의 존경을 얻고 그것을 유지하는 데 충분하지 않다. 부와 권력이 명확하게 입증되어야 한다. 존경심은 증거물을 바탕으로 나오기 때문이다. 부의 증거는 자신이 얼마나 중요한 인물인지를 다른 사람에게 각인하고 그 인식을 유지 및 상기시키기 위해 사용될 뿐만 아니라 자기 만족감을 고취하고 유지하는 데 쓰인다." 한마디로 나는 소비한다, 고로 존재한다가 되겠다.

사회적 지위를 나타내는 물건들은 정체성을 확립하는 한편 상대적 정체성을 설정하기도 한다. 사치는 가난한 사람들은 할 수 없는 것들을 부자들이 풍부한 자원으로 해낼 수 있음을 보여주기 위한 방법이다. 베블런은 다음과 같이 신랄하게 지적한다. "재화든 용역이든 인간의 생명이든 소비자의 평판을 효과적으로 수정하기 위해서는 사치품을 위한 지출이 반드시 필요하다는 명백한 암시가 과시적 지출의 진화 과정 전반을 통해 흐른다. 높은 평판을 얻으려면 낭비가 필수적이다. 기본적인 생필품 소비로는 아무런 칭송을 받을 수 없다. 물론 그 최소한의 물질조차 부족한 극빈자와 비교할 때를 제외하고 말이다. 하지만 그런 비교는 따분하고 매력이 없는 수준의 품위 유지 정도에 불과하며 그 이상의 지출 기준이 될 수 없다."

베블런은 냉소적이었지만 그래도 두 가지를 정확하게 짚었다. 첫째, 사회적 지위를 인정받으려면 그것을 뒷받침할 증거가 필요하며 둘째, 과시적 행위가 저속해 보이기는 해도 가난하지 않다는 강력한 증거라는 점이다. 그런데 네덜란드의 학자들은 실제로 사치가 단순한 부의 후광 이상을 부여한다는 사실을 알아냈다.[8]

틸버그 대학Tilberg University의 롭 넬리슨Rob Nelissen과 매라인 마이어스Marijn Meijers는 명품 옷의 사회적 효과에 관한 일련의 실험에서 유명 디자이너의 최고급 옷을 입었을 때 직장 추천서를 훨씬 더 많이 받고, 자선모금에서 기부금을 더 많이 모을 수 있으며, 상금이 걸린 게임에서 더 많은 도움을 얻는다는 것을 목격했다. 조교에게 토미 힐피거 로고가 새겨진 스웨터를 입히고 쇼핑센터로 보내서 쇼핑객들에게 가짜 설문조사를 하도록 했더니 말을 붙인 사람들 중 52퍼센트가 설문조사에 응했다. 반면, 조교가 아무런 메이커 표시가 없는 스웨터를 입고 설문조사를 청했을 때는 고작 13

퍼센트가 조사에 응했다. 그러나 명품 브랜드를 입었다는 것만으로 늘 긍정적인 결과를 얻는 것은 아니었다. 넬리슨과 마이어스는 설문 참여자에게 조교의 명품 옷이 다른 사람으로부터 공짜로 얻은 것이라는 사실을 알렸다. 착용자가 그 옷을 살 만한 부와 취향을 갖고 있지 않다는 사실을 암시하자 그 셔츠는 갑자기 마력을 잃었다. 그것이 더 이상 진정한 신분의 상징이 되지 못했기 때문이다. 그러나 나는 연구를 해나가면서 진실이 반드시 중요한 것은 아니며 겉모습이 핵심이라는 것을 깨달았다.

## 태국 십 대 소녀들에게 치아교정기란?

:

2007년에 나는 방콕에서 여성들이 휴대전화에서 얻고자 하는 가치가 무엇인지, 나아가 태국에서 젊은 여성으로 산다는 것은 무슨 의미인지를 연구했다. 우리는 방콕의 무더위와 굉음을 내며 달리는 오토바이 사이를 걸으면서 사람들을 인터뷰했다. 워크숍이 끝나고 몇몇 현지 참가자들에게 방콕에서 가장 이상적인 하루란 어떤 것인지 함께 다니면서 보여달라고 부탁했다. 그 이야기를 다 하려면 책 한 권은 족히 나올 것 같다. 어쨌든 우리는 얼마 후 비교적 가난한 동네에 다다르게 되었고, 청과물부터 선글라스까지 온갖 물건을 파는 노점상들로 가득한 가설 시장을 돌아다녔다. 그러다가 눈에 띄는 노점을 발견했다. 그곳이 나의 관심을 끈 이유는 특별히 갖고 싶은 물건이 보여서가 아니었다. 거기에 있는 물건이라고는 담요와 임시 진열장이 다였다. 그 진열장 위에는 치아를 드러내고 웃는 입이 만화처럼 그려진 싸구려 마분지 카드가 나란히 놓여 있었고 그림 속 치아들에는 일제히 철사가 끼워져 있었다. 그것은 단돈 39바트짜리 가짜 치아교정기였다.

이는 양말 장수가 돈을 더 벌어보고자 아이디어 상품을 부수적으로 갖다 놓고 파는 경우와 차원이 달랐다. 가짜 치아교정기를 팔던 양반은 다른 상품이 없었던 것으로 미루어보아 그것만 전문적으로 파는 듯했고, 그 수요가 상당히 큰 것으로 추정되었다. 그 노점에는 손님들이 꽤 많이 드나들었고 대부분은 십 대 여자아이들이었다.

그 아이들이 철사를 장난감으로 생각했는지 진지한 패션 액세서리로 받아들였는지는 알 수 없다. 그러나 입에 철 조각을 끼워놓고 그 아픔과 불편함을 참아낼 정도라면 그것을 외모에 대한 정당한 투자의 대가로 생각했던 것이 아닐까 싶다. 물론 가짜 치아교정기로는 치아를 교정할 수가 없지만, 철사가 걸려 있는 저 치아들이 언젠가는 고른 모습을 하게 되리라는 인상을 심어줄 수는 있다. 무엇보다도 중요한 것은 착용자나 착용자의 부모가 치아교정기 같은 사치품을 구입할 수 있는 경제적 능력이 된다는 것을 암시한다는 사실이다.

방콕의 가짜 치아교정기는 참 흥미로운 예다. 일단 치아교정기가 신분의 상징이 될 수 있다는 사실도 놀랍지만, 누군가가 이런 종류의 물품을 위조할 생각을 했다는 것이 더 의외다. 왜 십 대 여자아이가 가짜 구찌 티셔츠를 살 돈으로 가짜 교정기를 고르는 걸까? 하기야 둘 다 사용할 수도 있겠다. 그러나 방콕처럼 어디를 가든 가짜 명품 옷이 넘쳐나서 너나 할 것 없이 입고 다니는 곳에서는 가짜 교정기 같은 것이 훨씬 티가 덜 난다. 따라서 더 그럴듯하게 보이는 책략이 된다.

치아교정기가 신분의 상징이 될 수 있다면 다른 물건들도 그럴까? 예상 밖으로 이러한 신분 상징물의 예는 많이 있다. 사회경제적으로 낮은 계층에 속하는 라틴계 청소년에 대한 범죄학 연구에서, 학자들은 아이들이 무기를 소지함으로써 인기를 얻고 또래들 사이에 입지를 굳힐 수 있다는 사실을 발견했다.[9] 이란에서는 이슬람 정부가 개를 소유하는 것을 금지하고 나자, 정부에 반대하는 세속주의자 사이에서 개가 저항정신의 상징이 되었다.[10] 아랍에미리트에서는 자동차번호판, 특히 한 자리 숫자가 달린 것이 인기 품목이 되었다. 2008년 2월에 숫자 1만 쓰인 번호판이 경매에서 1,430만 달러에 팔리기도 했다.[11] 한편 카이로에서 충칭에 이르기까지 세계 곳곳의 휴대전화 판매업체를 방문해보니, 그들은 행운의 숫자로 구성된 전화번호를 비싼 값에 팔고 있었다.

이것을 미신이 가지는 시장력으로 볼 수도 있으나 사실 그 중심에는 이미지 관리 기능이 있다. 전화번호는 세계 여러 지역에서 기본적인 신분 증명의 역할을 하며, 행운의 번호는 불운의 번호들과는 다른 인상을 준다. 아프가니스탄 정부가 39로 시작하는 번호판을 발급하기 시작했을 때, 그 번호를 받은 사람들은 분노했다. 39는 '포주의 번호'로 인식되는 지극히 불미스러운 숫자이기 때문이다.[12] 아프가니스탄 사람들이 번호판 같은 곳에 그런 숫자를 내걸어 포주로 오해받기를 원치 않는 것처럼, 대부분의 사람은 자신이 가진 온갖 종류의 부와 지위의 상징을 창피한 줄 모르고 과시하는 천박한 인간으로 인식되고 싶지 않은 법이다. 이는 사회적으로도 마찬가지다. 그렇다면 왜 어떤 사람들은 그러한 낙인이 찍히고 다른 사람은 찍히지 않을까? 또 어떤 물건에는 그런 낙인을 찍고 또 다른 물건에는 찍지 않을까?

## 당신의 화장실이 새롭다
:

2009년 중국 시안西安에서 모바일 금융 서비스에 대해 연구하던 중 궁금증이 생겼다. 사람들이 현금이나 통장을 대하는 태도와 동일한 금전적 가치를 지닌 다른 물건을 대하는 태도가 다른 이유는 무엇일까? 레스토랑에 가서 값비싼 휴대전화를 신분의 상징으로 테이블에 얹어두는 것은 사회적으로 용납된다. 그러나 현금과 신용카드를 꺼내서 테이블 위에 진열하면 안 되는 이유는 무엇일까? 그런 행동을 본능적으로 옳지 않다고 느끼고, 시도조차 하지 않는 이유는 무엇일까? 현금이 말 그대로 물리적·미생물학적으로 더러워서 밥상에 올린다는 것이 불결하게 보여서일까? 하지만 훨씬 위생적이면서 다양한 디자인으로 개성 표현도 가능한 신용카드의 경우에도 테이블에 꺼내 놓는 것이 일반적으로 용인되지 않는다.

사회의 불문율을 깰 수 없는 것으로 치부하고 넘겨버리기보다는 왜 사람들이 그것을 깨지 않는지 이해하는 것이 유익하다는 평소 지론을 따라 나는 작은 실험을 하기로 결정했다. 연구팀과 현지 조력자들이 함께한 저녁 식사 자리에서 현금과 신용카드를 꺼내서 다들 테이블 위에 올려보라고 부탁했다. 그 자리에 있던 모든 사람이 얼마나 어색하고 불편하게 느꼈을지 쉽게 짐작이 갈 것이다. 돈이나 신용카드가 너무 적거나 너무 많을 것을 걱정하고, 어떤 이들은 그저 도난당할 위험 때문에 걱정스러웠을지도 모른다.

테이블 위에 휴대전화를 두었을 때는 전화나 문자가 왔는지 쉽게 확인할 수 있다는 장점과 도난 위험이 커진다는 단점이 상대적으로 균형을 이룬다. 하지만 돈을 내놓았을 때는 단점과 균형을 이루는 장점이 없다. 더구나 휴대전화를 테이블 위에 올려놓으면 전화나 문자가 왔는지 쉽게 확인할 수 있다는 장점이 정당한 사회적 핑계의 역할을 하기도 한다. 마찬가지로 비싼 옷과 보석류에는 미와 스타일을 추구한다는 사회적 핑계가 있고, 스포츠카와 고도계가 달린 고가의 손목시계는 스릴을 만끽하는 도구라고 정당화할 수 있다. 그러나 돈뭉치를 자랑하는 행동을 정당화할 만한 핑계는 존재하지 않는다. 물론, 그의 돈에 손을 댔다가는 인생 접는 날이라는 것을 모두가 잘 아는 리우 데 자네이루의 마약상이라면 못할 일이 없겠지만 말이다.

그 외 나머지 사람들에게는 사회적 핑계가 중요하다. 사회적 핑계는 모두가 참여하는 '허영덩어리가 아닌 척하기' 게임에서 중요한 수단이 되기 때문이다. 우리는 인간적으로 보이고 싶어서 사회적 지위에 관심이 없는 척한다. 실리콘 밸리에서는 청바지와 면 티셔츠를 입고 고물 볼보 자동차에서 내려 커피숍에 들어와 내 뒤에 줄을 서는 사람이 '진솔'한 이미지를 보여주고 싶어 하는 억만장자일 수도 있다.

케이트 폭스Kate Fox는 자신의 저서 《영국인 발견Watching the English[13]》에서 화장실을 장시간 사용할 때에 대비해 갖다 놓는 읽을거리가 흥미롭게도 사회적 계층에 따라 다르다는 사실을 지적했다. 최하층 노동자 계급에 속한 사람들은 가벼운 농담이 담긴 유머집이나 스포츠 잡지로 화장실을 채우는 경향이 있다. 중하층이나 중산층은 저속하게 보일까 싶어 읽을거리를 갖다 놓는 것을 아예 싫어한다. 그와는 반대로 중상층은 종종 화장실에 작은 서재를 차리다시피 하는 경우가 많다. 가식적으로 보일 때도 있지만 다양한 장르의 재미있는 책을 엄선해놓았기 때문에, 저녁 식사를 하러 내려오라고 집주인이 소리칠 때까지 손님들이 책에 푹 빠져서 화장실에서 나오지 못하는 경우가 종종 있다. 마지막으로 상류층을 보면, 그들의 취향은 최하층 계급과 놀랄 만치 비슷하다. 바로 유머와 스포츠다. 얼핏 보면 중상층만이 손님들에게 좋은 인상을 심어주려고 애쓰는 것처럼 여겨진다. 그러나 상류층도 마찬가지로 과시하려는 의도가 있다. 다만 그 목적이 약간 다르다고 볼 수 있다. 그들의 목표는 웅장한 대저택 내에 소박한 집 분위기를 연출하는 것이다.

## 냉장고 속에서 찾아낸 당신의 열망

:

집에 신분 상징물을 진열하는 행동은 영국 문화에 국한된 것이 결코 아니다. 영미나 유럽 등 서양의 중산층 가정은 대부분 아시아의 중산층 가정과 다르게 꾸며져 있다. 서양인들은 아시아인들보다 훨씬 더 자주 손님을 집으로 초대하는데, 거기에는 몇 가지 이유가 있다. 아시아 도시의 경우 서양에 비해 집들이 훨씬 작기 때문에 모임을 위한 공간이 작을뿐더러 만찬실, 손님용 욕실, 손님용 침실처럼 과시용으로 디자인된 방들도 별로 없다. 또 영국이나 미국에서는 집에서 식사하는 것에 비해 외식하는 데 돈이 많이 들지만, 중국의 경우 비용 차이가 거의 없다. 따라서 외식 문화가 크게 자리 잡은 것도 이유 중 하나다. 또한 중국의 도시는 전통적으로 자가 보유율이 낮아서 주택 리모델링이나 개조가 상대적으로 새롭고도 선풍적 인기를 끄는 개념이다. 1997년에 36퍼센트였던 상하이 시민의 자가 보유율이 2005년에는 82퍼센트로 급격하게 상승했다.[14] 그러나 아시아 문화권의 사람들이 집 내부의 과시용 공간에 투자를 덜 하는 경향이 있다고 해서 과시에 투자를 덜 하는 것은 아니다. 단지 밖으로 가져가서 사용할 수 있는 과시용 물건을 사는 데 더 관심이 많은 것이다.

이러한 문화적 차이 때문에 연구 중에, 특히 가정 방문을 하다 보면 다양한 경험을 하게 된다. 서양 가정의 현관에는 보통 가족사진 같은 인간적인 냄새가 풍기는 장식품이 걸려 있는 반면 아시아 가정의 현관은 신발을 벗어두는 장소와 열쇠를 걸어놓는 곳 등 최소한으로 꾸며져 있다. 서양인들은 예술품 같은 신분과 취향의 지표가 될 만한 것들을 자랑하기 위해 손님을 데리고 방마다 다니면서 구경시켜주는 경우가 많은데, 동양 문화에서는 손님들이 주로 거실에만 머물다 간다. 이집트나 아프가니스탄 같은 나라는 손님들이 사용할 수 있는 공간과 가족들의 사적 공간의 구분이 성별에 따라 훨씬 더 뚜렷하다. 침실의 경우, 살짝 한번 들여다보는 정도는 허용되기도 하지만 대부분의 문화에서 성역으로 간주된다. 서양의 집에서 화장실이 어디냐고 물으면 가족들이 주로 사용하는 욕실 대신, 더 화려하게 장식된 손님용 화장실로 안내하는 경우가 많다. 반면 아시아 가정에서는 보통 집에 화장실이 하나뿐이라서 실제로 그 집에 사는 사람들이 사용하는 욕실을 보게 되는 경우가 많다.

동서양을 막론하고 어떤 집에 갔을 때 사람들이 열심히 보여주고 싶어 하는 가보나 예쁜 장식물을 구경하는 것도 재미있지만, 그 집의 찬장이나 냉장고 안에도 거주자의 취향과 열망에 대해 알 수 있는 것들이 무척 많다. 일과 가정의 균형이라든지 위험 관리 같은 주제에 대해 조사할 때도 나는 늘 냉장고 안을 구경할 구실을 찾는다. 구매하는 브랜드와 그들이 선택하는 생활양식을 보면서 이러한 것들이 어떻게 그들의 신념과 모순되거나 일치하는지 알 수 있다.

냉장고와 부엌은 가내 연구에서 따기 쉬운 과일과도 같다. 일반적으로 이곳은 손님이 드나들기에 큰 무리가 없고 집주인도 거기에 별로 알아낼 것이 없다고 생각한다. 종종 냉장고에는 주인 내외가 쓰는 화장품이나 약 같은 비식품류도 들어 있다. 냉동실에서는 우리가 흔히 기대하는 내용물 외에도 애완용 뱀에게 줄 얼린 쥐부터 숨겨놓은 마약이나 그 외 다른 불법 물품을 발견하기도 한다(자기들이 숨겨놓고도 기억 못 하는 사람들이 엄청나게 많다). 또 집주인이 술꾼인지, 유명 브랜드를 좋아하는지 저렴한 제품을 선호하는지, 케첩을 사는 데 일이천 원 정도 더 쓰는 것을 꺼리는지 등 많은 것을 알 수 있다. 냉장고 속에 들어 있는 최고급 그레이 구스Grey Goose 보드카를 통해서도 신분의 가치에 대한 많은 것을 알 수 있다. 어느 정도 집주인의 신뢰를 얻고 나면 제품이 정말 값어치를 하는지 물어보라. 주로 "잘 모르겠습니다." 같은 대답이 돌아올 것이다. 좀 더 친해진 후 인터뷰가 거의 끝나갈 무렵에 물어본다면 대답은 "괜히 헛돈 쓴 것 같아요."로 변할 가능성이 높다.

## 애플 이어폰이 열쇠가 된다
:

가끔은 사람들이 소유하지 않은 물건들을 조사하면서도 많은 것을 발견할 수 있다. 내가 즐겨하는 맥락적 조사 기술 중 하나는 동네 사진관으로 가는 것이다. 사람들은 거기에서 소품을 들고 근사한 배경 앞에 서서 사진을 찍거나 나중에 포토샵으로 수정하는 경우가 많다. 특히 스티커 사진이나 기념품을 만들어주는 사진관은 고객들의 사진으로 도배된 곳이 많은데, 이런 사진들을 보면 사람들이 무엇이든 가질 수 있다면 가지고 싶은 것과 어디에든 갈 수 있다면 가고 싶은 곳에 대해 많은 것을 말해준다. 가끔씩 보이는 서부 활극 스타일이나 빅토리아 시대 분위기를 연출하겠다는 손님들을 제외하고는, 소품과 배경은 현실적 성취 가능 여부와 관계없이 사람들의 진짜 열망에 대한 중요한 단서를 제공한다. 뉴올리언스에서는 캐딜락이 인기 있는 소품이고, 아프가니스탄의 대도시 마자르이샤리프에서는 쉬고 있는 사자 옆에 서 있거나 군인처럼 밧줄에 묶여 군용 헬기에 매달려 있는 모습을 연출하는 것이 유행이다. 페라리 자동차와 총은 전 세계적으로 인기 있는 것 같다.

사지 못할 물건에 대한 취향까지 왜 군이 조사하는지 궁금한 독자들이 있을 것이다. 이러한 물질적 환상은 페라리나 사자의 판매 예상치를 실제로 계산하는 데 그다지 좋은 척도는 아닐 것이다. 그러나 이것은 방콕에서 본 가짜 치아교정기처럼 진품 여부와 상관없이 사람들이 연관되고 싶어 하는 브랜드나 성질이 무엇인지 보여준다. 똑똑한 상인들은 명품을 열망하는 사람들에게 그들이 원하는 제품의 어떤 측면을 예산에 맞는 가격 내에서 제공함으로써 대중 명품, 즉 매스티지masstige를 창조하는 방법을 찾아낸다.[15] 진입장벽을 낮춘 제품을 개발해 새로운 시장을 만드는 것이다. 세상에 나와 있는 실제 페라리의 숫자와 비교해서 페라리 키홀더가 얼마나 많은지 생각해보면 이해하기 쉬울 것이다.

내가 좋아하는 매스티지의 예를 들자면 세계 각국의 도시에서 혼잡한 출퇴근길에 사람들의 귀에 꽂혀 있거나 목에 매달려 달랑거리는 애플 이어버드를 꼽을 수 있다. 가장 저렴한 아이팟의 반값도 안 되고 아이폰의 10분의 1도 안 되는 가격이지만, 이러한 핵심 기술 제품을 살 능력이 안 되는 사람들에게는 이어버드가 애플 생태계에 끼어들 수 있는 통로가 된다. 애플의 전 마케팅 책임자였던 스티브 차진Steve Chazin은 "흰 이어폰을 끼는 순간 애플 세계의 일원이 됩니다."라고 말한다.[16] 주머니 안에 있는 싸구려 짝퉁 휴대전화에 끼워져 있은들 어떠랴. 중요한 것은 겉모습이다.

## 미래 사회의 갑과 을

:

우리는 이제 물건들이 눈에 보이지 않을 정도로 점점 더 작아지고, 우리 자신들이 보이지 않는 것에 점점 더 연결되는 기술의 시대를 살고 있다. 사회적 지위를 과시하는 용도로 기술을 사용하는 것에, 이런 변화가 어떤 영향을 미치게 될까? 대부분은 신분을 상징하는 것이 무엇인지에 따라 달라진다. 금전적 부는 언제나 가치를 지닐 것이다. 그러나 점점 시간이 귀중한 자산으로 여겨지면서 업무를 위임하고 시간을 절약하는 일이 사회적 지위의 중요한 증표로 자리매김하고 있다. 그와 더불어 시간을 자율적으로 사용할 자유나 여가 시간이 내포하는 긍정적 의미가 더 커지고 있다. 이는 사회가 더 긴밀하게 연결될수록 그 연결고리를 끊고 단절 상태를 유지할 수 있는 능력이 신분의 주요한 상징이 되리라는 것을 의미하는 듯하다. 장시간 전화를 받지 않는다든가 3주 동안 휴가를 가는 등 세상과의 접속 스위치를 끄는 것이 힘들어질수록, 그러한 행위는 극소수만이 누릴 수 있는 특권이 될 것이다.

기술은 행동을 증폭한다. 즉 선한 일을 하려는 사람이 선한 일을 더 많이 하도록 돕고, 악한 일을 하려는 사람이 악한 일을 더 많이 하도록 돕는다. 여러분이 우간다 시골 마을에 살고 본인이나 아내가 진통을 겪고 있다면 제일 가까운 병원에 가기 위해 10킬로미터나 되는 거리를 달리는 것보다는 휴대전화로 산파를 불러 출산을 돕도록 하는 것이 훨씬 더 쉽다. 또한 자동차를 폭파하고 싶은 경우에도 휴대전화는 급조폭발물에 사용하기에 상당히 훌륭한 리모컨이 된다. 이 가정을 따르면 기술 발전은 자랑꾼이 쉽게 자랑을 하도록 해주고, 높은 지위를 가진 사람이 자신의 신분을 쉽게 과시하도록 해주며, 하층민들이 족쇄를 벗어던지기 어렵게 만든다.

통신 기기를 귀에 이식시켜 24시간 1년 365일 접속 상태를 유지하게 되는 모습을 상상해보라. 그것이 높은 지위의 상징이 될까 아니면 낮은 지위의 상징이 될까? 사실 양쪽 다 가능하다. 누가 사용하는지에 따라, 그리고 어떻게 사용하는지에 따라서 말이다.

상급자가 그러한 기기를 사용하게 된다면 하급자를 좀 더 가까이에 둘 수 있는 도구가 된다. 동시에 하급자의 입장에서는 꺼놓을 수도 없는 기기 때문에 쉴 새 없이 상급자를 모셔야 한다. 기술이 양쪽의 역할을 모두 증폭한 것이다. 그러나 누군가의 말을 듣지 않아도 되는 사람은 없다. 상급자가 없다면 잔소리하는 어머니라도 있을 것이다. 그렇기 때문에 기기를 이식하지 않는 것이 사회적 지위의 진정한 상징이 될 것 같다.

소형화miniaturization가 가져오는 결과는 또 있다. 시각 인터페이스에서 점차 물러나 청각 전용으로 옮겨감에 따라, 신분을 자랑하는 목적으로 사용 가능한 유일한 인터페이스 요소는 대화 그 자체가 될 것이다. 어떻게 보면 이것은 신분 상징의 극치다. 보이지도 않는 그 무엇에 대고 이야기하는 상황에서는 내가 무슨 말을 하든 반박할 수 없다. 청각 인터페이스에 대고 "그래, 내일 터키행 1등석 비행기 표를 끊어주게. 호텔을 잡아놓고 제프리한테 전화를 해서 내가 다음 주 골프 클럽에 못 간다고 말해. 그럼 수고해. 끊겠네."라고 말해도 거짓말쟁이라고 부를 사람은 아무도 없다. 내가 비서랑 이야기하는지, 내 말에 심히 헷갈려 하는 계산기 애플리케이션에 대고 이야기하는지 어찌 알랴.

이야기하다 보니 새로 사무실을 차린 변호사에 대한 농담이 생각난다. 사무실 현관문으로 들어오는 첫 잠재고객에게 깊은 인상을 심어주고 싶어진 변호사는 전화기를 집어 들고 통화하는 척한다. "죄송하지만 너무 바빠서 이 사건을 맡을 수가 없겠습니다. 수천 달러를 주셔도 안 되는 건 안 되는 겁니다." 그는 전화를 끊고 몸을 돌려 그의 앞에 서 있는 남자에게 말한다. "어떻게 오셨습니까?" 그 남자는 대답한다. "아, 별 것 아닙니다. 그냥 새 전화선을 연결해드리러 왔어요."

옷이나 액세서리를 디자인하는 사람들은 신분의 상징물에 대한 시장 수요를 읽어내는 것이 얼마나 중요한지 잘 안다. 이러한 신분의 상징물은 부, 개성, 세련미 같은 핵심 가치를 강조한다. 그러나 에어컨처럼 가정에서 쓰는 가전용품을 디자인하는 경우에도 신분 상징의 렌즈를 통해서 들여다보는 것이 유익할 수 있다.

에어컨 시장에는 실용성만을 추구하는 소비자들이 있을 것이다. "에어컨이 돌아가기만 하면 됩니다." 실용성과 절약정신이 구매 기준의 근간을 이루는 사람들도 있다. "제대로 작동되는 가장 싼 에어컨을 사고 싶어요." 브랜드 인지도가 큰 작용을 하는 경우도 있다. "돈을 최대한 아끼고 싶지만 언제 망가질지 모르는 듣도 보도 못한 물건을 사는 데 돈을 낭비하긴 싫습니다. 기왕이면 오래갈 물건을 사야죠." 그다음에는 사회적으로 비중을 훨씬 더 많이 차지하는 소비자들이 있다. 그들은 환경보호부터 상류 생활에 이르기까지 자신의 가치관에 부합되는 브랜드를 찾아서 그 가치를 명시적으로 투영한다.

그 예로 중국을 살펴보자. 앞서 언급한 바와 같이, 자가를 보유하는 것이 보편화되었고 그에 따라 집에 대한 투자도 늘었다. 그 결과 자신의 집을 과시하는 것이 점점 의미 있는 일이 되었다. 자가 소유의 붐이 일어나기 전에 사람들은 자신이 자란 작고 다 허물어져 가는 집에서 살았다. 아기 때부터 계속 보아온 이웃들은 종종 예고 없이 들르지만, 대학 동기를 집에 부르는 일은 절대 없었을 것이다. 그러나 오늘날 집 자체와 주택 소유의 개념이 신분 상승의 상징이 되었다. 따라서 사람들을 집으로 초대하는 것이 점점 대유행이 된다면 완벽히 실용적이기만 하고 꿈에 나올까 두려울 만큼 흉측한 에어컨보다 멋지게 디자인한 세련된 브랜드의 에어컨을 살 것이다. 한편, 이웃과 친구들 가운데 에어컨을 소유한 사람이 아무도 없는 상황에서 처음으로 에어컨을 사는 집이 있다면 흉측하고 실용적이기만한 에어컨도 대단히 근사해 보일 수 있다.

사람들이 원하는 것이 무엇인지 이해하기 위한 가장 효과적인 방법은 관찰하고, 기록하고, 직접 질문하는 것이다. 물론 사람들은 좀 더 멋지게 보이고 싶어서 거짓으로 대답하는 경우가 많다. 하지만 그 자체가 그들이 꿈꾸는 사회적 지위에 대한 열망의 표현이라는 것을 기억하자. 가끔은 거짓말이 진실을 밝혀준다. 사용자 경험을 조사할 때는 사람들이 분명하게 드러내고 싶어 하는 긍정적 특성과 피하거나 숨기려는 부정적 특성을 알아내는 것이 매우 중요하다. 진화심리학자 제프리 밀러Geoffrey Miller[17]는 다음과 같은 유용한 분류 목록을 만들었다. 먼저 건강, 생식력, 아름다움과 같은 신체적 속성이 있고, 두 번째는 선한 양심, 싹싹함, 새로운 것에 대한 개방성 등 개인적 성격이며, 마지막으로 인지적 특성, 즉 일반 지적 능력이 있다.

이러한 성질을 투영하고자 하는 욕구의 강도 역시 욕구 자체만큼이나 중요하다. 어떤 사람들은 과시욕이 강하고 다른 사람들은 은근히 표현하는 것을 좋아하는 반면 아예 내보이는 것 자체를 싫어하는 사람들도 있다. 특정한 순간에 한 개인이 물건이나 겉모습을 통해 표현하는 모든 긍정적이고 부정적인 특성의 합계를 S라 하자. 고프먼은 이러한 물건과 외양을 성능 장치performance equipment라고 부른다. 여기서 우리가 즐겨 쓰는 도구인 한계치를 다시 꺼내 질문을 던져보자. 외출하거나 사람들을 집으로 초대하기 위해 필요한 S의 절대 최소치는 무엇인가? 사치가 지나쳐서 스스로조차 너무 거북하게 느껴져 수위를 좀 낮추고 싶은 마음이 드는 순간의 절대 최고치 S는 얼마인가?

또한 상태값에 영향을 미치는 문화적 요인들도 있으며 이것을 이해하기 위해서는 우리가 나중에 추가로 다루게 될 렌즈들을 함께 사용할 필요가 있다. 고대 로마 토가의 모순처럼 특정 물건이 어떤 문화에서는 높은 지위를 나타내고 다른 문화에서는 낮은 지위를 나타낼 수 있다. 런던이나 뉴욕에 사는 어떤 사람이 햇볕에 검게 그을렸다면 다른 사람이 보기에 열대지방으로 휴가를 가거나 적어도 태닝 살롱에 갈 정도의 여유가 있는 사람이라는 뜻이 된다. 반면에 중국이나 태국에서는 햇볕에 탄 피부가 밭에서 땀을 흘리는 농부의 상징이고 부르주아는 피부가 흰 경향이 있다. 이에 따라 방콕의 약국 선반에는 10여 가지가 넘는 미백 크림과 로션이 진열되어 있다. 미국은 비싼 보습제가 어두운 색조를 띤다. 그렇다면 이러한 제품들을 사용하는 사람들은 서로 근본적으로 다르다는 의미일까?

어빙 고프먼은 세상의 모든 남녀는 삶에서 많은 역할을 맡은 연기자일 뿐이라는 셰익스피어의 말에 동의할 것이다. 다만 세상은 하나의 무대가 아니라 수백만 개의 무대와 수십억 또는 수조의 소품 및 의상으로 이루어져 있다. 우리가 하는 연기, 대사, 몸짓은 서 있는 무대 위의 장면에 나란히 놓일 때 설득력이 있다. 그러나 적절한 소품과 의상은 어떤 무대에서나 우리를 자연스럽게 보이게 할 뿐 아니라 실제로 편안하게 느끼도록 만든다.

**03**

# 성공의 비결,
# 밀고 당기기

금요일 아침 출근 시간 도쿄의 신주쿠 역에는 현대 사회의 진풍경이 벌어진다. 양복을 빼입은 통근자들의 물결이 개찰구 사이를 미끄러지듯 빠져나온다. 그들은 버스에서 쏟아지는 양복의 물결에 합류하여, 보도블록을 따라 정부관청이나 사무실로 밀려든다. 도쿄 수도권 지역에 사는 3,500만 인구 중에 364만 명이 매일 세계에서 가장 번잡한 역인 이곳을 지나간다.[1] 이 광경은 가히 장관이라 할 수 있다.

전망 좋은 자리에 앉아서 금방 내린 커피 한 잔을 즐기며 인파를 가까이에서 바라보노라면 도시가 만들어낸 정교한 공연을 감상하는 것 같은 착각이 든다. 개찰구를 빠져나오면서 걸음을 늦추지 않고 가방이나 지갑 혹은 전화기를 앞으로 내밀어 전자판에 대면 삑 하는 호음이 들리며 개찰구가 열린다. 이 광경을 자세히 관찰해보

라. 오늘 아침 이곳을 통과하면서 종이 승차권을 개찰구에 집어넣은 사람은 몇 명 되지 않는다는 사실을 발견할 것이다. 그들 대부분은 매일같이 출퇴근하는지라 선결제 통근카드나 휴대전화로 차비를 내는[2] 디지털 결제 방식으로 이미 옮겨간 사람들이다.

승차비를 내기 위해 발걸음을 늦추지 않아도 된다는 사실은, 첫째 그러한 시스템을 가능하게 만든 인간의 숨은 독창성, 둘째 단순하고 반복적인 작업을 익히고 개선하고자 하는 통근자들의 욕구와 능력, 셋째 새로운 방법으로 어떤 일을 시도해보고픈 인간의 적응성에 대한 증거다. 15년 전에는 이 개찰구를 통과하는 인파의 승차비가 물리적인 기계로 처리되거나 역무원이 직접 처리했다. 종이 승차권을 넣는 기계 뒤에 늘어섰을 줄이나, 쉽게 찢어지고 구겨지는 작은 종이표를 잃어버리거나 훼손하게 될 위험성 같은 것을 생각해보면 디지털 매체로 전환하기 위해 사람들이 시간과 수고를 들이는 것이 전혀 놀랍지 않다.

20세기 후반에서 21세기 초반에 걸쳐 일본은 세계 첨단 행동양식을 들여다볼 수 있는 창문 역할을 해왔다. 인프라 투자와 기술 생태계의 독특한 조합이 다른 곳에서는 모방하기 힘든 기술의 향연을 제공한다. 일본은 매끈하게 통합된 첨단 기술 제조 기반을 자랑하며, 무엇보다도 사람과 기업 간의 관계가 잘 확립되어 있어서 추가적인 통합을 가능케 한다. 통근자들이 걸음을 늦추지 않고 개찰구를 빠져 나갈 수 있게 해주는 저변 기술은 자판기나 편의점에서 물건을 살 때나 광고 내용을 받아볼 때,[3] 도쿄 내 많은 역에 설치된 무열쇠 사물함을 열 때나 택시비를 낼 때뿐만 아니라 통합 휴대 컴퓨터로 온라인 쇼핑을 할 때도 사용될 수 있다. 또한 종이신문을 사기 위해 이 기술이 사용되는 등 옛것과 새것의 역설적인 충돌이 보이기도 한다.

대부분의 국가에서 전자결제나 매표 시스템은 거래 과정에 드는 시간을 줄이고 간편화하여 사용자들에게 편리함을 제공할 것을 약속하면서 주로 판매된다. 그러나 일본에서는 전혀 다른 광고문구로 마케팅이 이루어진다. 바로 남에게 피해를 덜 끼칠 것이라는 내용이다. 개인보다 집단을 먼저 생각하는 사고방식은, 미국이나 독일처럼 남의 이목에 별로 신경을 쓰지 않는 사회에 비해 일본인들의 머릿속에 훨씬 더 강하게 자리 잡고 있다.

이러한 일본인의 예절에 대한 뚜렷한 시각적 표현은 겨울에 찾아볼 수 있다. 다른 나라 사람들은 남의 병균으로부터 자신을 보호하기 위해 마스크를 쓰는 반면, 일본에서는 자기 병균이 다른 사람에게 전염되지 않도록 하기 위해 마스크를 착용한다.[4] 이 공식에 따라, 개찰구에서 종이 승차권을 사용하거나 편의점에서 잔돈을 사용하면 속도가 조금 느리기 때문에 다른 사람들의 시간을 뺏는다고 느껴질 수 있다. 어떠한 수용 결정이든지 우선은 자신의 이익을 위해서 내리겠지만, 개인의 평판이 얼마나 사회 관습을 잘 따르는지 여부에 달려 있을 때 사람들은 공공의 이익을 위해 그러한 결정을 내리기도 한다. 모든 사회적 압력은 본질적으로 개인이 더 훌륭하게, 더 자주, 남다르게 행동하도록 격려하고 가끔은 새로운 것을 시험해보도록 채찍질한다.

신상품과 새로운 서비스를 시장에 내놓으려는 회사가 성공하기 위해서는 개인적 동기, 맥락, 문화적 관습이 충돌하는 영역인 기술 수용의 밀기와 당기기를 이해하는 것이 매우 중요하다. 어떤 이들을 앞서서 수용하게 만들고, 또 어떤 이들은 늦게 수용하도록 하며, 다른 사람들은 아예 어떤 기술 자체를 거부하도록 만드는 이유는 무엇일까? 그리고 서비스를 개발해 가장 성공 가능성이 높은 방법으로 홍보하는 데 이러한 수용 곡선adoption curve에 대해 우리가 이해하고 있는 것들을 어떻게 이용할 수 있을까?

## 수용과정을 알면 고객은 알아서 따라온다

:

첨단 기술이나 시장에서 일어난 새롭고 거대한 혁신을 생각할 때 옥수수를 연상하는 경우는 거의 없을 것이다. 하지만 미국인의 부엌에서 빠질 수 없는 터줏대감인 옥수수는 실제로 혁신의 계기가 되었다. 사람들이 새로운 물건이나 아이디어를 수용하는 방법에 대한 현대적인 개념이 바로 아이오와주의 옥수수 밭에서 나온 것이다.

1940년에 있었던 일련의 연구조사에서 아이오와 주립대학의 사회학자 브라이스 라이언Bryce Ryan과 닐 그로스Neal Gross는 잡종 옥수수 종자의 수용이 어떻게, 언제, 왜, 누구에 의해서 이루어지는지 조사하기 위해 두 시골 지역으로 갔다.[5] 그 조사결과를 가지고 역시 아이오와 주립대 출신인 경제학자 조 볼런Joe Bohlen과 사회학자 조지 빌George Beal이 모델을 만들었는데, 1957년 첫 발표 이후 수많은 연구원, 분석가, 전략가, 학자들에 의해 농업 이외의 여러 분야에서 수용되어왔다. 확산 과정diffusion process이라고 불리는 이 모델에서 빌과 볼런은 개인이 무언가를 수용하기까지 거치는 과정을 각각 5단계로 나누었다. 첫 번째는 인식의 단계다. 새로운 것이 존재한다는 사실을 알게 되지만 그것이 무엇인지, 어떤 일을 하는지, 어떻게 작동하는지 모르는 경우가 많다. 두 번째 단계는 관심의 단계다. 그것에 대해 아직 많이 알지는 못하지만 쓸모가 있을지도 모르며 한번 알아볼 가치가 있겠다는 생각이 들 정도로 충분히 이야기를 들은 상태. 관심의 단계가 지나가면 세 번째로 평가의 단계가 온다. 이 신상품을 실생활에 어떻게 적용할 것인지 머릿속으로 상상해보는 일종의 시험이다. 네 번째는 실제로 체험해보는 시행의 단계다. 마지막으로 수용의 단계가 온다. 빌과 볼런은 이 단계를

'아이디어의 대규모 및 지속적 사용' 혹은 무엇보다도 '아이디어에 대한 만족'이라고 정의했다.

보통 수용이라고 하면 사용과 직결되는 경우가 많기 때문에 이러한 구분은 특기할 만하다. 수용과 사용을 동일시하게 되면 두 가지 면에서 오류가 발생한다. 첫째, 어떤 사람이 근사한 최신 사진기를 샀다고 하자. 두어 주 정도 지난 후에 사진기를 집에 모셔두고 그 대신 휴대전화로 사진을 찍는다고 해서 꼭 그 사람이 사진기에 싫증이 났다는 의미는 아니다. 둘째, 비용에 민감한 어떤 소비자가 있는데 자신이 소유한 구식 폴더형 휴대전화 같은 물건에 더 이상 만족하지 않게 되었다고 하자. 그리고 아직 소유하지는 않았지만 아이폰 같은 제품의 아이디어에 만족하여 그것을 사기 위해 돈을 모으는 중이라고 상상해보라. 그는 이미 아이폰을 수용한 것일까? 그렇다. 나는 적어도 그가 준수용은 했다고 본다.

그러나 빌과 볼런의 모델에서 가장 눈에 띄고 인상 깊은 부분은 사람들의 다양한 수용 순서를 다룬 '수용 곡선'의 분석이다. 제일 먼저 수용하는 사람들은 혁신수용자innovator들이다. 이들은 주로 지역 사회에서 인정을 받는 사람들이며 그 지역 밖에도 좋은 연줄이 있어서 새로운 아이디어에 노출될 기회가 많다. 본질적으로 혁신수용자들은 리스크 캐피탈risk capital을 많이 가지고 있다. 그래서 최악의 경우에도 돈이나 체면을 잃는 것에 대해 크게 걱정하지 않고 새로운 것들을 사용해볼 수 있다. 혁신수용자의 뒤를 따르는 것은 조기수용자early adoptor들이다. 이들은 젊고 높은 교육수준에 지역사회에서 활발한 활동을 하며 열혈 매체 소비자media consumer인 경우가 많다. 혁신수용자와 조기수용자를 움직이는 중요 원인에는 타고난 호기심과 새것을 시험해보고 싶은 욕구와 경험이 포함된다. 바로 그 호기심 때문에 여러 방면의 애호가가 되거나 특정 영역에 많은 시간을 투자해 전문가가 되기도 한다. 두 경우 모두 게이머라든지 사진가 공동체 같은 하위 사회 내에 전략적으로 위치하여, 한편으로는 다른 사회에서 나온 새로운 아이디어를 소개하는 역할을 하고 다른 한편으로는 그들의 전문 영역의 신제품에 대해 제일 먼저 알게 되는 리더가 된다.

혁신수용자와 조기수용자가 신제품이 주는 새로움이나 신기함을 넘어서 명확한 이점을 발견하게 되면 전기 다수수용자early majority가 그 뒤를 따른다. 이들은 종종 나이가 조금 더 많고, 교육수준이 약간 더 낮거나 정보가 조금 부족할 수도 있지만, 그들의 의견이 존중되는 경우가 많다. 마지막 부분은 약간 까다로운 개념이다. 전기 다수수용자는 영향력이 매우 클 수 있지만 사람들로부터 인정을 받는 유일한 특성이 그들의 세련된 취향일 경우, 실패작을 수용하여 명성을 잃을 가능성을 두려워한다. 따라서 그들은 혁신수용자와 조기수용자들이 먼저 사용하기를 기다리면서 일이 어떻게 돌아가나 지켜본다. 후기 다수수용자late majority는 주로 나이가 좀 더 많고 새로운 유행에 발맞추는 데 느린 사람들이다. 새로운 아이디어가 전기 다수수용자에게 전파될 때까지 인식조차 하지 못할 때도 종종 있으나 결국은 그것을 따르게 된다. 마지막으로 지각수용자laggards가 있다. 이들은 고집스럽게 변화를 거부하고 불가피할 경우 어쩔 수 없이 수용한다. 혹은 사회에서 다소간 분리되어 있어서 기술이 확고히 자리를 잡은 상태임에도 그 기술을 접해보지 못하는 경우도 있다.

여기에는 비수용자non-adopters라고 불리는 또 하나의 집단이 있다. 나는 이들을 다시 거부자recusers와 저항자rejecters로 나누고자 한다. 거부자들은 특정 제품이나 기술이 필요하지 않다고 느끼거나 그것 없이도 잘 지낼 수 있다고 생각하기 때문에 수용하지 않는다. 저항자들은 그러한 정서를 공유하지만 한층 더 나아가 기술이 자신들의 세계관과 상충된다고 느끼고 능동적 항거 방법으로 비수용적 자세를 취한다. 예를 들어 미국 도시 젊은이에게 어떤 TV 프로그램에 대한 의견을 묻는다면 거부자는 "한번도 본적이 없어요."나 "볼 시간이 없었어요."라고 대답하겠지만 저항자는 "집에 TV를 없앤 지 15년이 넘었습니다."라고 대단히 자랑스럽게 말할 것이다.

비수용자는 원시인이 아니다. 이들은 새로운 기술에 대해 알고 있으며, 심지어 많은 이들이 수용하기 전에 이미 관심과 평가의 단계를 거쳤을 수도 있다. 그러나 수용 곡선 타임라인상의 어느 시점에서 그들은 이것을 수용하지 않기로 결정한 것이다. 그들은 시험삼아 사용해보고 기대에 못 미친다고 생각하여 거부하는 초기단계 거부자early-stage recusers일 수도 있고, 혹은 다른 사람들이 사용하는 것을 보고 유행편승적이라 생각해 거부하는 다수자단계 저항자majority-stage rejecters일 수도 있다. 어떻게 보면 조기수용자들이 신기술 수용이 자신들의 명성에 관한 문제라고 생각하듯 이러한 거부자들은 거부의 행위를 자신들의 명성과 관련짓는다고 볼 수 있다. 이 둘의 차이점은 제품에 대해 거부자들은 그저 낮춰보는 자세를 취하고 수용자들은 높여보는 자세를 취한다는 점일 뿐이다.

빌과 볼런이 잡종 옥수수 종자의 수용에 관한 연구결과를 발표했을 때, 그들은 조금 뻔해 보이는 두 가지 주된 아이디어에 초점을 맞추었다고 한다. 먼저 수용이란 즉흥적이 아니라 단계적으로 일어나는 결정이며, 둘째 모든 사람이 수용하는 것은 아니라는 점이다. 두 번째 아이디어를 설명하는 데 그들은 수용자들이 일반적으로 비슷한 시기에 수용하는 다른 사람들과 특정한 공통점을 갖는다는 것을 보여주었다. 그 당시 의도한 바는 아니었으나, 이 부분이 그들의 보고서에서 주목을 받게 되었다. 이것이 바로 우리가 수용 과정을 연구하는 이유다. 즉 대단히 유기적인 시장 세분화market segmentation의 형태이기 때문이다. 똑똑한 디자이너나 마케팅 담당자들은 수용 곡선 전반에 걸쳐 자신의 상품이나 서비스를 적절히 재단할 줄 안다.

연구원으로 근무하면서 나는 수용 행위가 사람들과 사회가 무엇인가 새로운 것에 직면했을 때 느끼는 긴장과 압력을 들여다보는 훌륭한 렌즈 역할을 한다는 사실을 깨달았다. 이 렌즈는 내 고객사들에게 다음 고객이 누구일지, 그들이 다음 상품을 받아들일 것인지 말 것인지, 그 제품의 첫 구매자들이나 다음 구매자들, 심지어 그 제품을 결코 구매하지 않겠다고 맹세한 사람들은 어떤 이미지를 풍기게 될 것인지 등을 잘 드러내 보여준다. 엄청난 노력을 들여 제품을 시장에 내놓으면, 제품이 가게 선반에 놓이는 순간 그것의 사용, 소비, 거부, 수용 등이 제품의 현재 모습을 빚어내고 제품이 가지는 가능성을 제시하며 궁극적으로 우리 자신까지도 정의한다.

기술은 우리의 몸을 변화시킨다. 비디오 게임과 휴대전화의 사용이 한때는 그저 물건을 잡기에 편리한 보조 부위였던 엄지손가락을 진화시켜서 이제는 가장 능수능란한 손가락으로 변화시킨 경우가 그렇다. 기술은 또 우리의 마음과 생각을 바꿔놓기도 한다. 전화번호를 외워야 하거나 두 자릿수 이상의 긴 나눗셈을 직접 계산한 적이 언제였던가? 〈구글이 기억에 미치는 영향: 정보 접근 용이성의 인지적 결과Google Effects on Memory: Cognitive Consequences of Having Information at Our Fingertips〉라는 논문에서 콜롬비아대, 하버드

대, 위스콘신주립대의 연구원들은 사람들이 인터넷 접속이 가능한 상태일 때 구체적인 정보를 기억에서 되살려내는 능력이 저하된 반면 인터넷 어디에서 어떻게 그 정보를 얻을 수 있는지 기억해내는 능력은 오히려 향상되었다는 사실을 알아냈다. 이러한 구글 효과Google effect를 요약하면서 저자들은 "우리가 친구나 동료로부터 얻는 정보에 의존하는 것과 마찬가지로 기계에 의존하게 되었고, 그것이 사라지면 의존성도 사라진다. 인터넷 연결이 끊기는 경험은 마치 친구 하나를 잃는 것과 점점 더 흡사해지고 있다. 우리는 구글이 알고 있는 것을 알기 위해 접속 상태를 유지해야만 한다."라고 설명한다. 그 이유는 간단하다. 편리함의 도구와 정보가 우리에게 그것을 요구하기 때문이다.

이러한 변화는 또한 과거 어느 때보다 빠르게 일어나고 있다. 그 이유는 기술이 더 빨리 변화하고 있기도 하지만 그것의 사용 자체가 더 빠르게 변하고 있기 때문이다. 주류 사회가 오늘날의 도구를 수용하고 버리는 속도는 점점 빨라졌다. 사람 대 사람, 사람 대 사물, 사물 대 사물의 연결이 더 향상되었다는 사실은 새로운 기술 속으로 들어갈 것인가 하는 문제가 점점 그 기술이 점유하는 네트워크 속으로 들어갈 것인가 말 것인가 하는 문제로 변하고 있음을 말해준다. 따라서 광의의 개념으로 보았을 때, 어느 사회에 속할 것인가 말 것인가 하는 문제가 된다는 의미다.

우리가 디자인한 상품이 사용자들의 손에서 나름의 독특한 맥락적 환경에 맞게 매만져지고 빚어질 것을 상상하는 것처럼, 사용자들 역시 어떻게 사용할 것인지에 대한 가정과 허용 가능한 사용 한계에 대한 나름의 생각을 품게 된다. 기술이 기존의 행동을 증폭할 때, 우리가 더 많은 것을 기억하고 더 멀리 소리치고 더 빨리 달릴 수 있도록 도울 수 있다. 그러나 이러한 행동을 둘러싼 사회적 가치들이 신기술을 수용하기 위해 기꺼이 변화할는지는 미지수다.

빌과 볼런은 사회적 압력이 그 세분화에 일조한다는 점과 수용자가 미수용자에게 영향력을 행사함에 따라 그러한 압력이 수용 곡선에 반영된다는 점을 암시했다. 이제 조금 더 깊이 들어가서 사회적 압력이 실제로 수용 곡선의 모양을 변화시킬 정도로 거세질 때 어떤 일이 일어나는지 살펴보자.

## 왕따가 될 순 없잖아

:

앞 장에서 보았듯이, 사회적 지위를 투영하고 또래 집단과의 연계를 확인하고자 하는 욕구는 맥락에 관계없이 행동을 왜곡할 수 있다. 우리가 누군가와 대화할 때 어떤 내용은 주변의 낯선 타인이 들을 수 있게 일부러 크고 확실하게 말한다든지, 특정 사회 집단 속에 자신을 맞추기 위해서 신발의 스타일을 바꾼다든지 하는 것들이 그 예다. 그러면 사회적 압력이 매우 높은 고등학교에서 그러한 욕구가 수용 곡선을 어떻게 변화시키는지 살펴보자.

2011년에 나는 나이지리아에서 연구했다. 나이지리아는 아프리카에서 가장 인구가 많은 나라로 거기서 시장점유율을 키울 수 있는 기업들에는 까다롭지만 잠재력이 큰 시장이다. 여느 아프리카 국가와 마찬가지로 나이지리아는 상대적으로 인구 연령이 낮고 중위 연령median age이 유럽이나 북미 국가의 절반밖에 되지 않는다.[8] 그곳의 기술 수용 현황은 가격에 비교적 민감하고 젊은 인구통계학 연구결과를 그대로 반영하고 있다.

전 세계 청소년들의 일상에서 사회관계망은 중요한 고유 영역이다. 인구가 젊고 사회적으로 활발한 아프리카 사회에서는 더더욱 그러하다. 현지 조력팀을 고용할 때 프로필을 보고 그들이 페이스북을 많이 이용한다는 것을 알 수 있었다. 나이지리아에서 페이스북의 인기는 자명하다. 신문기사라든지 휴대전화 회사 광고를 보면 파란 네모에 하얀 F로 된 로고가 빠짐없이 붙어 있다. 나는 외모 때문에 외국인이라는 것이 뻔히 표시가 나는지라 현지 가게에 가면 친해지고 싶다는 요청을 받는 경우가 잦다. 다행인지 불행인지 나이지리아에서는 외국인을 재미있고 돈이 많고 비즈니스나 사회적 연줄을 이용해 자신들이 더 나은 삶을 찾도록 도와줄 수 있는 사람으로 인식하는 경우가 많다. 가난한 동네를 중심으로 일을 하는 경우에는 이런 요청을 훨씬 더 많이 받는다. 사람들을 만나서 이야기하다 보면 현지인들이 우리 팀원들의 전화번호나 이메일 주소를 묻곤 했는데 나이지리아에서는 이미 그 질문이 "페이스북 주소가 뭐예요?"로 바뀐 상태였다(질문 자체와 질문자를 주의 깊게 살펴보면, 가끔씩 질문자가 그 질문을 할 만큼의 정보는 갖고 있으나 그 대답을 어떻게 활용할지 모른다는 사실이 드러난다).

여러분은 만약 누가 연락처를 묻는다면 어떤 정보를 주겠는가? 집 주소나 회사 주소? 사서함? 이메일 주소? 메신저 주소? 스카이프? 일반 전화 번호? 휴대전화 번호? 트위터 주소? 누가 무슨 목적으로 묻는지에 따라 대답이 달라질 것이다. 그렇지만 우리는 모두 각각의 통신 수단을 참신함과 진부함, 편재성과 희귀성, 사용의 용이성과 어려움, 기능적 장점과 단점 등 그것이 내포하고 있는 가변적 의미에 따라 머릿속에 정리해놓는다. 예상하지 않고 있던 새로운 방법의 연락처를 누가 묻거나 준다면 마음이 불편해진다. 부분적으로는 우리가 알고 있는 방법 대신 새로운 연락 수단을 배우기 위해 수고해야 한다는 의미가 되기 때문이기도 하지만 또 다른 이유는 세상이 계속 앞으로 나아가는 동안 우리는 뒤처졌다는 것을 암시하기 때문이다. 페이스북에서 살다시피 하는 독자들은 이것을 읽으면서 빙그레 웃고 있을지도 모르겠지만 주의하시라. 언젠가는 여러분도 이런 경험을 할 날이 도래하리니.

미래학자인 앨빈 토플러Alvin Toffler는 '너무 짧은 기간 동안 너무 많은 변화'를 경험할 때 오는 심리적 영향을 미래 충격Future Shock 이라고 불렀다.[9] 이것은 현대를 사는 지구상의 모든 이가 일생에 걸쳐 경험하게 되는 현상이다. 그러나 이 현상이 벌어지는 역학과 속도 그리고 이러한 현상 앞에서 수용과 비수용의 결과는 끊임없이 변하고 있다.

내가 나이지리아에 있던 무렵, 남아프리카에 사는 학부모 한 명으로부터 여름 동안 아들의 학교 친구들이 휴대전화를 노키아에서 블랙베리로 바꾸었다는 이야기를 들었다. 주된 이유는 블랙베리 사용자들만 쓸 수 있는 독점적 인스턴트 메신저 서비스인 블랙베리 메신저 BBM 애플리케이션 때문이었다. 한 반에 30명의 학생 중에서 가장 사교성이 뛰어난 아이들 8명이 BBM으로 연락한다면 나머지 22명이 그것을 수용하지 않고 배길 수 있을까? 만약 BBM이 없다면 어떤 대화에서 소외될 것이며, 다른 급우들에 비해 그들의 경험은 얼마나 본질적으로 달라질 것인가? 만약 BBM을 사용하는 아이들이 8명이 아니라 가장 영향력 있는 2명이라면? 1명이라면? 대화가 소통 채널에 의해 제한되는 것은 언제부터이며, 그 경로를 이용하지 않거나 거부하겠다는 결정이 사회의 중요 영역에 속하지 않겠다는 결정이 되는 것은 어느 순간부터인가?

이런 질문들은 나에게 휴대전화의 수용 역학을 상기시킨다. 나는 사회의 주류가 된 수용자들이 지각수용자들에게 휴대전화를 사도록 압력을 넣는 모습을 지난 15년간 목격했다. 언제 어디서나 원하는 상대에게 즉각적으로 연락할 수 있는 환경에 익숙해진 휴대전화 사용자들은 일반 전화만 가진 사람들 때문에 기대에 부합하지 않는 상황이 생기자 불만이 쌓였고 그들에게 압력을 가하기 시작했다. 언제부터인지 성인 사용자들이 나이 든 가족들에게 휴대전화를 사주는 일도 부쩍 늘었다. 새 휴대전화를 사는 비용보다 노인들과 연락이 닿지 않아서 그들을 찾아 거리를 헤매는 불편함이 더 컸기 때문이다. 직원들이 원하든 원치 않든 일괄적으로 휴대전화를 지급하는 회사들도 있었다. 지각수용자들이 어떻게 휴대전화나 기타 기술을 수용하게 되는지와는 무관하게, 지각수용자들이 수용하도록 강요할 정도로 압력이 거세진다는 것 자체가 사회 관습의 지각 변동을 의미한다. 또한 그 기술의 사용이 일반적인 관습이 되었을 뿐 아니라 일종의 강제성을 띠게 된다는 표시다.

그러나 수용 곡선상에서 대다수가 지각수용자를 압박하는 시점에 다다르기 훨씬 전부터, 사회적 영향은 수용에 큰 역할을 해왔다. 이런 영향은 대중매체에서 비롯될 수도 있지만 대부분 또래 집단에서 발생한다. 정치에 관한 유명한 격언을 빌리자면 수용은 다 지역적이다(팁 오닐Tip O'Neill 전 미 하원의장의 "정치는 다 지역적이다."라는 말을 차용 - 옮긴이). 전부 다는 아니더라도 거의 그렇다는 얘기다.

서던캘리포니아 대학 공중보건 대학원 학장 토머스 밸런트 Thomas Valente는 사회관계망과 그것이 혁신의 확산에 미치는 영향에 대해 오래 연구를 해왔다. 〈혁신 확산의 관계망 모델Network Models of the Diffusion of Innovations〉[10]이라는 논문에서 그는 한계치 모델을 사용하면 수용 행위 예측이 가능하다는 이론을 주장했다. 수용의 핵심 요인은 혁신을 수용하는 친구들의 숫자라고 그는 주장한다. 그 숫자가 개인의 한계치에 다다르면 혁신을 수용하게 되리라는 것이다.

밸런트는 1950년대 미국 의사들의 테트라시클린Tetracycline 항생제의 수용 및 1960년대 브라질 농부들 사이의 잡종 옥수수 수용, 그리고 1970년대 한국의 기혼 여성 사이의 가족계획 정책 수용에 관한 연구자료를 분석했다. 빌과 볼런의 관찰과 일관된 그 자료에 따르면, 최초의 수용자인 혁신수용자는 상위 사회 체계의 영향에는 민감하나 개인관계망 내의 영향에는 크게 반응하지 않는다. 따라서 혁신수용자는 매우 낮은 관계망 한계치를 가지며 심지어 한계치가 0이 될 수도 있다. 이는 동료들 중에 수용자가 전혀 없는 경우에도 수용할 수 있다는 의미다.

그러나 밸런트는 혁신수용자를 넘어가면 각 수용 범주 내에서도 다양한 한계치를 찾아볼 수 있다는 사실을 발견했다. 높은 한계치를 가진 조기수용자는 혁신에 일찍 노출되었으나 다른 동료들이 수용할 때까지 기다린다. 반대로 같은 시점에 수용한다는 이유로 조기수용자로 간주되는 어떤 사람은 혁신에 대해 훨씬 더 늦게 알게 되었지만 낮은 한계치로 인해 재빨리 그것을 수용할 수도 있다. 이와 유사하게 낮은 한계치를 가진 지각수용자는 그저 한참 늦도록 혁신에 노출되지 못한, 밸런트가 고립인이라 부른 사람일 수도 있다. 반면에 높은 한계치를 가진 지각수용자는 오랫동안 수용을 거부하다가 동료 대부분이 그 혁신을 받아들인 후에 마지못해 수용한 경우일지도 모른다.

밸런트의 연구는 중요한 세 가지 교훈을 가르쳐준다. 첫째, 수용 곡선 타임라인만으로는 모든 내막을 알 수 없고 같은 시점에 수용한 사람들이 반드시 같은 식으로 영향을 받는 것은 아니다. 둘째, 수용 과정 전반에 걸쳐 각각의 범주 내에 곧장 또래에게 영향을 받는 사람들과 수용 결정을 내리기 전 한동안 또래의 행동을 관찰하는 사람들이 존재한다. 셋째, 개인관계망이 외부적으로 상위 사회 체계와 어떻게 연결되어 있는지에 따라서, 상위 사회 체계에서 지각수용자라고 여겨지는 사람이 자신의 개인관계망에서는 조기수용자일 수가 있고 그 반대의 경우도 가능하다. 쉽게 설명하자면 여러분은 어머니를 케케묵은 구세대로 생각할지 몰라도 어머니의 친구들은 세련된 패셔니스타로 우러러보고 있을 수도 있다.

그러면 이러한 요인들이 21세기 온라인 사회관계망 형성에서 어떤 작용을 할까? 이 경우에는 고립된 사람들이 훨씬 더 적다. 인터넷 접속이 가능한 나이지리아 사람은 미국에 있는 사람들과 비교했을 때, 비록 속도는 더 느리더라도 새로운 기술과 동향에 대해 거의 같은 정보를 얻을 수 있다. 따라서 첩첩산중에 살다 보니 지각수용자가 되는 경우보다는 높은 관계망 한계치의 결과인 경우가 대부분이다(소비를 제한하는 경제적 요인은 수용을 제한하는 사회적 요인과는 다르다. 적어도 빌과 볼런의'아이디어에 대한 만족'이라는 정의 내에서는 말이다).

이렇게 더 공평해진 경쟁의 장에서는 친구들 사이에 최초 수용자라는 명성을 얻고 싶어 하는 낮은 한계치의 사람들이 더 큰 압력을 받게 된다. 첫째가 되기 위해서는 한층 더 빨리 수용할 필요가 있다. 그러나 그것은 또한 쓸모가 있는지 확인되지 않은 혁신에 모험을 걸어야 하고, 혹시 마음에 들지 않더라도 귀가 얇다는 소리를 듣지 않기 위해 그것을 처분하기 전에 어느 정도 사용을 지속하면서 장점을 강조해줘야 한다는 뜻이다. 그리고 수용되는 혁신이 온라인 사회관계망과 좀 더 긴밀히 연결되어 있거나 관계망을 통해 홍보가 되기도 하고 어떤 경우는 혁신이 그 관계망 자체이기 때문에, 누가 지각수용자이고, 누가 영향력 있는 진보적 사상가이며, 누가 단순히 조기수용자가 되고 싶은 마음에 다급히 수용하는지 알아내기가 더 쉬워졌다. 어떤 이들은 그 서비스를 사용할 생각이 있든 없든 상관없이 선호하는 아이디를 미리 맡아놓기 위해 계정을 만들기도 한다. 그 이유는 편리함(그리고 그로 인해 다른 사람들이 불가피하게 경험하게 될 불편함)을 누리기 위해서이기도 하지만 누가 언제 이 서비스에 가입했는지 여부가 평판에 반영될지도 모른다고 예상하기 때문이기도 하다. 이러한 모든 활동이 디지털 족적으로 남을 때, 내부자와 외부자, 영향력을 행사하는 사람과 영향을 받는 사람이 누구인지 전 관계망에 걸쳐 극명하게 나타난다.

이러한 압력이 종 모양의 수용 곡선을 어떻게 변형하는지 생각해보자. 나는 TV 일기예보와 비슷한 것을 상상한다. 수용 곡선이 그려진 파란 화면 앞에 기상캐스터가 서서 이렇게 말한다. "조기수용자 바로 위에 거대한 폭풍이 밀려들고 있습니다. 이 폭풍은 곡선의 앞부분에 엄청난 고기압골을 형성하여 이 부분을 짓누르고 있는데요, 위험감수자를 먼저 내보낸 후 정보광들information junkies을 전기 다수수용자에 밀어넣고 있습니다. 곡선의 반대쪽에서는 또 다른 강한 전선이 지각수용자 위에 또래 영향의 장대비를 꾸준히 퍼부으면서 그들을 무지의 저기압골로부터 후기 다수수용자 쪽으로 밀어붙이고 있는 상태입니다."

## 포르노 시장을 파헤치면 문화가 보인다

:

지금까지 우리는 개인이 언제 기술을 수용하게 되고, 무엇이 그들에게 동기를 부여하며, 또래 집단이 그들에게 어떻게 영향을 미치고, 또 그들이 또래 집단에 어떤 영향력을 행사하고자 하는지 관찰하면서 미시적 측면의 수용 행동에 대해 알아보았다. 이제 렌즈를 줌 아웃해서 거시적 측면을 살펴보자. 문화가 어떻게 수용을 장려하거나 억압하는지, 새로운 기술이 생태계에 어떤 영향을 미치는지 알아보기 위해 대규모 조기 수용을 관찰할 수 있는 장소가 어디인지, 오래된 장애물을 극복하는 데 혁신이 직면한 도전이 무엇인지 등을 알아보기로 하자. 현장에 나가서 이러한 큰 그림을 이해하고자 할 때마다 나는 의외의 장소를 시작점으로 잡는다. 바로 현지 포르노 시장이다.

포르노는 미국에서만도 연간 매출액이 140억 달러 가까이로 추정되는 거대 산업이다.[11] 포르노산업의 매출액은 엔터테인먼트계의 더 점잖은 형님인 할리우드 매출액과 비교해 3분의 1 정도나 된다.[12] 포르노가 나의 직업상 매우 흥미로운 이유는 소비 수단을 이끌 만큼 수요가 매우 큰 '강력한 콘텐츠'이기 때문이다. 다시 말하면, 포르노는 기술 수용을 이끌 힘을 가지고 있다는 의미다.

주식정보, 기상예보, 생명을 살리는 의료 정보 등 다양한 종류의 강력한 콘텐츠가 많으며 이것들은 모두 흥미롭다. 그러나 포르노가 이 모든 것보다 더 흥미로운 연구 대상인 이유가 있다. 포르노가 금기시되기 때문이다. 포르노에 대한 사회적 낙인은 반성적 매력reflective appeal의 개념을 강조한다. 사람들은 긍정적인 개인 특성을 뽐낼 수 있는 제품에 매력을 느끼는 것과 마찬가지로 부정적으로 인식되는 특성을 숨길 수 있는 제품을 찾는다. 포르노처럼 금기시되는 콘텐츠의 경우는 창의적인 우회책을 요구하는 경향이 있다. 이는 소비자들이 포르노를 소비하는 데 덜 눈에 띄며 덜 반사회적인 방법을 부단히 찾는다는 의미다. 포르노 소매상(주로 비공식 시장 노점상이 대부분이다)은 블루레이에서부터 인도 및 일부 아시아 국가에서 많이 쓰는 VCD나 VHS에 이르기까지 지역 콘텐츠 소비의 현 표준에 대한 좋은 척도가 된다. 포르노 시장의 제품은 미국이나 유럽 혹은 아시아에서 수입되는 경우는 물론이고 자국에서 생산하는 경우에도 한 문화와 다른 문화의 연관성을 드러내준다. 어쨌든 공급자 쪽을 조사하는 게 좋다. 솔직히 말해서, 그곳에서 소비에 대한 감을 잡는 것이 거리에서 행인들을 붙잡고 포르노에 대한 대화를 하는 것보다 훨씬 더 쉬우니까. 적어도 일반적으로는 그렇다.

동료 연구원 정영희와 함께 올드델리Old Delhi로 출장을 갔을 때 가게 점원이 잠시 들어와 차를 한잔 마시고 가라고 한 적이 있다. 인도에서 시장통을 돌아다니다 보면 이런 일이 흔히 생긴다. 우리의 대화 주제가 휴대전화로 흘러갔을 때 점원은 자신의 전화기를 꺼내서(우연히도 그 제품은 노키아였다. 물론 그 남자는 우리가 그 회사 직원이라는 것을 몰랐다) 그 당시 인도에서 가장 많이 공유된 동영상을 보여주었다. 17세 고등학생 두 명이 오럴섹스를 하는 내용이었다. 인기가 많기는 했지만 그래도 여전히 빈축을 살 만한 동영상을 그 점원이 우리에게 보여주었다는 점에 조금 놀랐다.[13] 허나 그보다 더 놀라운 것은 비교적 기계치인 그 남자가 자신의 휴대전화에 그 비디오를 저장해놓았다는 사실이었다. 그는 블루투스를 사용해본 적이 한 번도 없었지만 이 동영상을 휴대전화에 내려받기 위해 애써 사용법을 배웠다고 설명해주었다. 그는 계속해서 자신의 정보기술 지식과 그 연결망 내에서 조기수용자로서 선망받는 입지를 뽐내면서 우리가 원한다면 그 동영상을 블루투스로 보내주겠다고 했다. 인터넷 공유를 통해서 어떤 정보가 삽시간에 퍼지는 현상을 본 적이 있을 것이다. 그러나 우리는 기술과 통신의 확산이 오프라인에서도 끊임없이 영향을 미친다는 중요한 사실을 명심해야 한다.

공공장소에서도 포르노가 눈에 띈다는 것은 문화 관습의 거대한 지각 변동을 뜻한다. 2008년 카불에 갔을 때 플라워가Flower Street의 DVD 노점상들은 주로 볼리우드 영화와 전쟁 영화를 팔았고 가끔 액션 영화가 눈에 띄기도 했다. 1년 뒤 그곳에서 공공연하게 포르노를 팔고 있는 것을 보았다. 혹시라도 뜨거운 피가 흐르는 남자들의 정신이 산만해질세라 샴푸 용기에 붙어 있는 여자의 얼굴을 시커멓게 칠해놓을 정도로 탈레반의 검열이 심하던 그 시절에 비하면 극적인 변화였다. 수입된 해적판 포르노 DVD를 판매하는 열린

시장이 생겼다는 것은 주류 사회가 성에 대해 개방적이 되었다는 표시다. 이슬람율법학자들은 이것을 퇴폐적인 서양 문화의 예로 삼으리라. 현재 자국 내 포르노산업이나 현지 콘텐츠 수출이나 여성용 포르노 및 동성애 포르노 시장은 찾아볼 수 없다. 하지만 포르노 제품들이 가설 시장에서 좀 더 확립된 인프라, 즉 장소가 고정된 성인용품점[14]으로 옮겨가면서 이러한 것들은 더 큰 관용주의의 증표로 간주될 것이다.

포르노 시장을 살펴보는 것은 신기술과 새로운 아이디어의 수용과 관련이 깊은 문화적 관습을 측정하는 빠르고 간편한 방법 중 하나다. 이 방법은 전통적인 민족지학 방법에 대한 훌륭한 보충수단이 되지만 완벽하게 대체하지는 못한다. 포르노 소비의 동인이 인류보편적인 것처럼 포르노 시장도 그러하다. 에티오피아나 인도 같은 나라에서의 사회적 관습이 포르노 시장을 시야에서 없애버리거나 지하로 밀어버리더라도 공급자들은 소비자 수요를 맞추기 위해 더 독창적인 방법을 찾아낸다. 일례로 포르노가 불법인 중국에서는 일부 상인들이 비록 완벽하지는 않지만 은근하게 판매 상품을 알릴 기발한 방법을 찾아냈다. 여자가 강보에 싸인 아기를 안고 시장 귀퉁이에 서 있다. 그 가짜 아기는 행인이 멈춰 서서 그 여자에게 말을 붙일 수 있는 핑곗거리가 되는데(사회적으로 용인되는) 강보 속에는 포르노 CD나 DVD가 숨겨져 있다.

우리는 여기서 전 세계인들이 포르노를 사랑하고, 또한 그것을 손에 넣기 위해 새로운 기술을 익힌다든지 가짜 아기를 어르는 흉내를 내는 등 온갖 수고를 마다치 않는다는 사실을 알았다. 그러나 더 큰 교훈은 도덕률이 수용에 큰 영향을 미치며, 우리가 도덕적 제약의 한계를 이해하고 또 그것을 존중하거나 불복하기로 하는 사람들의 선택을 이해하지 않고서는 수용에 대한 이해가 불가능하다는 것이다.

## 세상에서 살되 세상에 속하지 않는 사람들
:

아미시(Amish, 기독교의 일파로서 안만파 신도를 말한다. 문명사회에서 벗어나 지금도 엄격한 규율에 따라 18세기 말경처럼 생활하고 있다-옮긴이)를 예로 들어보자. 일반적으로 그들을 생각할 때, 종교적 신념에 의해 대부분의 과학기술을 거부하는 저항자로 본다. 다른 측면으로는 단순한 시골 생활에 기술이 필요 없기 때문에 그저 거부자일 것이라고 넘겨짚는다. 그러나 미국 전역에 걸쳐 아미시 공동체를 다니면서 그들의 수용 행동을 연구한 선구적 기술 전문 작가 케빈 켈리Kevin Kelly는 저서 《기술의 충격What Technology Wants》에서 "아미시들의 삶은 전혀 반기술적anti-technological이지 않다…(중략) 그들은 기발한 분해 전문가이며 손재주꾼이다. 최고의 발명가이자 DIY 박사이며 놀랄 만큼 기술 친화적이다."라고 썼다.[15] 많은 아미시가 목공 일을 할 때 전동공구를 사용한다. 그들은 종종 전기 모터를 분해해 공기 모터로 개조하기도 하고, 디젤 발전기를 사용해 압축 공기 탱크에 전기를 공급한다. 각각의 아미시 공동체마다 규율이 약간씩 다르긴 하지만 기술이 공동체를 강화하는 데 도움이 된다면 괜찮다는 것이 그들의 지배적인 태도다. 그러나 그들의 전통은 사회와 구별되어 살 것을 가르치고 있으며 그 때문에 아미시들은 전력망을 멀리 한다는 것이 켈리의 설명이다. "아미시들은 자신의 집이 지역사회의 발전소에 연결된 전선으로 전력을 공급받는다면 사회의 리듬과 규정과 염려들에 더 긴밀하게 연계된다는 것을 깨달았다. 아미시들의 종교적 신념의 바탕은 '세상에서 살되 세상에 속하지 말라'는 원칙이다. 따라서 그들은 가능한 많은 면에서 구별되게 살아야 하는 것이다."

아미시 공동체는 여러 문화 중에서도 확실히 특수한 경우다. 그러나 우리는 아미시들이 자신들의 삶에 수용할 기술을 까다롭게 고르는 것을 보고, 그들이 기술에 적대적일 것이라고 생각하는 것은 문제가 있다. 이것 하나만으로 그들의 삶에 대한 외부인의 인식이 완전히 바뀔 수 있기 때문이다. 한 문화가 혁신을 어떻게 수용하는지(혹은 수용하지 않는지)를 이해하는 가장 좋은 방법은 그곳으로 가서 직접 보는 것이다. 그렇게 했을 때, 그 문화에 독특하게 존재하는 사회적 장벽을 이해하게 되고, 수용의 원인이 순전히 반성적 매력(사회적 지위)인지 행위적 매력(유용성)인지, 혹은 그 둘 간의 상대적 중요성인지 이해할 수 있다. 조사를 제대로 한다면 정량 자료에서는 절대 알 수 없는 수용의 정서를 알아낼 수 있다.

그러나 여러분이 관심이 있는 지역이나 나라에 아직 도입되지 않은 첨단 기술을 살펴보고자 한다면 조기수용자들이 있는 다른 곳으로 가는 편이 낫다. 반드시 기술적으로 많은 지식을 갖고 있는 문화일 필요는 없다. 그저 한 발 더 앞서 간 곳이면 된다. 차세대 디스플레이 기술이라면 서울이 적절한 장소다. 모바일 금융 서비스는 케냐가 우세한 모델을 제공한다. 도쿄는 이 장의 앞부분에서 이야기했던 것처럼 발권, 비현금 결제, 위치 기반 서비스가 고도로 통합된 서비스를 연구하기에 좋다. 휴대전화 사용에서 '첨단'이라는 단어는 여러 가지 의미를 지닐 수 있으며, 모바일 생태계를 알아보고 싶다면 샌프란시스코, 도쿄, 아프가니스탄, 가나, 케냐, 인도가 모두 가볼 만한 곳이다. 그곳들은 각각 특유의 맥락 속에서 기술과 문화의 독특한 조합을 탐색할 수 있는 인구를 넉넉히 제공한다. 모든 장소에서 기술 자체는 동일할지라도 기술이 그곳의 일상생활 속에 섞인 모습을 조사할 때, 수용을 이해하는 데 주어진 장소의 독특한 뉘앙스가 많은 것을 드러내 보여준다.

물론 여러분이 이 책을 읽을 무렵이면 또 예상치 못한 곳에서 새로운 기술이 모습을 드러내리라. 또한 현재 수용 곡선에서 앞서 있는 지역을 다른 곳이 곧 따라잡을 것이다. 혁신이 점점 더 긴밀하게 연계됨에 따라 다른 사회에서 사람들이 무엇을 수용하는지 점점 알기 쉬워진다. 사회와 인간 생태계의 개념조차 점점 더 사회적이 되며 점점 형태가 사라져가고 국가, 문화, 언어의 경계를 흐려놓으면서 진화하고 있다.

## 내 일거수일투족이 모두 공개되는 사회라면?

:

새로운 기술의 수용에 관한 진보적인 토론을 하다 보면, 알 수 없는 미래에 대한 자연스러운 희망과 두려움 때문에 초점이 흐려지게 마련이다. 케빈 켈리는 《기술의 충격》에서 양극의 감정을 능숙하게 불러일으킨다. 책에서 그는 혁신은 싫든 좋든 우리가 통제할 수 없는 탄도와도 같은 명백한 운명(미국 팽창주의를 정당화하는 주장으로 미국이 북미 전역을 지배할 명백한 운명을 지고 있다는 이론이다-옮긴이)을 지고 있다는 가설을 세웠다. 기술이 기존 행동을 증폭한다는 우리의 반복되는 주제의 맥락 속에서, 실제로 예상할 수 있는 유일한 것은 종국에는 신기술을 이용해 자신의 행동을 가장 크게 증폭할 수 있는 이들이 그 기술을 수용할 것이라는 점이다.

수용의 기회, 위험, 결과는 우리가 상상하는 맥락에 크게 좌우된다. 나는 대중의 익명성이 사라지고 모든 사람의 신분이 '공개된' 사회가 된다면 세상이 어떻게 달라질지에 대해 현대적 대도시인 뉴욕과 도쿄부터, 위험 수준이 전혀 다른 아프가니스탄 같은 세계 여러 곳까지 연구해왔다.

기술 덕분에 여러분 앞에 서 있는 사람의 온라인 프로필에 접속할 수 있게 되면 일상의 상호작용은 어떤 모습을 띠게 될까? 이미 여러 가지 방법으로 이것이 가능하다. 개표구를 지나가는 사람의 교통카드를 보고 그 사람을 알아본다든지, 친구가 방금 올린 사진에 태그된다든지, 페이스북이나 포스퀘어Foursquare나 그 외 유사 서비스를 통해 지리사회적으로 체크인을 하는 것이 그 예다. 인프라 수준에서는 개인 정보 공유 기술이 이미 도래했지만 이 글을 쓰고 있는 현재로서는 그 영향이 가장 크고 가장 시각적인 모바일 기기를 통해 사용 가능할 만큼 표준화되지는 않았다.

만약 이 모든 것이 빅 브라더(Big Brother, 조지 오웰의 소설 〈1984〉에 등장하는 독재자-옮긴이)처럼 느껴진다면 제대로 본 것이다. 오늘날의 잣대로 보았을 때 이는 사실이다. 다만 사회연결망과 경험에 대해 소통하고 공유하려는 우리의 욕구가 원인이 되어 온라인에 자신을 더 많이 노출하게 된다는 사실은 제대로 보여주지 않는다. 우리의 개인 정보를 가지고 회사들과 정부들이 무슨 일을 할지 걱정하는 반면에 우리는 사람들과의 교제나 소비를 핑계로 자신의 개인

정보를 훨씬 더 구체적인 도구를 통해 전파하고 있다. 빅 브라더에 주의하라. 그러나 사회적으로 연결된 리틀 시스터Little Sister도 잊지 말자.

이미 상당한 반향을 일으키고 있어 앞으로 더 큰 혼란을 가져올 것으로 전망되는 기술이 있는데, 바로 급속 안면 인식 기능이다. 이 것은 특정인의 얼굴을 캡처하여 그것을 정확하게 온라인 아이디(그리고 거기에 연관된 모든 정보)와 매치하는 기술로서 1초면 충분하다. 이 작업을 실행하기 위해 필요한 기술 자체는 이미 완성되었지만 제 대로 활용하려면 대규모 인프라를 갖춰야 하는 경우가 많다. 공항 이나 세관 같은 것을 생각해보라. 휴대전화로 그 기술을 사용할 수 있는 날[16]도 그리 멀지 않았다.

도쿄의 거리에서는 광고업자들이 카메라가 장착된 하이테크 광고판을 이미 사용하고 있다. 이 광고판은 지나가는 행인들의 얼굴을 스캔하여 성별과 나이를 분석한 뒤 그 자료를 이용해서 맞춤형 콘텐츠[17]를 제공한다. 어떤 이들은 이것을 공격적 마케팅이 더 공격적으로 변하는 모습이라 생각하고, 또 다른 이들은 정보성 광고가 더 정보적으로 변화하는 모습으로 인식한다. 어떤 경우가 되었든지 간에 핵심은 증폭이다.

앞으로 스마트폰 사용자들은 그와 같은 기술에 접근이 가능하게 될 것이다. 구글의 경우에는 이미 안면 인식 기능을 개발했다.[18]

지금은 사생활 침범 문제 때문에 그 기능을 제공하지 않고 있지만, 결국에는 색다른 윤리관을 가진 개발자가 흥미로운 제안과 함께 시장에 내놓을 것이다. 요즘 사생활 침해를 둘러싼 논쟁이 이슈가 되고 있는데 나는 이것이 바람직한 반응이라고 본다. 그러나 최근에 일어나는 일들을 보면 사람들이 어떤 가치를 지니는 무엇과 자신의 사생활 정보를 기꺼이 맞바꾸는 일이 흔하다. 예를 들어 스마트폰 사용자들은 지도 위의 파란 동그라미와 근처 고급 피자집 정보를 얻는 대신 회사들이 자신의 위치를 추적하도록 허용하지 않는가. 사람들이 이러한 거래의 장기적 효과를 진정으로 이해하는지 여부는 또 다른 문제다. 나는 머잖아 이성을 꾀거나 한담하거나 사회경제학적 지위를 뽐내는 데[19] 유용한 안면 인식 애플리케이션이나 서비스가 수용을 이끄는 원인이 될 것이라 믿는다. 그렇게 되면 새로운 사람들을 사귀거나 친구를 찾는 데 새로운 자원을 사용할 수 있게 되겠지만 사악한 의도에 악용되기도 쉬워질 것이다.

나는 2010년 아프가니스탄에서 모바일 자금 이체 서비스인 엠-파이사의 수용에 대한 연구를 진행하고 있었다. 그 기간 중에 연구를 돕기 위해 파키스탄 국경 지역에 있는 잘라라바드Jalalabad를 방문했는데, 공교롭게도 미군이 이라크 철수 전략을 발표한 날이었다. 도시의 다른 지역에서는 연합군이 아직 아프간 철수 계획을 선언하지 않은 것에 대한 가두시위가 한창이었다. 모든 연구에 있어서 거리의 모습을 파악하는 것은 필수적이고 거리의 사람들에게 나를 파악하도록 하는 것 역시 매우 중요하다. 그래서 나는 카메라를 들고 현지인들에게 말을 붙이는 서글서글한 관광객으로 보이려고 항상 애쓴다. 그런데 이러한 상황에서 그들이 실시간 안면 인식 기능을 사용할 수 있어서 휴대전화로 내 사진을 찍은 뒤 즉각적으로 내가 누구며 어디서 왔고 무슨 일을 하는 사람인지 알 수 있다고 가정을 해보자.

사람들이 나를 조사함으로써 나에게 나쁜 의도가 없다는 것을 파악할 수 있는 도구로 사용될 것이라는 점은 다행스럽지만, 다른 한편으로는 대기업과 연계되어 있는 외국인을 불신하는 사람들에게 대기업과 나의 관계를 숨길 방도가 없게 된다.

이것이 바로 기술 진화의 역설이다. 우리가 원하는 일을 가능하게 해주는 만큼 좋든 싫든 정체를 타인에게 폭로하기도 한다.

## 밀물이 있으면 썰물도 있는 법
:

사람과 사회가 계속해서 밀려오는 기술의 물결을 어떻게 수용하는지를 생각할 때 명심해야 할 것이 하나 더 있다. 우리가 새로운 혁신을 받아들일 때 옛것으로부터 관심을 돌리고, 새것을 소화하는데 초점을 맞추는 것은 자연스러운 현상이다. 그러나 모든 것에 수용 곡선이 있는 것과 마찬가지로 폐기 곡선도 존재한다. 다음 것으로 옮겨갈 이유는 언제나 있게 마련이고, 따라서 머무르기보다 옮겨가기가 더 타당한 상황이 오는 것은 단지 시간과 방법의 문제일 뿐이다. 신기술이 공중전화, 타자기, 수동 공구 같은 낡은 기술을 완전히 사장하는 시점은 언제일까? 사회와 행동양식이 변동을 일으켜 하인을 부르는 방울이나 칼집 같은 물건이 역사의 뒤안길에 묻히는 것은 언제이며, 새것의 참신함이 시들해지고 애완용 돌멩이(pet rock, 1975년 미국에서 게리 다알이 크리스마스 시즌에 판매를 시작해 선풍적인 인기를 끌었다-옮긴이)가 더 이상 근사해 보이지 않는 것은 언제일까? 콘서트에 가서 휴대전화 화면에 나오는 가상 촛불을 들고 흔드는 사람들, 자동차 앞좌석 사물함(옛날에는 운전용 장갑 사용이 필수적이었다-옮긴이), 펜팔(pen pal, 개인용 컴퓨터 시대 이전 서양에서는 타자기와 워드프로세서가 보편적으로 사용되었다. 따라서 펜팔은 우리가 태어나기 이전 시대에 맞는 조어다-옮긴이), 디스크자키(disc jockey, 여기서 disc는 비닐레코드를 의미한다-옮긴이) 같은 조어들, 봉투, 종이클립, 만년필 등 인간 행동에 대한 단서는 우리 주변에 널려 있다. 머지않아 이 목록에 실제 화폐나 동전, 여러 가지 형태의 재래식 티켓, 철제 열쇠, 자동차 백미러 등이 포함될 것이다. 자아상, 인간관계 연결망, 사회적 관습, 위험 요인들 모두가 수용 곡선의 모양과 중요성에 영향을 주듯이 폐기 곡선에도 영향을 미친다. 모든 물결은 조류와 함께 밀려오지만, 모든 조류는 다시 쓸려나간다.

혁신수용자, 조기수용자, 전기 다수수용자, 후기 다수수용자, 지각 수용자, 거부자, 저항자의 반대편에는 일시시험자dabblers, 조기폐기자early abandoners, 초기대탈출early exodus, 후기대탈출late exodus, 골수분자die-hards, 종신사용자lifers가 존재한다. 모든 기술은 소라게의 껍질 같다. 사용자는 거기로 옮겨 들어갈 당시에 그 기술이 자신의 욕구를 충족하기 때문에 점유하기로 선택한다. 그리고 소라게가 껍질을 바꾸듯, 그들의 욕구가 변하거나 그들에게 좀 더 잘 맞는 무엇인가를 찾으면 어김없이 옮겨나간다.

# 04

## 매일 들고 다니는 소지품에 숨어 있는 사업 기회

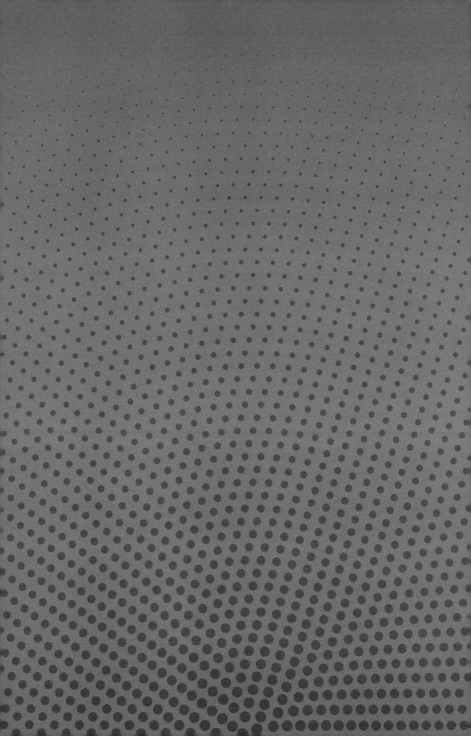

소지품 검사를 해보자. 오늘 외출하면서 갖고 다녔던 물건을 몽땅 꺼내서 앞에 늘어놓아 보라. 장소가 여의치 않으면 머릿속에 물건을 늘어놓아도 좋다. 옷가지는 옆에 밀쳐두고(갖고 다닌 것이 아니라 입은 것이므로) 먼저 호주머니를 하나씩 뒤져본다. 그다음 지갑, 가방, 핸드백, 파우치 같은 것을 열어 내부를 일일이 다 점검한다. 가방 바닥에 있는 먼지 부스러기까지 하나도 남김없이 모든 물건을 다 꺼내라. 열쇠고리에 같이 끼워져 있는 열쇠 꾸러미, 메모지, 영수증 같은 뭉치들도 일일이 떼어서 나란히 놓아보라. 각각 독립된 물건으로 간주해 나란히 펼쳐놓으면서 동시에 전체적인 모습도 파악해본다.

이제 오늘 각각의 아이템들을 갖고 다닌 이유와 그 물건들이 호주머니나 가방 등에 들어가게 된 경위를 생각해보라. 여러분이 소유하고 있는 그 많은 물건 중에서 왜 하필이면 그 특정 물건을 가지고 나갔는가? 여러분이 갖고 다니는 물건들 중에서 오늘 가지고 나간 것은 얼마나 되며 습관적으로 지니고 다니는 것은 얼마나 되는가? 이제 펼쳐놓은 모든 소지품 중에서 요일에 상관없이 집을 나설 때 반드시 가져가야 하는 물건을 골라보라.

이 물건들 중 세계 어느 나라에 살든지 공통적으로 선택할 세 가지 필수 소지품은 바로 열쇠, 돈, 휴대전화다. 도시나 도시 근교에 사는 경우라면 더욱 그럴 것이다. 나의 싱거운 예상이 적중한 이유는 전 세계적으로 삶의 모습과 가치관이 흡사해졌기 때문이다. 혹시 여러분이 그 절대다수에 속하지 않는다고 해도 걱정할 것 없다. 때가 되면 예외에 대해서도 다룰 것이다. 예외 역시 규칙만큼이나 우리에게 많은 정보를 준다.

이렇게 사람들이 무엇을 소지하고 그중 무엇을 필수적이라고 생각하는지, 또한 그 이유는 무엇인지 파헤쳐보라. 일상에서 느끼는 희망, 가치관, 믿음, 두려움과 우리를 둘러싼 세계에 손을 내미는 방법, 그에 대한 세계의 답까지 모든 것에 대한 커다란 통찰을 얻을 수 있을 것이다. 그뿐만 아니라 다음 유행을 몰고 올 상품을 구상하는 사람들에게 많은 가능성을 보여줄 수 있다. 열쇠, 돈, 휴대전화 같은 필수 소지품을 대체하고 재창조하기를 원하는 사람들에게는 특히 더 중요하다.

우리가 밖에 나갈 때 반드시 소지하는 물건을 관찰해보면 기본적으로 살아남기 위해 필수적인 생존 수단이라는 것을 알 수 있다. 10년이 넘는 기간 동안 이 주제를 연구해본 결과 열쇠, 돈, 휴대전화 삼총사는 문화, 성별, 소득계층, 나이(청소년 이상)에 상관없이 공통적으로 나타났다. 이는 이 세 가지가 원시적 욕구를 충족하는 데 가장 필요한 물품이기 때문이다. 돈은 음식물을 얻을 수 있게 해준다. 열쇠는 피난처를 제공하며 우리가 자리를 비운 동안 소유물을 안전하게 지켜준다. 휴대전화는 공간(전화와 인터넷 채팅)과 시간(문자와 이메일)을 가로질러 서로를 연결해준다. 그러므로 그 자리에 없는 사람과 연락해야 하는 각종 긴급 상황에서 결정적인 안전망이라고 보아도 무방하다. 다만 사람은 언제나 최소한의 것 이상을 원하게 마련인지라 이 세 가지 물품 또한 단순히 목숨을 부지하는 것 이상을 제공하게 된다. 실제로 이 세상에는 최저 생계 수단 이상을 누리고 살며 생존에 필요한 것보다 더 많은 물건을 지니고 다니는 사람들이 대부분이다. 이는 비교적 빈곤층에 속하는 이들도 마찬가지다. 생존 외에도 사회적 지위나 자긍심, 중독, 인간관계 같은 다른 요인들 역시 중요한 역할을 한다는 것을 곧 살펴보게 될 것이다.

　본질적으로 소지 행위는 소유물의 위치를 알고 적시에 그것을 사용할 수 있는 능력 및 보관 시 느끼는 안도감과 큰 관계가 있다.

우리가 집 안팎에서 제대로 생활하려면 안전, 편리함, 믿을 만한 해결책, 마음의 평화 등이 필요한데 바로 이러한 요인들이 우리가 특정한 물건들을 지니고 다니는 동기다. 그래서 사람들은 물건을 잃거나, 잊거나, 도둑맞거나 하는 일을 피하기 위해 전략과 습관을 개발한다. 또한 유형의 물건들을 무형의 디지털에 기반을 둔 소유물에 어떻게 적용하여 소지할 것인지 차츰 배워나가고 있다.

## 당신의 주머니에는 무엇이 들어 있나요?

:

2004년에 나는 처음으로 상하이에 가보았다. 유럽에서 장거리 비행을 한 뒤에 시차 때문에 정신이 없는 상태로 택시를 타고 오염된 겨울 풍경을 뚫고 시내 호텔로 갔다. 키가 큰 금발의 스웨덴 사람 페르와 베이징 연구실에 근무하는 동료인 리우 잉도 함께였다. 우리가 중국에 간 목적은 소품 디자인에 관심이 있는 고객사를 위해 소지품과 연관된 사람들의 행동방식과 상호작용 행위를 조사하는 것이었다. 이를 위해 처음 한 달 동안은 샌프란시스코와 베를린에서 보냈고, 세 번째로 조사할 곳이 상하이였다. 당시 우리는 오랜 여행과 연구로 녹초가 되어 있었다. 그러나 쏟아져 들어오는 자료를 정리하고 이해하는 데 이미 여러 날을 보낸 터라 조사 주제에 깊이 몰입한 상태였다.

우리는 상하이에서 메이리라는 아가씨를 만나 동의하에 심층 연구를 진행하게 되었다. 연구 방법은 일상생활 속에서 피실험자를 따라다니며 중요 상호작용을 포착하는 쉐도잉shadowing이었다. 달리 말하면 '허락을 받고 하는 스토킹'이라고 할 수 있는데 이때 관찰자의 존재가 영향을 미치지 않도록 최대한 노력해야 한다.

우리는 시내로 쇼핑을 나가는 메이리를 따라 버스에서 쇼핑센터로, 길거리 벤치에서 식당으로 돌아다니다가 재미있는 점을 발견했다. 그녀는 자신의 핸드백을 시야에서 놓치지 않았다. 그뿐만 아니라 핸드백을 아예 손에서 놓는 법이 없었다. 하루 종일 한순간도 옆에 내려놓지 않았고 심지어 고급 신발 매장에서 근사한 부츠를 신어 볼 때도 불편을 감수하면서 핸드백을 쥐고 있었다. 어느 도시에나 절도의 위험은 있지만 밀라노에서 베를린을 거쳐 샌프란시스코를 다니며 연구하는 동안 손에 들건 어깨에 메건 이런 식으로 가방에 집착하는 사람은 본 적이 없었다. 그것도 단순히 손을 뻗으면 닿을 곳에 두는 정도가 아니라 지퍼까지 꼭꼭 다 잠그고 손에 꽉 움켜쥐고 있었다. 특히 안전 상태를 의식할 때는 더 심했다. 그러던 중 그녀가 가방에서 무엇을 꺼내려고 하는 짧은 순간에 휴대전화가 울렸다. 정신이 산만해진 그녀는 가방 지퍼를 다 잠그지 않고 1, 2분 정도 놔두었다. 이것을 깨닫자 메이리는 잠시나마 방심한 자신에게 무척 화를 냈다.

이런 행동이 조금 지나친 듯싶기도 하지만 괜히 그런 건 아니었다. 상하이에서 도둑을 맞을 위험은 세계 여느 대도시보다 높으니 말이다. 어찌 됐든 이 일 덕분에 우리 연구팀은 몇 가지 사항에 대해 생각해보게 되었다. 정도의 차이는 있겠으나 우리 모두 이렇게 행동하는 것은 아닐까? 가방을 항상 움켜쥐고 있지는 않더라도 어두컴컴한 바에서 앉아 있는 의자 밑으로 가방을 밀어넣어 좀 더 가깝게 둔 적이 몇 번이나 있었나? 반대로 친숙한 동네 카페에서 잠시 화장실에 갈 동안 잘 모르는 사람에게 물건을 봐달라고 할 만큼 신뢰를 느낀 경우가 있었는가?

우리는 이 현상을 분포 범위range of distribution라고 명명했는데, 이것은 사람들이 외출 중에 허용하는 자신과 소지품과의 거리를 말한다. 그 결정을 내리는 기준은 단순하고 사람마다 비슷하다. 인지된 위험성과 실제 위험성, 편리함을 위해 가까이에 두려는 인지된 필요성과 실제 필요성이다. 위험과 편리의 필요성이 낮으면 물건들은 멀리 분포될 수 있다. 또한 편리의 필요성이 높으면 물건들은 근처에 위치하게 되고, 위험이 높으면 물건은 안전한 곳에 위치하게 된다. 그것은 소유주의 근처일 수도 있고 열쇠로 잠궈 보관하는 곳일 수도 있으며 심지어는 무형이 될 수도 있다(이 부분에 대해서는 나중에 다시 설명하겠다).

이러한 분포 범위는 연구할 때 환경과 개인의 위험에 대한 인지적 관점을 제공해주므로 맥락적 연구에서 특히 유용하게 쓰인다. 예를 들어 중국이나 브라질에서 대중교통을 이용하면 배낭을 앞으로 멘 사람들을 자주 볼 수 있는데, 이는 짧은 분포 범위, 높은 절도 위험과 그 위험에 대한 강한 인식, 허튼 손이 가방의 지퍼를 열기 시작할 경우 재빨리 반응해야 할 필요성 등에 대한 지표 역할을 한다.

간혹 현지 인프라가 이 행위를 조장할 수도 있다. 실제로 상하이 지하철이 2010년 엑스포를 앞두고 공항식 엑스레이 보안 검색대를 도입했을 때, 일반 승객들은 행동 변화와 불안감을 보였다. 이러한 현상은 특히나 바쁜 출퇴근 시간에 현저히 심해졌다. 검색대 위에 가방을 올려놓은 뒤 승객들의 시선은(어떤 때는 손도) 필사적으로 그 가방을 좇았다. 마치 검색대의 컨베이어 벨트가 갑자기 고장이라도 나서 시공연속체가 열려 그들의 소지품이 4차원의 세계로 휩쓸려 사라지기라도 할 듯이 말이다. 가방이 돌아올 수 없는 한계를 넘어서자마자 승객들의 관심과 행동의 초점은 기계의 출구로 옮겨갔고 이내 가방이 모습을 드러내기 무섭게 재빨리 집어 들었다. 만약 이때 잠시라도 주의를 소홀히 하면 다른 사람이 가방을 낚아채서 출퇴근길의 인파 속으로 사라졌으리라. 물론 시공간을 고장 내는 그렘린(gremlin, 기계에 고장을 일으키는 것으로 여겨지는 가상의 존재-옮긴이)들이 먼저 가방을 가져가지 않는다는 가정하에 말이다.

최적 혹은 적정한 분포 범위는 몇 가지 맥락적 요인에 달려 있다. 공간의 물리적 특성, 공간의 친숙도, 아는 사람(대화를 해본 적은 없지만 시각적으로 친숙한 경우도 포함한다)[1]의 존재 여부, 낯선 이들의 밀도, 가까이에 있는 사람들의 행동, 공간과 그 속에 있는 사람들의 일반 청결도, 분포된 물건들의 종류, 그것들의 실제 가치와 절도 가치theft-worthiness에 대한 소유주의 평가, 하루 중 시간대, 가시성 visibility, 날씨 등이 그에 포함된다. 대중교통 내에서 배낭을 앞으로 메는 행동에서 알 수 있듯이, 이 공식은 보편적으로 모두가 이해하는 특정 맥락 속에서 사용되곤 한다. 이러한 상황에서 보편적인 기준에 반하는 행동을 하는 사람들은 눈에 띄게 마련이다. 만약 그 차이가 크면 우리는 이 예외적인 행동을 편집증의 징후나 맥락적 인지의 부족(관광객들이 소매치기의 표적이 되기 쉬운 이유,[2] 그리고 자주 여행을 다니는 사람들이 상황에 동화되기 위해 현지인들을 흉내 내는 이유가 바로 이것이다) 으로 받아들일 수 있다. 그러나 이는 또한 물건의 가치에 대한 소유주의 평가를 나타내는 지표이기도 하다. 1달러짜리 지폐로 가득한 배불뚝이 지갑은 100달러짜리 지폐로 가득한 지갑과 외양상의 차이는 없지만 아마도 분포 범위는 상당히 다르리라.

아마 여러분도 여러 사람과 함께하는 자리에서 누군가가 자랑하려는 뻔한 의도로 우연을 가장해 물건을 내보이는 모습을 본 일이 있을 것이다. 예를 들어 열쇠고리를 이용해서 대화의 주제를 새

자동차로 이끌어간다거나, 특정(특히 비싼) 브랜드의 상표를 눈에 띄게 놓는다거나, 문자를 확인하는 척하면서 보란 듯이 최신 고급 스마트폰을 꺼내는 일 등이다. 어쩌면 여러분도 은근하게든 노골적으로든 의식적으로 이런 행동을 하는지도 모르겠다. 이렇게 지위를 손에 잡히는 사물의 형태로 드러내는 능력은 사물의 가시성(최소한 일시적으로라도)에 달려 있다. 그러나 그 능력은 동시에 그 속에 내재하는 긴장을 강조하게 된다. 그 긴장은 바로 소유물을 자랑하고 싶은 욕구와 그것을 안전하게 보관하고 싶은 욕구의 대립이다. 애플의 이어버드를 한순간에 인기 제품으로 만든 높은 가시성과 상징적 가치가(2장에서 이야기한 것처럼) 그것을 훔치게 만드는 이유[3]가 된다는 말이다. 따라서 지위를 상징하는 물건에 대한 분포 범위 결정에는 그에 따른 상충 효과가 있다. 드러낼 것인가 보호할 것인가, 그것이 문제로다.

집에서는 소유물에 대한 위험이 상대적으로 최소치가 되고 편리함이 중요한 요인이 되기 때문에 물건을 필요한 곳이나 쉽게 찾을 수 있는 곳에 둔다. 대부분의 사람은 식료품을 부엌 가까이에, 두루마리 화장지를 화장실 근처에, 외출 시 필요한 코트, 가방, 열쇠 같은 것들은 현관 근처에 두는 경향이 있다. 휴대전화는 성인의 경우 보통 책상 위에 놓고, 청소년의 경우 침대 근처에 주로 둔다. 물론 두 경우 다 전기 콘센트에서 멀지 않은 곳에 놓는다.

우리는 휴대용 제품이 몰리는 경향이 있는 이러한 장소를 무게 중심center of gravity이라고 부른다. 무게 중심은 우리가 물건을 놓고자 조준하는 과녁의 중심이며 물건을 찾을 때 제일 먼저 확인하는 곳이다. 이것의 명백한 용도는 바로 공간적 연상기억 장치spatial mnemonic device다. 예를 들어 현관문 옆의 못에 열쇠를 걸어두는 사람들은 열쇠를 잃어버릴 확률이 낮다. 현금, 신분증, 신용카드, 교통카드, 도서 대출증, 명함 등을 지갑 속에 넣어서 그것을 호주머니에 보관하는 사람은 그중 하나가 필요할 때 두 번 생각할 필요가 없다. 분포 범위에 있어서 정신적 편리함이 신체적 편리함만큼 중요하다는 사실을 무게 중심이 입증한다.

그러나 제일 찾기 쉬운 곳에 물건을 모아두는 행위도 우리가 잊지 않고 챙겨서 나가거나 이상적 분포 범위에 물건을 둔다는 보장이 되지 못한다. 바쁘거나 피곤하거나 취했거나 백일몽에 잠기거나 어떤 이유에서든 생각을 제대로 못하게 되면 물건들은 재빨리 표면에서 사라지고 이내 잊히게 된다. 그래서 중요한 물건을 잊어버리는 이 자연스러운 경향을 타개하기 위해 널리 사용되는 간단한 행동이 있다. 그것은 어떤 장소를 떠나 다른 장소로 향할 때 소위 반추의 순간point of reflection을 가져 잠시 멈추고 머릿속으로 챙겨 나갈 물건의 목록을 점검해 혹시 잊어버린 물건은 없는지 확인하는 것이다. 집을 나서는 사람에게는 보통 열쇠, 돈, 휴대전화 같은 필수품 삼총사와 그날 외출 중 필요한 물건들이 그 대상이 될 것이다. 집 밖에 나가기 전, 차에서 내리기 전, 사무실을 떠나기 전, 혹은 식당에서 자리를 뜨기 전에 사람들은 으레 호주머니를 툭툭 쳐보고 가방 속을 들여다보면서 물품이 들어 있는지 재확인한다. 심지어는 소리를 내서 확인할 물건들을 되뇌는 사람들도 있다.

이렇게 잠시 멈추고 반추의 순간을 갖는 것은 아주 단순하고 일상적인 행동이라 큰 비즈니스 기회는 아닐지라도 최소한 작은 기회의 가능성은 확실히 보인다. 그 예로 맥락과 필요에 따라 주기적이고 체계적으로 알림 기능을 제공하는 제품은 물리적 차원을 넘어선 문제 해결과 욕구 충족의 실마리가 될 수 있다.

호주머니를 만져보면 휴대전화가 안에 있는지 쉽게 알 수 있다. 하지만 교통카드를 만지거나 쳐다보고서 금액이 얼마나 남아 있는지 알아내는 것은 불가능하다(물론 겉에 금액이 쓰여 있는 경우는 예외다). 지갑 매핑wallet mapping이란 문자 그대로 사람들의 지갑이나 가방의 내용물을 꼼꼼히 확인하면서 질문을 통해 각 물건의 뒤에 담겨 있는 이야기를 듣는 것이다. 이 지갑 매핑이 대단히 유용한 조사 기법이 되는 이유는 교통카드처럼 충분한 반추의 순간을 가질 수 없는 물건에 대해서는 보상심리가 발동되기 때문이다. 이러한 보상심리의 가장 흔한 형태는 중복redundancy이다. 늘 사용하는 교통카드에 금액이 얼마나 남아 있는지 모를 경우, 100퍼센트 충전되어 있는 비상 카드도 함께 챙겨서 외출하는 사람들이 많다. 역으로 들어오는 기차를 보고 급하게 개찰구를 통과할 때 문제가 생기면 곤란하니 말이다.

서비스 디자인의 측면에서 보면 중복은 시스템의 효율성을 향상할 기회가 존재한다는 뜻이다. 예를 들어 도쿄에는 지하철역뿐만 아니라 도시 전역의 자판기 대부분에 교통카드 잔액을 확인할 수 있는 기능이 부착되어 있다. 반추의 순간을 가질 수 있도록 매우 의도적이고 세심하게 설계된 이 기계는, 도쿄에 사는 사람이면 누구나 물건을 사지 않고도 이용할 수 있다. 그 조작법 또한 단순하고 직관적으로 설계되었기 때문에 사람들이 손쉽게 주변 인프라를 이용해 소유물의 상태를 확인할 수 있게 해준다.

물론 호주머니를 만져보거나 현관문 앞에서 습관적으로 잠시 멈추는 행동은 앞으로도 물건을 확인하는 방법 중 하나로 남아 있을 것이다. 열쇠 보관용 못이나 핸드백을 움켜쥐는 행위가 늘 이 물건들의 위치를 확인하는 방법으로 사용되듯이 말이다. 그러나 우리가 소유하는 물건들이 점점 디지털화됨에 따라 분포 범위, 무게 중심, 반추의 순간 같은 소지 행위의 핵심 사항을 대체 무형물을 기준으로 재점검할 필요가 있다. 기회는 변화와 함께 나타난다.

## 보이지 않는 소지품의 정체

:

애플은 2001년 첫 아이팟을 런칭하면서 '노래 1,000곡이 호주머니 속에 쏙' 들어간다고 광고했다.[4] 2009년에 이르자 그 숫자는 4만 곡으로 증가했다. 그러나 2011년이 되자 그들이 광고하는 숫자는 0이 되었다.[5]

물론 옛날 방식대로 사용하고 싶으면 아직도 기기의 하드 드라이브에 계속 수천 곡을 저장할 수 있다. 하지만 그보다는 전체 뮤직 라이브러리를 애플의 서버에 올려놓고 아이클라우드iCloud를 통해서 스트리밍으로 들으면서, 여유가 생긴 메모리에는 앵그리버드Angry Birds를 여러 버전으로 받아 즐기는 편이 더 낫지 않을까?

스마트폰은 양방향 통신 수단이던 전화를 세계 지식의 창고로 바꾸어 전화의 개념 자체를 새로 정의했다. 그 덕분에 버스를 타고 가면서 엘비스 프레슬리의 생일이 언제인지 알아보는 것이 상상도 못할 만큼 수월해졌다. 또한 클라우드 저장공간은 우리가 디지털 소유물을 운반하는 방법에 있어 대변혁을 예고하고 있다. 무한대에 가까운 용량이나 시간과 공간의 제약 없이 접근할 수 있는 가치 제안을 보면 장밋빛 미래를 약속하는 듯하다. 다만 클라우드 환경의 제품은 아직도 보안, 편리함, 안정성, 안심 등 해결해야 할 숙제로 남아 있다. 이러한 요인들은 분포 범위, 무게 중심, 반추의 순간처럼 물건 소지에 따른 다양한 행동을 발생시킨다.

물리적인 짐을 가볍게 해주는 디지털화와 클라우드 저장공간이 부담의 대감소Great Unburdening라는 개념의 상징이 된 것은 누구나 아는 일이다. 다시 20세기로 되돌아가서 현재 스마트폰이나 랩톱 및 태블릿, 또는 전자책에 우리가 저장하는 모든 것을 직접 들고 다닌다고 상상해보라. 아침에 현관문을 나서면서 제일 먼저 여태껏 모은 CD나 카세트, 레코드판으로 가득 찬 음악 서랍장을 끌고 나갈 것이다. 스포티파이Sportify 같은 온디맨드 음악 스트리밍 서비스에 맞먹는 양의 음악을 갖고 다니려면 수백만 개의 서랍장을 끌고 나가야 한다. 그 다음 29권짜리《브리태니커 백과사전》과 20권짜리《옥스퍼드 영어사전》세트를 포함한 모든 소장 도서가 꽂혀 있는 책장과 모든 사진첩과 앨범, 과거 수십 년간 주고받은 편지가 담긴 상자, 공과금 및 세금 상자, 여러 축소비율로 만들어진 전 세계 모든 지역의 지도도 챙겨야 한다. 대중예술에 관심이 있다면 영화 몇 편을 갖고 가는 것도 좋으리라. 그렇다면 TV 수상기와 비디오테이프 플레이어나 DVD 플레이어도 두고 나갈 수 없다. 그리고 퇴근할 때는 이 모든 것을 다시 끌고 집에 오면서 더불어 1미터가 넘는 파일 캐비닛, 주소록, 메모통도 함께 가지고 와야 한다. 인터넷 접속에 해당하는 전통적 정보실을 고려한다면 국회도서관 자료를 모두 날라야 할 것이다. 그뿐만이 아니다. 세계 곳곳에서 기상 정보를 수집하는 기상국이나 식당부터 만화에 이르기까지 다양한 주제에 관한 수백만 낯선 이들의 의견이 담긴 자료들도 몇 개 끌고 다녀야 할 판이다. 이걸 다 끌고 돌아다니려면 척추에 무리가 가는 것은 물론이고 혹시 누가 뭔가를 집어 가지 않는지 감시하느라 눈이 핑핑 돌 것이다.

이제는 이 많은 것이 호주머니 속에 쏙 들어가게 되었지만 외출 시 늘 필요한 것도 아니고, 또 필요할 때 금방 찾을 수 있는 것도 아니다. 또한 이 물건들을 바이트bytes 크기로 축소할 수 있다고 해서 물리적 형태를 완전히 없앨 준비가 되었다는 뜻도 아니다. 어딘가에 모든 자료를 백업해두지 않은 상태에서 하드 드라이브가 망가지거나, 서버가 해킹을 당하거나, 클라우드 저장공간 수수료를 체납하는 일이 생기면 몽땅 잃어버릴 수 있다. 더구나 개인 용품과 업무 용품을 한꺼번에 작은 공간 속에 편리하게 보관할 수 있다는 이야기는 그 둘 간의 경계가 흐려진다는 의미도 된다. 물론 물질적 측면에서 부담의 대감소가 이루어졌다는 사실은 논란의 여지가 없다. 하지만 제로로 가는 여정에서 생기는 심리적 장단점을 비교하면 잠재력이 큰 만큼 극복해야 할 점도 많다.

우리와 소유물과의 거리, 즉 분포범위에 영향을 주는 것들을 요요yo-yo처럼 물리적 거리와 의식적 수준을 기준으로 생각해보자. 줄의 길이가 얼마 내로 유지되어야 안심할 수 있고 필요할 때 신속히 당겨올 수 있을까? 또 돌아올 때 걸리는 속도는 얼마가 될까?

사물이 디지털화되면 분포 범위의 공식이 바뀐다. 물리적 거리(컴퓨터나 머나먼 곳에 있는 서버에서 서류를 찾아오니까), 시간적 거리(몇 년 전의 이메일도 쉽게 찾을 수 있으니까), 의식으로부터의 거리(수년 동안 잊고 있었던 노래를 우연히 랜덤 음악 재생기에서 들을 때가 있으니까)라는 측면에서 보면 요요의 줄이 엄청나게 길어진다. 물리적 사물에 붙어 있는 줄이 길어지면 다시 돌아오게 하기가 어렵다. 할 수 있다 해도 물건을 A지점에서 B지점으로 보냈다가 다시 A로 불러오는 데 시간을 더 소모하게 된다. 그러나 디지털이라면 그것이 어디에 있는지 몰라도 괜찮은 검색 기능만 있으면 금방 불러올 수 있다. 즉 디지털화된다는 것은 여러 줄을 한꺼번에 처리할 수 있다는 뜻이며, 프레젠테이션 슬라이드쇼에 비디오를 삽입하거나 이메일에 사진을 첨부하는 등 무수히 많은 방법으로 겹쳐 사용할 수도 있고, 실뜨기 놀이처럼 여러 사용자들 간에 협동망을 만들어낼 수 있다는 의미다. 그뿐만 아니라, 물리적 사물의 줄을 끊었다가 나중에 필요할 때 똑같은 복제품을 재생산함으로써 줄을 다시 붙일 수도 있다. 과거에는 CD를 굽는 것이 여기에 해당되었지만 미래에는 3D 출력 같은 것도 가능해질 것이다. 여행을 오면서 집에 틀니를 두고 왔는가? 걱정 마시라. 호텔에 전화를 걸어 3D 복제본을 출력할 수 있는 근처의 치과를 알아봐 달라고 부탁하면 된다. 호텔에 도착할 무렵이면 3D 틀니 복제본이 이미 여러분을 기다리고 있을 것이다.

또 기술의 발전은 우리의 욕구에도 변화를 주어 요요 줄을 재배분한다. 혼잡한 쇼핑센터를 어린아이와 함께 걸어가는 부모처럼, 어떤 특정한 상황 속에 있는 사람들에게는 분포 범위가 예민하게 여겨지지만 소지품, 특히 대체 가능한 물건일 경우에는 덜 본능적이다. 그러나 물건을 관리하는 수단이 점점 정교해짐에 따라 물건을 잃어버리거나 도둑맞는 일을 피하기 위한 욕구는 오히려 붕괴를 초래할 만큼 강력해졌다.

2012년 여름 상하이에 있는 동안 나는 당시 통신망에 가장 잘 연결되는 기기로 유명했던 아이폰을 실수로 택시 안에 두고 내렸다. 집에 돌아오자마자 온라인 휴대전화 위치 추적 서비스를 이용해 상하이 시내를 돌아다니고 있는 전화기를 추적했다. 택시 회사에는 이미 전화를 해놓은 터였다. 택시 회사에서는 내 영수증 뒷면의 연락처로 택시 기사를 호출했다. 그동안 나는 서비스를 통해 전화기의 위치, 택시의 속력과 방향 등을 정확하게 추적하는 한편 내 전화기로 시끄러운 경고음을 계속 발생시켰다. 그런데도 운전사는 아이폰이 택시 안에 있다는 사실을 부인했다. 수백 달러짜리 개인 장비가 지그재그로 달리고 급정거했다가 후진하면서 어떤 순간에는 내가 사는 아파트에서 몇 블록 떨어지지 않은 곳을 지나가는 모습을 보고 있노라니 넋이 나가는 것 같았다. 다시 못 찾을지도 모른다는 생각에 환장할 노릇이었다.

휴대전화를 잘못 두긴 했지만 그것이 있는 장소를 모르는 것이 아니라 단지 손이 닿지 않는 곳에 있는 상황이니 아직 잃어버렸다고는 할 수 없었다. 그러나 분실된 물건을 되돌려줘야 한다는 사회적 의무보다 암거래 시장에서 팔릴 휴대전화의 가치가 더 크다면 그것을 정말로 잃어버리게 될 것이 분명했다. 그 휴대전화는 중국 택시 기사 하루 일당의 몇 배에 맞먹는 돈이었고, 택시 회사의 관리인에게 얼마간 떼어줄 돈도 충분히 나올 터였다. 그러니까 휴대전화를 돌려주지 않았다고 그 운전사에게 특별한 악감정을 품은 것은 아니었다. 전 세계 어디를 가나 대부분의 택시 운전사가 그렇게 했을 테니까.[6] 어찌 됐든 이 일로 나는 기술 덕분에 우리를 둘러싼 세계가 점점 더 많이 기록되고 문서화되어 그 자료를 통해 우리가 찾는 것의 위치를 정확히 파악할 수 있게 되었다는 사실을 몸소 경험하게 되었다. 또한 앞으로 자동차, 자전거, 리모컨, 보석 등에 GPS가 장착되어 소유물의 위치를 쉽게 알 수 있게 되면 무엇인가를 '잃어버린다'는 개념이 어떻게 변화하게 될지 엿볼 수 있었다.

미래에는 물건을 잃어버렸을 때 그것을 찾아주는 사람에게 포상을 하는 반송 기능이 기기에 장착될지도 모른다. 이렇게 되면 물건을 엉뚱한 데 두는 경우가 줄어들고 회수가 더 쉬워져서 무엇을 소유한다는 개념이 이론적으로 변할 것이다. 사람은 대부분 잃어버린 물건을 찾고 싶어 한다. 하지만 물건의 가치가 자동적으로 계산이 되어 물건을 발견한 사람에게 구매할 수 있는 상품으로 제공되거나 가장 높은 금액을 지불하는 근처의 입찰자에게 넘어간다면 어떻게 될까? 추억이나 특별한 의미가 담긴 물건을 돈으로 환산하는 것에 대해 애석한 마음이 드는 사람들도 있으리라. 하지만 개인 물건의 소유권 및 사용권을 사고파는 편을 택하는 사람들이 생겨날지도 모른다.

이렇듯 위치기반 모바일 데이터의 강력한 힘은 분포 범위에 적시 의사 결정just-in-time decision-making이라는 차원을 추가한다. 즉 위치 기반 서비스 덕택에 종이 지도 대신 간편한 디지털 지도를 선택할 수 있게 되었을 뿐만 아니라 이동통신 기기가 우리를 적당한 장소로 인도해주리라는 믿음 하나로 계획 없이 세상을 탐험하러 나가는 것이 가능해졌다. 여행 경로를 미리 짜는 대신 GPS에 의존하고, 밤에 외출할 때도 계획 없이 집을 나서서 포스퀘어를 체크하면서 친구들이나 친구들의 친구들이 이곳에서 무엇을 했는지, 혹은 무엇을 하고 있는지 확인할 수 있으며, 그것을 바탕으로 자신이 하고 싶은 일을 정할 수도 있다. 또 친구들과 어울릴 때 정확한 장소와 시간을 정하지 않고 대충 어느 지역에서 만날 것인지만 결정한 후 전화와 문자 연락을 통해 세부사항을 조율하면서 점진적인 방법으로 만날 수도 있다. 이렇듯 우리를 타인이나 사물과 연결시키는 요요 줄은 무한히 길어졌다. 때로는 지나치게 길어진 나머지 반대쪽 끝에 존재하는 것들에 대해 의식조차 못 할 때도 많다. 그럼에도 필요할 때 언제든지 즉각적으로 불러올 수 있다.

또한 우리는 인지력을 사용하는 것에서 한발 더 나아가 불러오기 행위 자체를 자동화된 시스템에 위임할 수도 있다. 사실 이것은 휴대전화의 캘린더나 민트닷컴 같은 웹사이트에서 알림 기능의 형태로 이미 하고 있는 일이다. 우리가 한계치의 미래에 대해 생각하면서 잠시 언급했던 예를 상상력을 동원하여 살펴보자. 그것은 바로 예측 출하predictive shipping라는 개념이다. 아마존닷컴Amazon.com 같이 고객의 구매 습관을 분석하고 예측하는 알고리즘을 사용하는 회사가 주문이 들어오지 않은 제품까지도 출하할 수 있는 알고리즘을 만들었다고 하자. 이들은 예상 고객이 특정 제품을 원하거나 아니면 앞으로 필요하게 될 것이라고 확신한 나머지 자신들이 틀리면 운송비를 부담하겠다고 한다. 여기서 여러분은 여행 애호가이며 〈콘데 나스트 트래블러Condé Nast Traveler〉(〈보그〉, 〈GQ〉, 〈뉴요커〉 등 라이프스타일 잡지를 발행하는 다국적 출판업체인 콘데 나스트 출판사의 여행 잡지-옮긴이) 잡지의 브랜드를 좋아한다고 가정하자. 어느 날 아침 현관문을 열었더니 〈콘데 나스트 트래블러〉의 고급 여행 셔츠가 바로 문 앞 계단 위에 놓여 있다. 여러분이 어제 한참을 붙잡고 들여다보았던 잡지에 나온 것과 똑같은 스타일에 크기도 딱 맞다.

그 회사는 여러분의 과거 구매 기록을 보고 비슷한 셔츠와 거기에 어울릴 만한 바지와 소품을 산 적이 있다는 사실을 확인했다. 또한 소셜미디어를 통해 비슷한 또래 집단의 패션 수용 습관을 분석하여 여러분이 좋아할 만한 스타일을 알아냈다. 게다가 본인에게 잘 맞고 또래 문화와도 연관이 있는 상품을 찾을 때 〈콘데 나스트 트래블러〉 스타일리스트들의 제안을 기준으로 삼는다는 사실도 파악한 상태다. 만약 아마존닷컴의 분석이 정확해서 그 셔츠를 입기로 결정한다고 치자. 그러면 그것을 입었다는 정보가 다시 전해지고 신용카드로 자동 결제된다. 만약 셔츠를 되돌려 보내고 싶으면 단지 상자에 다시 넣어서 문 밖에 놓아두면 나머지는 아마존닷컴이 알아서 처리할 것이다. 비슷한 방법으로 아마존닷컴은 식료품이나 두루마리 화장지도 조사해서 다 떨어지기 전에 새로운 것으로 배달해줄 수 있다.

이 서비스에서 긍정 오류(false positive, 본래 부정이어야 할 것이 잘못되어 긍정으로 나오는 경우로, 일례로 스팸메일 검사에서 정상 이메일을 스팸으로 잘못 식별하는 것-옮긴이)가 너무 많이 발생할 경우, 이것은 최악의 정크 메일일 것이며 선불 운송비가 훨씬 더 높아져 결국 실행 불가능한 비즈니스 모델이 된다. 하지만 어떤 제품, 브랜드, 구매층에 따라서는 이 방법이 통할 수도 있다. 소비자의 브랜드 충성도가 매우 강하고 오프라인과 온라인 쇼핑 패턴 등 소비자의 생활에 대한 놀라운 통찰력이 보이는 영역은 어디일까? 어떤 면에서는 기존의 회원제 상품들이 여기에 해당된다고 할 수 있다. 예를 들어 신문을 매일 배달받아서 보는 경우, 내용이 언제나 만족할 만한 수준일지 미리 알 방법은 없지만 신문사에 대해 충분히 파악하고 있기 때문에(그리고 신문사 역시 여러분이나 다른 구독자들에 대해 충분히 파악하고 있다) 기꺼이 신문 배달을 위해 돈을 지불한다. 물론 이런 형태의 사업에서는 사생활 침해나 동질적 소비 및 불규칙한 행동들처럼 알고리즘이 이해하지 못하는 문제들도 있다. 그러나 기술 발전의 가능성이 예측성 제품을 위한 새로운 시장을 창조할 수 있는지에 대해 생각해볼 하나의 계기가 될 수는 있을 것이다.

이러한 서비스는 물건을 소지하는 행위와 별 상관이 없는 것처럼 보일 수 있다. 기껏해야 소비자가 가게에서 집으로 쇼핑백을 들고 가는 일을 덜어주는 정도인 듯하니 말이다. 그러나 실제로는 물건이 언제 필요한지, 어디서 물건을 손에 넣고, 또 그것을 놓치지 않으려 짧은 거리를 계산하는 행위와 깊은 관련이 있다. 이것이 바로 소지 행위의 요점이다. 아마존닷컴이 어떻게 해야 잠재고객이 바하마로 여행을 가면서 수영복을 잊어버리고 갔다는 것을 알아낼 수 있을까? 그런 후 고객이 자신의 실수를 깨달을 틈도 없이 해당 사이즈와 스타일에 맞는 새 제품을 호텔에 미리 보내놓으려면 어떤 방법을 써야 할까?

이번에는 종일 늦은 시간까지 일을 하고서 귀가했는데 생전 처음 보는 희한한 광경을 보게 되었다고 상상해보자. 나가 있는 동안 누군가 집에 무중력 스위치를 켠 것이다. 여러분이 둥둥 떠서 문을 통과하는 동안 부엌 싱크대와 침실 스탠드가 여러분 곁을 지나 나란히 떠간다. 양탄자는 벽 쪽에 있고 강아지는 천정에 붙어 있다. 집 밖으로 나간 물건은 없지만 이런 상황에서는 마치 모든 것을 잃은 것처럼 느껴질 것이다.

이것은 디지털 세계와 같다. 우리는 이런 상황을 끊임없이 마주하고 있으며 이를 피하기는 쉽지 않다. 어디서 온라인 물건을 찾을까? 또 원하는 것을 불러오기 위해 알아야 하는 것은 무엇일까? 파일이 어디에 있고 어떻게 접근 가능한지 알려주는 프레임워크가 없다면 우리는 모두 달 탐사에 나선 닐 암스트롱처럼 디지털의 하늘을 떠다니게 될 것이다. 이를 방지하려면 좋은 인터페이스가 중요하지만 검색 기능으로도 임시 무게 중심을 만들 수 있다. 부담을 대폭 감소하기 위해 시스템이 이러한 무게 중심을 미리 만들어 사용자가 검색의 부담을 짊어지지 않아도 되도록 디자인되어 있다면 어떨까? 가령 어떤 프로젝트에 대한 회의가 곧 있을 예정이라고 하자. 만약 시스템이 그것을 미리 알고 회의 전이나 도중에 주로 사용하는 파일의 패턴을 이해한다면 사용자를 위해 그것을 한데 묶어 휴대전화나 컴퓨터에 미리 로딩함으로써 필요할 때 쓸 수 있도록 준비해둘 수 있다.

마찬가지로 여러분이 무엇인가를 잊기 전에, 시스템이 여러분이 잊을 것 같은 것이 무엇인지 안다면 반추의 순간을 디자인할 기회가 있다. 구글메일Gmail은 이미 이 기능을 추가했다. 이메일 내용에 '첨부'라는 단어를 쓴 후 첨부 파일 없이 이메일을 보내보라. 구글메일이 메일을 전송하기 전에 사용자에게 첨부할 파일이 있는지 다시 물을 것이다.

## 아프가니스탄에서 절도를 피하는 유일한 방법

:

아프가니스탄은 어느 면으로 봐도 혼돈의 장소라 할 수 있다. 폭탄이나 납치의 위험뿐만 아니라 도둑을 만날 위험까지 언제나 도사리고 있어서 국가 전체로 보았을 때 비교적 좁은 분포 범위를 가진다고 할 수 있다. 그러나 절도는 호주머니에서 무엇을 빼가는 것만이 아니다. 당연히 들어가야 할 것이 들어가지 않는 것도 절도다.

2010년 이동통신 회사 로샨Roshan과 아프가니스탄 내무부는 모바일 금융시스템인 엠-파이사[6]를 통해 경찰의 월급을 지불하는 시스템을 도입하기로 했다. 엠-파이사에 가입한 경찰들은 지휘관에게 현금 뭉치를 받는 대신에 월급이 계좌로 이체되었다는 문자를 받는다. 그러면 전국에 퍼져 있는 로샨 지점을 통해 돈을 찾을 수 있게 되는 것이다.

이후 놀랍게도 봉급이 '인상'된 사실을 발견한 경찰관들이 많았다. 심한 경우에는 그들이 받던 월급의 3분의 1 정도가 더 들어왔다.[7] 사실을 알고 보니, 경찰관들이 생전 처음으로 실제 월급을 고스란히 받은 것이었다. 돈이 디지털화되자 그들의 월급에 손을 대던 높은 양반들의 끈적거리는 손가락 사이를 무사히 빠져나올 수 있게 된 것이다.

표면적으로는 행복한 결말로 끝나는 한 편의 감동적인 이야기 같다. 부당 이익 착취를 물리치고 급여 정산 시스템이 더 효율적으로 변하자 모든 사람이 행복해진다. 물론 중간에서 돈을 착복하던 비리 공무원들만 빼고. 그중 한 사람은 새로운 시스템에 너무나도 화가 나서 자신이 직접 돈을 찾고자 하급자들의 심카드SIM card를 몽땅 거둬들였다. 그러자 로샨의 직원 중 하나가 그 지휘관을 내무부에 고발했는데, 내무부는 그 지휘관을 사법 처리하지는 않았지만 그의 계획을 무산시켰다.

그러나 현실의 결말은 조금 더 복잡했다. 엠-파이사를 통해 '더 많은 월급'을 받게 된 경찰관들이 비리 상관뿐만 아니라 도둑이나 강도로부터 돈을 안전하게 보관할 수 있게 되어 기뻐했을 거라고 생각했다면 오산이다. 아프가니스탄의 분포 범위 문화와 금융이나 기술에 대한 이해 부족으로(정식 은행계좌를 갖고 있는 사람은 아프가니스탄 인구의 9퍼센트밖에 안 된다)[8] 역설적 상황이 발생했다. 사람들이 체감하는 절도 위험이 너무나도 높아서 안심할 수 있는 유일한 방법은 직접 손으로 만지는 것이 되었다. 즉 볼 수 없으면 소유하지 않은 것이나 마찬가지다.

이 시스템에 가입한 경찰관은 대부분 입금 확인 문자를 받자마자 곧장 현금을 인출했다고 이야기했다. 어떤 사람들은 돈을 찾으러 인근 타 도시까지 가야 했다. 그들이 사는 로산 지점에서 현금을 많이 보유하면 강도가 들까 봐 겁이 나서 엠-파이사 서비스를 시행하지 않았기 때문이다. 심지어 탈레반이 세력을 떨치는 지역의 경우 엠-파이사와 휴대전화 자체를 사악한 서구화의 도구로 여긴 무장단체로부터 공격의 위협을 받았다고 한다.

아프가니스탄은 전쟁, 가난, 높은 문맹률, 낮은 지식수준 같은 맥락으로 인해 현금 소지를 비롯한 다양한 행동양식에서 극단적 예들이 발생하기 쉽다. 그렇기에 중요한 사례 연구의 기회를 제공하기도 한다. 우리는 이미 휴대전화 속에 수많은 도구가 들어 있어서 약간의 물건만을 들고 다닐 수 있는 세계에 살고 있다. 또한 지갑에 소지하는 물건들도 몽땅 디지털의 형태로 전환되어 하나의 전자기기로 접근하게 될 미래를 상상하기란 어렵지 않다. 그러나 이것이 현실적인 미래일까? 사람들은 그것을 기쁘게 받아들일까?

지금 이 상태로 보자면, 그것은 정확한 미래의 모습이 아니다. 사람들은 위험을 피하려는 경향이 있기 때문이다. 오늘날 사람들의 소지품과 거기에 존재하는 중복을 관찰한다면 실제로 필요한 것보다 더 많이 소지하고 다닌다는 사실이 명백하게 드러난다. 만일의 사태에 대비함으로써 스스로 안심할 수 있기 때문이다. 현금과 현금카드에 신용카드 두 장을 더 가지고 다니는 것은 상당히 중복적인 행동이다. 그러나 현금카드에 문제가 생기면 불행한 결과가 초래될 수 있으므로 안전망을 쳐놓는 것이 바람직하다. 만일의 사태에 대한 대비책을 마련할 때, 위험 확률과 결과 비용(위험의 금전적 영향을 수치로 나타낸 것-옮긴이)이 어떤 조합을 이루어야 한다는 정확한 공식은 없다. 그렇지만 이것은 한계치에 다다랐을 때 행동이 변화한다는 것을 보여주는 또 하나의 삶의 단면이 된다.

우리의 목적이 사람들의 짐을 덜어주고 소지품을 좀 더 효율적으로 활용하도록 돕는 것이라고 하자. 그렇다면 주안점은 첫째, 물건을 잃어버릴 위험을 줄이고 둘째, 되찾거나 대체하는 데 드는 비용을 줄이며 셋째, 물건을 들고 다니지 않고도 불편 없이 생활할 수 있는 방법을 찾는 것이다. 이 세 가지의 일을 가장 간단히 해결하려면 사람들이 적게 소유하고 많이 사용할 수 있게 도와주면 된다.

사업가이자 작가인 리사 갠스키Lisa Gansky가 메시The Mesh, 즉 그물망[9]이라고 명명한 비즈니스 모델이 있다. 통신망을 통한 공유를 바탕으로 한 이 사업은 소유권이 아닌 접근성을 제공한다. 메시 비즈니스의 가장 유명한 예는 회원제 차량 공유망인 집카Zipcar다. 이 회사는 가끔씩 차가 필요하지만 차를 소유하고 있지 않은 사람들을 위해 도시나 대학가에 차를 유통시킨다. 공공도서관도 수익을 창출하지 않는다는 점만 빼면 이 모델에 해당한다. 최근 몇 년 동안 인터넷 덕택에 공구 대여부터[10] 장난감 대여 서비스까지 공동으로 함께 쓰는 제품이나 개인적으로 사용하는 제품을 임시로 빌려주는 단체들이 속속 생겨나고 있다.[11]

이러한 시스템이 통하는 이유는 네트워크의 강력한 힘과 네트워크의 매듭nodes이 되는 상품에 접근할 수 있는 능력 때문이다. 예를 들어 집카의 회원은 인터넷에서 근처에 있는 차를 검색해 예약하고 가서 회원카드로 차를 열면 된다. 차 문은 그 시간에 사용하도록 지정된 사용자만이 열 수 있다.

우리가 가지고 다니는 물건들이 점점 더 디지털화되고 통신망에 엮일 수 있게 되는 한편(혹은 물건의 일부가 통신망에 엮여 있는 경우도 포함된다), 안전하게 접속해 통신망으로 결제할 수 있는 개인 인증을 개발함에 따라 물건을 조작하고 사용할 수 있는 급진적인 다른 방법들을 보게 될 것이다. 예를 들어 집카와 흡사한 이론적 구조에다 예약이나 카드 없이 이용하는 기능을 덧붙여서 초유통superdistribution 모델[12]로 갈 수 있을 것이다. 상품들은 시내 전역에 걸쳐 사람들이 많이 찾을 만한 곳에 흩어져 있을 것이며, 누군가가 그 물건을 사용하기 위해 가지러 가면 물건이 생물 측정학적 방법으로 사용자를 인식하고, 사용 시간에 따라 자동적으로 금액을 청구한다. 시내를 돌아다니는 동안 필요할 때 랩톱을 쉽게 찾아 사용할 수 있다면 자기 것을 짊어지고 낑낑대며 다닐 필요가 있을까? 그리고 랩톱이 여러분을 알아볼 뿐만 아니라 여러분의 손에서 그것을 빼앗으려는 사람을 인식한다면 도둑맞을 걱정을 할 필요가 있겠는가? 소유주가 존재하지 않는 물건을 훔쳐간다는 것은 불가능하다.

## 우리는 이미 미래에 와 있다

:

모바일 기술은 적게 들고 다니는 것에서 적게 기억하는 것에 이어 적게 소유하는 것까지, 집 밖에서 사람들의 행동을 극적으로 바꾸어놓았다. 말 그대로 온갖 것들이 다 가능해졌다. 로스앤젤레스 같은 곳에서 종이 지도 대신에 간편하게 디지털 지도를 사용할 수 있다. 우간다에서는 심하게 아픈 아이의 어머니가 휴대전화를 이용해 제일 가까이에 있는 의사를 찾을 수 있게 되었다. 이제는 아픈 아이를 둘러업고 16킬로미터를 걸어 제일 가까운 마을에 도착했더니 의사가 거기에 없다든지 하는 가슴 아픈 경험을 할 필요가 없다.

이런 기술 진보에 따르는 문제가 없지는 않다. 작게는 휴대전화를 잃어버리는 일부터 크게는 대규모 시스템 장애나 보안 침해가 일어나 많은 사람이 애먹는 경우가 생길 수 있다. 우리는 통신망의 지배를 받는다는 것이 무슨 의미인지 아직도 알아가는 중이다. 개인적으로 나는 통신망 두절 때문에 맨해튼의 빌딩 숲에서 전화 신호를 놓쳐서 짜증이 난 적도 있었고, 현금이 없는 상태에서 신용카드마저 되지 않아 탄자니아의 호텔방에 갇힌 적도 있었다.

통신망을 전적으로 신뢰할 수는 없다 하더라도, 우리가 스스로 못하는 일을 해준다거나(그것의 종류와 수는 점점 늘어날 것이다) 적어도 우리 대신 기억이라도 해줄 수 있기 때문에 여전히 거기에 많이 의존한다. 앞으로 몇 년 사이 서로 연결된 물건 자체에 반추의 순간을 가질 기회들이 더 많이 디자인될 것이다. 지금도 도쿄에서는 자판기에 교통카드를 찍어볼 수 있는 센서가 붙어 있어서, 몇백 엔밖에 남지 않은 수중의 돈을 자판기의 음료수에 써버리기 전에 차비가 충분한지 잔액을 확인할 수 있다.

통신망과 인프라가 더 똑똑해지고 빨라질수록 편리함에 대한 개념이 변화하는 것을 보게 될 것이다. 특정한 분자molecule와 원자atom를 특정한 시간과 장소에서 갖기 위해 돈을 지불하는 대신, 이제는 특정한 비트bit와 바이트byte를 우리가 원하는 시간과 장소에서 갖기 위해 돈을 지불한다. 이것은 더 많은 장소에 더 많은 자료 포털이 생긴다는 의미이며, 더 나아가 우리를 이해하고 우리와 함께 상호작용을 하는 물건들이 더 많아진다는 의미이기도 하다. 어쩌면 모든 물건이 공공 통신망 인프라로 연결될 지도 모른다. 또한 누구든지 통신망의 매듭으로 다가가서 통신망이 신원을 인식하고 난 후 접근을 승인하면 눈 깜짝할 사이에 서비스를 받는 세상이 올 지도 모른다. 그것을 만들어내려면 무엇이 필요할까? 과연 실현 가능성은 있을까?

어떤 면에서 우리는 이미 미래에 와 있다. 그러나 우리는 통신망에 연결된 삶의 진정한 의미를 잊고 살 때가 종종 있다. 통신망에 연결된 우리 자신의 상태를 파악하는 가장 좋은 방법은 망에서 빠져나오면 어떻게 되는지 확인해보는 것이다.

2011년 아랍의 봄Arab Spring 동안, 이집트에서 연구할 기회가 있었다. 긴장감이 도는 몇 주 동안 카이로에 있던 언론사들은 시위자들이 소셜미디어를 이용하는 것을 크게 보도하는 뉴스를 앞다투어 자국으로 보냈다. 외신 보도와 달리 나는 그것의 영향력에 대해 회의적이었지만, 이동통신 기술의 사용과 활발한 사회관계망이 분쟁 중의 생존과 소통의 본질을 재창조했다는 사실만은 확실했다.

나는 연구원이기 때문에 직업상 정보 접근이 언제나 중요했다. 한번은 이미 익숙해진 모바일 관련 제품이나 서비스를 잃으면 어떻게 되는지 탐구해보고 싶었다. 그 당시, 리비아 내전이 여전히 계속되고 있었고 통신 채널이 많이 두절되었다. 동료 한 사람과 나는 그쪽 상황이 어떤지 잠깐이나마 알아보고 싶었다. 반란군이 정부

휴대전화 통신망을 해킹해서 사용하고 있었는데 기술적 각도에서 보았을 때 상당히 흥미로웠다. 그래서 우리는 카이로에서 어떤 택시 운전사와 흥정해 그곳으로 데려다 달라고 부탁했다. 8시간 후, 우리는 국경에 도착했다.

국경을 넘어 리비아로 넘어가자마자 휴대폰의 신호가 사라졌다. 그것은 지도, 이메일, 전화, 인터넷 연결 등 모든 지지 구조support structure를 잃었다는 의미였다. 이것은 위급 상황에서 도움을 청하거나, 우리의 위치 및 근처 동네를 파악하거나, 통역 없이도 의사소통을 하는 능력도 사라졌다는 뜻이었다. 그러한 구명줄을 잃고 나자 우리는 마치 벌거벗은 것처럼 느껴졌고 분쟁 시기에 국경 마을에서 부닥칠 수 있는 위험에 더 많이 노출된 것 같았다. 하지만 이 상황은 매 순간 우리가 어디에 있는지, 어느 쪽으로 가고 있고, 어떻게 다시 되돌아갈지를 감지하는 인지력을 고양시켰다.

호주머니나 가방 안에 쏙 들어가는 통신 및 정보의 강력한 도구를 거의 어디든지 가져갈 수 있는 세상에 살게 된 것은 행운이다. 그뿐만 아니라 이제 그것은 우리의 생존 도구가 되었다. 그러나 '생존'에 관한 우리의 도구와 아이디어가 모두 꾸준히 진화하고 있다는 사실을 잊지 마라. 이것을 이해할 때, 정말 중요한 도구를 만들 수 있는 기술을 더 잘 활용할 것이다.

# 05

## 무엇을, 언제, 어떻게
## 관찰할 것인가?

사람들이 왜 어떻게 특정한 행동을 하는지 알고 싶으면, 당장 그
행동이 일어나는 상황에서 당사자에게 직접 물어보는 것이 가장
좋다. 이것이 바로 디자인 연구의 단순한 전제다. 이것은 실천의 문
제일 뿐만 아니라 마음가짐의 문제다. 혼자서 한 시간 동안 연구하
든 다섯 명이 한 팀이 되어 한 달간 연구하든 똑같이 적용된다. 자
꾸 이렇게 하다 보면 무엇이 자신과 타인의 사고방식에 영향을 주
는지 더 잘 깨닫게 되고, 결국 자신과 타인의 행동을 변화시킬 가
능성이 커진다.

우리가 사는 세계는 점점 더 긴밀하게 연결되고 있다. 소셜미디
어 계정이나 자동 문서화나 거리보기 서비스가 생활의 일부가 되
었을 뿐만 아니라 여러 서비스가 소비자들에 대한(그들이 어디에 있
으며 무엇을 듣고 있고 어떤 브랜드를 좋아하는지 등) 데이터 스트림data stream

을 끊임없이 공급한다. 그러다 보니 온라인에서 사람과 장소에 대한 입체적인 통찰을 얻을 수 있다고 생각하는 오류에 빠지기 십상이다. 그러나 이런 것들은 인간의 경험이라는 깊고 풍부하며 다층적인 케이크 표면 위에 뿌려진 초콜릿 부스러기에 불과할 뿐이다. 제일 위부터 바닥까지 완전한 조각을 자를 수 있는 방법은 그 속에 깊숙이 들어가는 것이다. '현지인 되어보기'는 새로운 문화에 적응하는 데 장시간을 투자할 여유가 있는 인류학자들의 전유물이 아니다. 맥락적 인지 상황에 잠시 발끝을 담그기만 해도 기대 이상의 통찰과 영감을 얻을 수 있다.

앞 장에서 나는 인간 행동을 이해하는 새로운 방법을 강조했다. 이제 이러한 요인들이 기능하는 맥락에 초점을 맞추기로 하자. 우리는 이것을 어떻게 그리고 어디에서 찾는지 다룰 것이다. 이 장에서는 내가 문화적 눈금 급속 조정rapid cultural calibration이라고 부르는 작업을 수행할 약간의 기법을 요약할 예정이다. 문화적 눈금 급속 조정이란 스스로 현지인의 사고방식 속으로 들어감과 동시에 지역적 현상을 세계적 시각에 담아보는 것이다. 이때 반드시 명시적일 필요는 없으며 직감적으로 작업해보아도 좋다.

문화적 눈금 급속 조정은 새벽 산책이나 출퇴근 혼잡 시간대 지하철 타기 및 이발소, 기차역, 다국적 레스토랑 체인점의 현지 지점 등에 가보기, 혹은 작은 단서를 찾아 잠시 멈추고 생각하기까지 다양한 형태로 이루어질 수 있다. 이 방법을 심층 인터뷰, 설문조사, 가정 방문처럼 좀 더 체계가 잡힌 기법과 함께 여러 동네, 도시, 국가에서 적용하면 새 문화에 대한 이해를 심화하고 다른 문화와 비교를 돕는 도구가 된다. 각 조정 시간은 짧게는 30분에서 길게는 반나절이 될 수도 있다.

## 도시와 함께 깨어나기
:

전 세계 어디를 가든, 도시를 관찰하기 가장 좋은 시간은 꼭두새벽부터 아침까지다. 그렇다고 오후나 밤 시간에는 발견할 만한 것이 없다는 말은 아니다. 그저 하루를 시작하는 시간대가 마감하는 시간대보다 좀 더 일관성이 있고 규칙적이어서다. 그리고 아침 통근 소리에 맞추어 빨라지는 도시의 리듬 덕분에 짧은 시간 동안 많은 사람을 쉽게 관찰할 수 있다.

도시마다, 계절마다 약간씩 달라지겠지만 '도시와 함께 깨어나는 연습'은 주로 주중 새벽 4시경[1]에 시작한다. 이상적인 장소는 걷기 좋고 주택과 상가가 적절히 섞여 있으면서 해당 연구의 고객층 유형을 폭넓게 반영하는 동네가 되겠다. 만약 현지 조력팀이 핵심 연구팀과 한 명씩 짝을 지어 다니면서 문화가 상충하는 지점에서 각자 관찰한 바에 대해 토론할 수 있다면 금상첨화다. 가끔씩 인력거나 일반 택시, 삼륜 택시, 자전거 택시 등을 타고 적당한 곳을 찾아서 도시를 가로질러 가야 할 때도 있다.

아침 시간에 동네는 그 모습을 점차적으로 드러낸다. 사회에 기본적인 지원 서비스를 하는 사람들이 먼저 하루를 시작한다. 가게로 물건을 들여오는 사람들, 청소부, 수리공, 쓰레기 수거차, 그 외 거리에 행인과 차량이 쏟아져 나와 작업이 힘들어지기 전에 처리해야 하는 일에 종사하는 사람들이다. 쓰레기 수거 같은 단순 작업은 가정 내에서 일어나는 행동 패턴을 보여준다. 도쿄나 서울 같은 도시에서는 깡통, 종이, 플라스틱, 음식물 쓰레기 등 여러 종류의 쓰레기를 특정한 곳에 따로 모아 특정한 날에 수거해간다. 그래서 이곳에는 쓰레기 분리수거 규칙을 따르도록 하는 사회적 압력이 엄청나다. 또한 이렇게 쓰레기를 미리 분리해 재활용하는 시스템은 특정 지역의 사람들이 어떤 제품을 소비하는지 조사하기에 안성맞춤이다. 특히 전자제품 재활용 쓰레기는 허가를 받은 후에 한 곳에 버려야 하는데 그것을 가까이에서 관찰할 절호의 기회가 된다. 한편 런던이나 샌프란시스코에서는 의자나 서랍장 혹은 침대처럼 큰 가구를 길가에 두는 경우가 많다. 누군가가 가져가서 사용할 것이라고 생각하기 때문이다. 그런가 하면 올드델리에서는 버려진 침대 프레임이 그 속에서 코를 골고 있는 침대 점유자와 함께 새벽 시간에 거리에서 발견되기도 한다.

주택가에서는 주민들이 일하러 나가기 전에 아침 운동을 하는 모습이 보인다. 도쿄 같은 도시에서는 조깅복을 차려입고 조깅을 하는 사람들과 큰 개 주인들이 주로 눈에 띈다(작은 개들은 도시에서 다른 시간대에 훨씬 자주 보이고 집에서 더 가까운 곳에서 운동시키는 경우가 대부분이다). 뉴델리에서는 경보 운동이나 조깅을 하는 사람들이 공원에 군데군데 모여 있는데 타지인의 눈에는 사무실 복장(최소한 남자들의 옷차림은 그랬다. 바지에 셔츠를 입었는데 그나마 운동화를 신어 스포티한 느낌을 주었다)을 하고 있다. 그곳은 떠돌이 개 말고는 거리에 눈에 띄는 개가 없다. 항저우 같은 중국 2류 도시에서는 매우 다른 광경이 보인다. 현지 운동 문화는 공터로 나와 휴대용 스피커에서 흘러나오는 음악에 맞추어 태극권이나 볼룸 댄스 등의 단체 운동을 하는 노인들이 주를 이룬다. 방콕은 오전 6시 정도면 서늘한 새벽 시간을 이용하는 열성 운동가들은 이미 사라지고 없다.

가게들 문이 열리기 전에 나가면, 셔터나 자물쇠를 이용해 그 지역 상인들이 밤사이에 가게를 지키는 모습이 보인다. 이것을 관찰하면 그 지역에서 기물파손이나 절도의 위험에 대처하는 관습을 배울 수 있다. 물론 이러한 관습의 부재조차도 우리에게 많은 것을 시사해준다.

어떤 가게들은 한순간에 "짜잔!" 하고 문을 여는 반면, 가게 주인이나 점원들이 그 지역사회에 좀 더 긴밀히 연결되어 있는 경우에는 좀 더 천천히 문을 연다. 런던 동네 빵집의 경우 '영업 중' 간판이 내걸리기 전에 가게의 장비와 불을 하나둘씩 켜놓고 환기를 위해 문을 약간 열어둔다. 그러면 가끔 그 문틈으로 단골손님이 고개를 내밀기도 하는데 마음씨 좋은 주인은 영업시간 전이지만 손님을 받는 경우가 많다. 이러한 관행은 규칙(가게 문을 열고 닫는 시간)이 언제 누구에 의해 깨질 수 있는지를 보여주는 관계와 상황을 암시한다. 그와는 대조적으로 영업시간의 구분이 확실한 체인점은 공식적인 개점시간이 될 때까지 손님을 받지 않는다. 이러한 단순한 의식은 사회적·상업적 관계의 강도를 이해할 수 있게 해준다.

아침 시간이 점점 흐르면서 거리는 활기로 넘치게 되고 더 많은 사람으로 북적거리기 시작한다. 이른 시간에 집을 나서는 첫 번째 통근자 물결이 도시를 가로질러 일터로 흘러가는 것을 보게 된다. 그리고 아이들이 어떻게 학교에 가는지, 교복을 입는지 사복을 입는지, 혼자 또는 친구들과 함께 혹은 부모와 함께 등교하는지도 관찰할 수 있다. 이 모든 세부 사항이 그 동네 혹은 그 도시의 신뢰 수준에 대한 많은 것을 시사한다. 또한 사람들이 어떤 음식을 먹기 위해 줄을 서는지, 길거리에서 음식을 먹는 사람들은 어떤 부류인지, 한자리에 앉아서 먹는지 혹은 이동하면서 먹는지 등 아침 식사에 연관된 행동도 관찰할 수 있다. 아침 시장은 오후 시간에 비해 훨씬 더 활기차다.

오전 8시나 9시 정도가 되면, 도시에서 어떻게 하루가 시작되는지에 관해 호텔 로비에서 정보를 수집하는 것보다(물론 그곳에서 사람들을 관찰할 때 얻게 되는 정보도 많다) 훨씬 더 많은 것을 알게 되었을 것이다. 이 시점에 나는 팀 전체를 데리고 나가 관찰한 내용을 재검토하면서 함께 생강차든 죽이든 베이컨 샌드위치든 가게에서 파는 것을 주문해 아침 식사를 한다. 이후 다시 숙소로 돌아가 약간의 휴식을 취한 뒤에 종일 조사하러 나간다.

## 현지의 출퇴근 전쟁 속으로

:

극심한 통근 체증을 겪어보지 않고는 그 도시 주민들이 느끼는 스트레스와 고충을 이해할 수 없다. 대부분의 경우 아침 출근 시간이 저녁 퇴근 시간보다 통근자들이 느끼는 부담이 크다. 지각하면 안 된다는 압박감 때문이다. 따라서 회사에 가는 길에 나타날 수 있는 방해물에 대한 스트레스가 아침에 가중된다. 런던의 통근길은 비싸면서도 느리고 정시 출근이 보장되지 않는다. 카이로에서는 사람들 속에 빽빽하게 끼어 덥고 소란스럽게 가야한다. 도쿄의 효율성에는 밀도도 함께 따라온다. 장마철 출근 시간에 운 좋게도 신주쿠로 들어가는 게이오선에 오르게 된다면 콩나물시루의 공간 역학과 감촉과 냄새를 음미할 수 있다. 도쿄에서 통근 열차가 몇 분 정도 지연되면, 통근자들에게 회사에 제출할 지연 증명서를 나누어준다. 이것은 열차가 평소에 얼마나 시간표에 맞추어 잘 운행되는지를 증명해준다. 또한 일본 회사의 엄격한 계급 질서에 대한 증거이기도 하다. 그리고 방콕 지하철MRT은 매우 효율적으로 시내 전역에서 운행되지만 여전히 교통체증이 심하다.

로스앤젤레스의 자가운전자들은 내비게이션 화면에 나오는 선명한 빨간 선을 피하기 위해 운전 시간을 넉넉하게 잡는다. 베이징에서는 이것이 좀 더 진화했다. 그곳 운전자들은 시내 전체가 일정 시간 동안 빨간 선으로 뒤덮이리라는 것을 알기 때문에 아예 도로 공사 상태를 기본값으로 잡고 운전 시간을 계산한다. 연구결과 예상 통근 시간을 미리 계획할 수 있는 능력이 삶의 질을 크게 향상하는 것으로 드러났다. 설령 정체된 차들 사이에서 옴짝달싹 못 하고 앉아 있을 계획이더라도 말이다.

사람들이 집에서 직장이나 학교로 가기 위해 이용하는 교통수단은 무엇일까? 온도, 습도, 밀도와 같은 환경적 조건은? 승차감은? 도로 상태는? 자리에 앉아서 갈 확률과 서서 갈 확률은 어떻게 될까? 통근길의 매 단계마다 주어진 공간에서 할 수 있는 활동은 어떤 것들이 있을까? 차비는 얼마며 어떤 방법으로 지불할까? 각각의 공간에서 할 만한 일과 부적당한 일은 무엇일까?

이것은 매일 벌어지는 통근 전쟁 속으로 우리 팀이 들어갔을 때

비로소 떠올릴 수 있는 종류의 질문들이다. 연구 참여자들의 삶을 이해하는 데 이러한 질문들이 얼마나 중요할까? 대부분의 심층 인터뷰 동안 통근에 대한 이야기는 1~2분 정도밖에 하지 않는다. 하지만 도시의 통근 상황을 몸소 경험해봄으로써 사람들이 아침에 직장과 학교에 도착했을 때나 저녁에 집에 도착했을 때의 정신적·육체적 상태를 더 잘 이해할 수 있다.

사람들의 동기를 이해하려면 로스앤젤레스 근처 주간고속도로 405호에서 교통 정체로 30분을 허비했을 때의 마음 상태와 붐비기는 하나 효율성이 매우 높은 도쿄나 싱가포르의 지하철을 타고 갈 때의 마음 상태가 어떻게 다를지 생각해보라. 지하철 속에서는 비즈니스 회의를 계획하거나 전화를 하고 문자를 보내는 등 운전할 때는 불가능한 여러 가지 일을 할 수 있다. 따라서 이 두 가지 경우는 반대의 결과를 가져오는 전혀 다른 경험이 된다.

중국은 세계에서 제일 큰 자동차 시장으로 자리한 데다 꾸준히 성장하고 있으며 차량이 달팽이 속도로 가는 것이 이미 표준이 되었다. 중국에서 운전자가 디스플레이 장치와 상호작용을 하는 시간이 현저하게 길어진다면 차내에서의 경험이 어떻게 달라질까? 또는 직접 운전하고 주차하는 일이 너무 버거워서 성실한 운전사를 고용하는 것이 더 나은 상태에 도달하게 한다면? 혹은 옆 차량과 나란히 가게 될 때 운전자들이 유지하는 안전거리가 25센티미

터도 안 된다면? 주의를 기울여 관찰하며 직접 체험하다 보면 기회에 대한 아이디어가 마구 솟아난다.

## 여행의 허브, 공항으로 여행 가기
:

대합실을 지나다니는 다양한 무리의 사람들 덕분에 공항이나 기차역 혹은 시외버스 정류장 같은 장소는 직업적으로든 취미로든 사람 구경을 하는 이들에게는 인기가 좋은 곳이다. 이런 곳에서 흔히 볼 수 있는 다양한 사람들의 모습이나 폭넓은 패션 감각을 감상하는 것뿐만 아니라 그 지역 문화에 맞추어 자신의 눈금을 조정할 기회를 많이 발견할 수 있다.

시외로 가는 기차역은 큰 도시 어디에나 있고 유사한 활동이 이루어지기 때문에 국가별 문화를 비교하는 장소로 적격이다. 이러한 장소는 폭넓은 사회경제적 계층이 이용한다고 볼 수 있다(기차 여행은 바쁜 여행객들에게 빠르고도 여유로운 여행이 된다. 비행기를 이용하는 방법도 있지만 누구나 탈 수 있는 가격은 아니다). 여기에서 눈여겨볼 행동으로는 줄서기, 가게에서 사용되는 다양한 결제 방법, 여행을 위한 대중매체 오락물 판매와 소비, 음식과 음료에 대한 선호도, 대기실에서의 개인용 최신 전자 제품 사용 등이 있다.

가장 단순한 인프라 시설인 대기실조차 지역 문화에 대해 많은 이야기를 들려준다. 인도에는 남녀공용 대기실과 여성, 어린이 전용 대기실이 있는 반면 영국에는 모든 사람을 위한 하나의 대기실이 있다. 일본은 근처에 흡연자를 위한 대기실이 따로 있을 가능성이 높고, 평등주의가 지배할 것 같은 중국에는 세 개의 대기실이 있다. 하나는 누구나 사용할 수 있는 곳이고 또 하나는 군용이다. 세 번째는 VIP실인데 신용카드 회사나 은행이 고객을 위해 서비스로 제공하기도 하고 사용자가 스스로 입장료를 내고 이용할 수도 있다.

또한 이러한 장소들은 여행의 허브로서 테러리스트의 공격을 받을 가능성이 잠재하고 있기 때문에, 무장 경비대와 경찰견의 존재나 신분증 사용, 여행객 출입 제한, 오늘날 중국의 장거리 기차역에서 흔히 보이는 가방 검색대 등이 눈에 띈다. 이러한 모습을 관찰하면 보안이나 보안 연극(security theater, 실제로 보안을 강화하는 것이 아니라 보안이 되고 있다는 기분이 들게 하는 연극 같은 대책－옮긴이)에 관한 관습 및 기대치와 국민들에 대한 정부의 의심 수위를 알 수 있다. 여행의 허브는 이렇게 민감한 장소인 만큼 연구원이 재빨리 몰래 사진과 동영상을 찍는 연습을 하기에 안성맞춤이다. 가끔씩 체포될 경우 보안 당국을 상대로 협상 실습을 하는 기회도 얻을 수 있다. 지속적으로 폭탄 테러가 발생하는 나라에서는 보관함이나 휴지통, 혹은 분실물 보관소처럼 물건을 두는 시설이 없는 경우가 대다수다. 최근에 분리 독립한 남수단South Sudan의 주바Juba[2]를 빼면 세계에서 가장 편집 증세가 심한 도시는 뉴욕이라고 한다. 세기말부터 계속 전쟁에 참가한 나라의 최대 중심 도시라는 것을 생각해보면 별로 놀랄 일도 아니지만 말이다. 전 세계 어느 곳에서나 사람들이 보안의 이유에 동의하지 않는 경우가 많다. 그렇지만 그들은 표준에 금방 적응하게 되어 기회나 이상치를 포착하는 작업을 하기가 어려워진다.

여러 곳을 다니다 보면 다른 공항보다 더 흥미로운 공항들이 있다. 지금은 더 이상 사용되지 않는 두바이 공항 제2터미널은 카불, 키시, 칸다하르, 바그다드, 모가디슈 같은 곳으로 가는 비행기들이 드나드는 곳이었다. 이곳에는 늘 건장한 건설업자들, 비정부단체 직원, 현지의 부유한 비즈니스맨, 사기꾼 등이 체크인 게이트 근처에서 북적거렸다. 비행기가 지연이라도 되면 나는 회심의 미소를 지으며 관찰하고, 배울 멋진 기회를 즐기곤 했다.

## 미장원과 이발소가 검색창이 된다고?
:

동네마다 사람들이 모여서 어울리며 한담을 나누는 사교의 허브가 있다. 사회적 통화social currency를 거래하는 사회적 주식거래 시장이라고도 할 수 있겠다. 어디를 가나 주로 미장원과 이발소가 이러한 허브의 역할을 담당한다. 이곳들처럼 사회적 상호작용을 유발하도록 완벽하게 디자인된 장소는 찾아보기 힘들 것이다. 미장원과 이발소에서 손님들은 주로 앉아서 기다리기만 하면 된다. 이곳은 너무 조용하지도 너무 시끄럽지도 않을 뿐더러 주위를 살펴보고 사람들의 표정을 잡아내기에 딱 좋은 거울이 곳곳에 걸려 있다. 볼일을 마치는 데 짧게는 20분에서 길게는 두세 시간 정도 걸리므로 시간도 충분하다. 일단 서비스가 시작되면 미용사나 이발사와 손님과의 상호작용이 초점이 된다. 이 시간은 평소와는 달리 휴대전화로 방해를 받는 일도 거의 없다. 면도나 이발의 대가를 지불할 의향만 있다면, 손님용 의자는 여러분의 것이 되고 일단 그 자리에 앉기만 하면 대화를 이끌어나갈 권리가 여느 손님과 마찬가지로 주어진다. 이발소가 남자 손님을 대상으로 한다는 점만 제외하면 어느 누구나 입구로 들어와 서비스를 받을 수 있다. 나는 보통 면도를 빌미로 매일 다른 이발소에 가는데, 심지어 하루에 두 번 간 경우도 몇 번 있다.[3]

이곳에서는 대화를 통해 관광객이 꼭 가보아야 할 장소를 추천 받을 수 있을 뿐만 아니라 스포츠 이야기부터 이성을 꼬시는 방법이나 정부의 부정비리까지, 상상할 수 있는 온갖 주제에 관한 현지인의 태도를 탐구할 수 있다. 여기서 지역의 변화상에 대해 잘 아는 사람을 찾아 인터뷰할 수도 있고, 새로운 사회적 연결점social connector을 소개받을 수도 있다. 사용법과 인간관계가 장착된 동네 검색 도구라고 생각하시라. 새 면도날과 대화 주제만 챙기면 준비 완료. 가게로 가서 즐겁게 조사하고 나오라.

## 무례하게 행동하기?

:

한때 모자를 쓰지 않고서 공공장소로 가는 것은 신사가 할 짓이 아니라고 여기던 때가 있었다. 또 도시의 소음을 피해 헤드폰을 끼고 음악을 들으면서 길거리를 돌아다니는 행동이 해괴하게 생각되던 때도 있었다. 자질구레한 일상 대소사를 전혀 모르는 사람들과 공유한다는 발상 자체를 정신병의 징조로 여긴 시절도 있었던 것 같다. 하지만 사람들의 인식이 변함에 따라 사회 관습도 함께 변한다. 다만 특정 상황에서 어떤 관습에 따라야 하는지 늘 바로 알 수 있는 것은 아니다. 관습은 사회 계층, 집단, 시간, 장소 등에 따라 달라질 수 있고 관찰자의 문화에 따라 모순적으로 보일 수도 있기 때문이다. 예를 들어 술을 마시는 것이 어떤 맥락 속에서는 반사회적인 행동으로 여겨지는 반면, 다른 상황에서는 권하는 술을 받지 않는 것이 반사회적으로 여겨지기도 한다.

이러한 용납과 용납 안 됨의 경계를 직접 탐구하는 것은 무척 긴장되는 일이지만 지적인 재미를 주기도 한다. 그리고 특정 상품이나 서비스의 수용에 부정적으로 영향을 미칠 문제를 발견하고 해당 사회 관습의 유연성을 시험하는 데 훌륭한 도구가 될 수 있다. 무례하게 느껴질 수 있는 행동이 주는 모욕감이 클수록, 불문율은 엄격하고 완고해지는 경향이 있다.

1974년 스탠리 밀그램Stanley Milgram은 예일대 학생들과 함께 유명한 실험을 했다. 그들은 뉴욕 지하철에서 앉아 있는 승객들에게 다가가 자리 양보를 부탁하는 식으로 기존의 '선착순'으로 자리를 차지하는 불문율을 실험해보았다. 놀랍게도 부탁을 받은 승객들의 68퍼센트가 자리를 비켜주었다. 그런데 아이러니하게도, 이 실험에서 자리를 양보한 승객들보다 사회적 경계선을 넘어야 했던 실험자들이 더 힘들어했다. 그 경험을 떠올리면서 한 학생은 "토할 것 같았어요."라고 털어놓았다. 〈사이컬러지 투데이〉지와 인터뷰하면서 밀그램 박사는 실험 초반에 처음으로 불문율의 경계를 넘는 순간 자신이 느낀 깊은 불안과 불편함을 묘사했다. "말이 목에 걸려 도대체 나오질 않더군요." 자신을 추스르고 용기를 내어 자리 양보를 요구한 후, 그의 불안감은 수치심으로 변했다. "그 사람이 양보한 자리에 앉으면서, 나의 요구를 정당화해줄 행동을 하고 싶은 감정에 압도되었습니다. 나는 다리 사이로 얼굴을 파묻었고 내 얼굴이 백지장처럼 새하얗게 변하는 것을 느낄 수 있었습니다. 연기하는 것이 아니었어요. 정말로 죽을 지경이었습니다."4)

이 탓에 불문율을 깨는 것은 가끔 정서적 마조히즘emotional maso-chism같은 작용을 한다. 게다가 무장 경호대가 등장하는 등의 특수 고위험 상황에서는 안전을 크게 해칠 수 있으니 조심해야 한다. 어찌 됐든 관습을 깸으로써 공감적 이해empathic understanding를 깊이 얻을 수 있는 데다, 관습의 선을 넘는 행위가 미치는 영향을 테스트할 방법은 다양하다. 팀 내에서 역할극을 할 수도 있고, 현장에서 상황을 설정한다든지, 배움의 기회를 감지했을 때 즉흥적으로 개입할 수도 있다. 관습 위반의 예를 들자면 새치기한다든지, 엘리베이터나 기차처럼 낯선 이들과 함께 좁은 공간에 있을 때 휴대전화로 시끄럽게 떠든다든지, 식사하면서 돈뭉치를 테이블 위에 올려놓는다든지, 비디오 게임 선글라스처럼 잠재적 개발 가능성을 타진하는 단계에 작동도 되지 않는 시제품을 걸치고 공공장소를 돌아다니는 일 등이 있다. 물론 이 모든 예는 나와 팀원들이 최근 연구에서 실제로 했던 일이기도 하다.

## 맥도날드 매장에서 세계 여행하기

:

맥도날드에 가기 위해 지구를 반 바퀴 돈다는 것은 이 책의 정서와 모순되는 것처럼 보이지만 우리는 음식의 맛을 보러 가는 것이 아니라 현지 고객의 입맛을 보러 간다.

음식은 인간의 모든 활동 중에서 우리 정신세계에 가장 깊이 각인되어 있는 부분일 것이다. '정상적' 음식의 개념으로부터 그것을 요리하고, 구매하고, 먹고, 나누는 등의 행위까지 이 모든 것이 어릴 때부터 습득해온 다양한 가정에 문화적 뿌리를 내리고 있다. 그 산업의 특성 자체와 상업적 지속 가능성은 문화의 거대한 스펙트럼 전반에 걸쳐 각 시장의 다채로운 대중 감성에 호소하는 방법을 알아내는 능력에 따라 예측 가능하다. 다국적 레스토랑 체인점의 메뉴나 사업 관행에 대해 우리가 어떻게 생각하는지와는 전혀 관계가 없다.

따라서 세계적 체인점인 맥도날드는 문화적 눈금 조정을 위한 귀중한 참고점이 된다. 이곳에는 동네 젊은이들이 많이 드나들고 (유명 체인점은 글로벌 업체인데도 마치 지역 업체로 여겨지는 경우가 많다), 세계적으로 유명한 상품 중간중간에 그 지역 특유의 메뉴를 지역 정서에 맞게 광고하는 모습이 자주 보인다. 전 세계 3만 개 이상의 영업점이 있기 때문에 고객, 음식, 메뉴, 실내 분위기, 그 안팎에서 일어나는 행동 등 여러 가지 측면을 나라별로 비교할 수 있다. 실내 디자인을 살펴보면 다국적 브랜드가 상품을 특정한 환경과 문화에 맞게 재단하는 방법을 엿볼 수 있다. 선진국에서는 많은 패스트푸드 체인점이 저소득층이 드나드는 싸구려로 취급받는 데 반해, 개발도상국에서는 빵빵한 냉방 시설 등 고급스러운 시설에 깨끗한 화장실까지 갖춘 고급 레스토랑으로 간주되는 경우가 종종 있다.

뭄바이에 있는 맥도날드를 살펴보자. 파리에 있는 맥도날드와 비교해서 가장 큰 차이점은 메뉴의 절반이 채식이라는 점이다. 맥알루 티키McAloo Tikki는 감자나 완두콩 또는 빵을 주원료로 속을 만들어 빵 사이에 끼운 음식으로 판매 순위 1위다. 그와 더불어 닭가슴살 두 조각에 녹인 치즈와 상추와 토마토를 곁들여 빵 사이에 넣은 빅 마하라자 맥big Maharaja Mac 역시 그곳 맥도날드의 대표 메뉴라 볼 수 있다. 당연한 이야기겠지만, 소를 신성하게 여기는 힌두교도들과 돼지고기를 먹지 않는 이슬람교도들의 비율이 높은 국가에서는 포장지에 녹색 네모 속에 녹색 동그라미가 붙어 있는 채식 메뉴가 갈색 네모 속에 갈색 동그라미가 찍힌 육식 메뉴와 헷갈리지 않도록 정확하게 명시되어 있다.[4] 레스토랑에는 부엌이 두 군데로 완전히 분리되어 있어서 한 곳에서는 고기가 들어간 음식을, 다른 곳에서는 채식용 음식을 준비한다. 주방 용구와 직원까지도 따로 분리되어 있다.

맥도날드는 손님들이 많이 오는 패스트푸드점이기 때문에 거래 시간의 단 몇 초라도 아끼기 위해서 아예 처음부터 인프라에 투자한다. 그래서 그 지역 대중들이 가장 최근에 수용한 결제 방식을 그곳에서 구경할 수 있다. 레스토랑에 있으면 다양한 사람들의 모습과 분포 범위뿐만 아니라 현지 젊은이들이 지향하는 가치를 기업 차원에서 해석해 나타낸 이미지도 볼 수 있다. 중국에서 맥도날드에 갔을 때는 랩톱으로 사회적 교류를 하고 있는 미소 띤 청소년들의 사진 옆에 영어로 '현대적Modern'이라고 쓰여 있는 포스터를 본 적이 있다.

일본처럼 더 발전한 시장에서는 24시간 영업을 하는 맥도날드가 밤을 나는 노숙자들의 잠자리가 되기도 하고 새벽 버스를 기다리는 사람들의 쉼터가 되기도 한다. 커피 한 잔 값이면 방해받지 않고 테이블에 머리를 뉘일 수 있기 때문이다.

## 표지판에 숨은 비밀
:

표시물은 어디를 가나 볼 수 있지만 놀랍게도 그냥 지나치게 되는 경우가 많다. 그러나 도시 환경을 분석하려는 숙련된 관찰자에게는 표시물과 그것을 만들게 된 숨겨진 동기가 공공장소에서의 사회적 행동과 가치 갈등에 대해 많은 것을 말해준다.

도시의 표시물에는 여러 종류가 있다. 방향이나 거리 표지를 나타내는 표시물도 있고, 잃어버린 강아지를 찾는 자필 게시문 옆에 주운 열쇠의 주인을 찾는 공고가 나붙기도 한다. 그러나 현재의 사회적 규율이나 변화하는 규율을 가장 잘 나타내는 것은 '하시오'와 '마시오'로 끝나는 표시물이다.

지역 정부가 설치해놓은 공식적인 금지와 명령의 표시물은 지역 사회나 표시물을 만든 의사결정자가 선호하는 바가 현재 사람들의 행동과 부딪히는 갈등의 지점을 반영한다. '쓰레기를 버리지 마시오'라는 표시는 쓰레기를 버리는 지속적인 행동에 대한 명확한 반응으로 세계 어디를 가든 발견할 수 있다. 중국에서 흔히 보는 '폭죽을 터뜨리지 마시오'라는 표시물은 생일, 장례식, 개업식, 명절에 폭죽을 터뜨리는 오랜 풍습에 대한 반응이다. 이 풍습은 2009년 설날 축하 행사동안 베이징의 중국중앙텔레비전 방송국CCTV 건물의 일부가 불에 타는 사건 이후,[5] 화재의 위험 때문에 세밀하게 검토되어왔다. 폭죽 단속은 또한 건물들이 낮아 폭죽을 터뜨려도 소음이 소수의 주민에게만 영향을 미치던 시대에서 고층 아파트들이 많아지는 시대로 변화하면서 소음이 벽에 부딪혀 폭죽이 한 번만 터져도 수백 가구가 영향을 받게 되었다는 것을 암시하기도 한다.

표시물이 존재한다는 것 자체는 그것이 다루고 있는 문제가 무엇이든 간에, 어떤 권위를 가지고 있는 누군가가 시간과 에너지를 들여 관계자와 그 문제를 어떤 식으로 금지할 것인지 논의하고, 표시물 제작을 결재하고 실행하여 설치하는 수고를 할 만큼 중요한 사안이라는 것을 의미한다. 또 누군가가 어떤 장소에 표시물을 세울 수 있는 법적, 도덕적 권리를 가지고 있다는 사실은 누가 그런 일을 하도록 허용이 되었는지에 대한 기준과 가정을 드러내기도 한다.

대부분의 경우 이러한 표시물은 엄중한 지시를 내리고 행동을 통제하기 위해서 설치된 것이 아니다. 물론 정부청사에 앉아 있는 권위주의적인 도시계획부장은 그런 효과를 낼 것이라고 상상의 나래를 펼칠지는 모르겠지만 말이다. 이러한 표시물은 권력이나 존재감 부족으로 해당 행위를 통제하지 못하는 사람이 권위적으로 보이는 표시물이라도 집행자 역할을 해주기를 바라는 마음에서 세운 것이다. 지시 및 명령의 표시물은 보통 '보건부 장관'이라든가 '아무개 시장'처럼 직권자를 나타내는 문구가 끝에 따라붙는다. 시장님의 지휘 아래 개발된 찬란한 도시 시설들이 몽땅 도로가에 다 무너져 내려도 이런 표시물들은 영원하리라. 하지만 이런 지시나 명령 표시물에 신경을 쓰는 사람은 없다. 신경을 쓴 적이 있었더라도 이미 옛날에 한 번 읽은 후부터 계속 무시하는 버릇을 길렀기 때문이다.

반면 어떤 표시물은 법적 책임을 회피하기 위해 세워진다. '난간에 기대지 마시오' 같은 표시를 보자. 만약 여러분이 난간에 기대다가 떨어져 다리가 부러져도 건물주의 법적 책임이 줄어들거나 최소한 법정에서 그 표지판을 가지고 변론할 수가 있다. 에스컬레이터에 자주 보이는 '유아를 안고 타시오'나 '문에 기대지 마시오' 같은 문구도 이런 종류다.

캐나다처럼 공식 언어가 하나 이상인 나라에서는 공식 표시물에 들어가야 하는 언어가 헌법에 지정되어 있다. 표시물에 언어가 올라가는 순서는 어떤 언어가 더 많이 쓰이는가를 보여주기도 한다. 어떤 사회에서 이것은 매우 정치적인 문제다. 인도는 힌두어가 주된 공식어지만 영어가 부수 공식어로서의 지위를 누리고 있으며 아삼어, 벵골어, 지구라티어, 칸나다어, 카슈미르어, 말라얄람어, 마라티, 오리아어, 펀자브어, 산스크리트어, 신디어, 타밀어, 텔루구어, 우르두어와 같은 열네 개의 공식 언어가 더 있다. 특정 언어를 포함하는 표시물이 늘어난다는 것은 이주민이 늘어나거나 휴가지 선호도가 변화하는 것을 반영한다. 혹은 폐쇄적이었던 사회가 이방인을 받아들인다거나 두 지역 간의 교류가 점점 활성화된다는 의미일 수도 있다. 21세기 초에 들어 아프리카에는 중국어로 된 표시물이 점점 늘어났으며 베이징 지하철은 영어를 널리 사용하고 있다. 왼쪽에서 오른쪽으로 쓰는 서구식 표기법과는 반대로 오른쪽에서 왼쪽으로 쓰는 아랍어를 병기하는 것은 두 종류의 문화적 가정을 함께 수용하는 것이다.

그런가 하면 표시물에 사용된 언어가 작성자의 포부를 나타내기도 한다. 일본에서는 가게의 간판이 영어로만 된 경우가 있다. 영어를 사용하는 고객들을 위한 조치가 아니라 가게에 좀 더 국제적인 분위기를 내기 위한 것이다. 일본어를 한마디도 못하면서 일본어가 적힌 티셔츠나 소품을 착용하는 서양인에게도 비슷한 논리가 적용된다. 엉터리 한자를 문신하는 행동은 한자를 아는 사람들에게 유쾌한 웃음을 선사해왔으며 앞으로도 계속 우리를 즐겁게 해주리라. 또한 세계 여러 나라의 사람들이 중국 문화의 매력을 이해하게 됨에 따라 점점 더 많은 중국 디자이너들이 문화적 상징을 담은 상품을 내놓을 것이다.

문맹률이 높은 문화에서는 글을 읽을 줄 모르는 사람들이 표시물 대신 다른 사람들의 도움에 의존하기가 더 쉽다. 예를 들어 뉴델리에서는 문맹인 삼륜 택시 운전사가 자신이 잘 아는 지역을 벗어났을 때 차를 세우고 길을 묻거나 친구에게 전화할 확률이 높다. 문맹인을 위한 도시 표시물의 가장 포괄적인 예는 1968년 멕시코시티 지하철을 위해 랜스 와이먼Lance Wyman이 디자인한 픽토그램이다. 그 당시 멕시코는 문맹률이 매우 높았는데 그는 각 지하철역 근처에 있는 문화적·역사적 상징물을 사용하여 오리, 대포, 종 같은 간단한 그림문자로 지하철역을 표시했다.

어떤 표시물은 과학기술의 진화 과정을 보여준다. '휴대전화 사용 금지' 표시 그림은 처음에 모토로라의 일명 벽돌폰으로 시작되었다. 그것은 세월이 지나면서 노키아의 캔디바candybar 스타일로 바뀌었다가 애플의 아이폰으로 변화했다. 각 단계의 그림은 이전 그림에 비해 새롭게 보인다. 적어도 그 모양이 익숙해지고 이전의 아이콘이 사라질 때까지는 말이다. 이집트에 가면 아직도 돌리는 방식의 다이얼이 붙은 구식 전화기 그림이 전화 서비스를 해주는 곳에 붙어 있는 것을 볼 수가 있다.

가끔씩 공식 표시물이 저항의식을 은근히 내포하는 경우도 있다. 금지를 나타내는 표시물의 세부 표현에 지나치게 공을 들여 표시물이 전하는 메시지와 모순되는 경우다. 도쿄에서 본 '자전거 사용 금지' 표시판 중에서 고정기어 자전거 애호가가 전형적인 포즈를 취하는 그림이 있었는데 그림자처럼 나타낸 자전거는 기하학적 경륜競輪의 모양이며 불혼바bullhorn bar가 장착되어 있었고 브레이크가 없었다. 훈련된 눈에만 보이는 이러한 세부 사항은 다른 자전거 애호가 동지들에게 비밀스러운 고갯짓을 보내려는 도안 디자이너의 의도가 묻어나는 체제 전복적 윙크였다.

금지 표시물은 하위문화와 반反문화의 비밀 이야기를 들려주기도 한다. 도쿄의 작은 동네 공원에서 본 '골프 스윙 연습을 하지 마시오'라는 표지판은 그 공간에서 일어날 수 있는 그 행동의 위험성에 대해 경고한다. 또한 일본 중년층이 좋아하는 골프에 대해서 많은 것을 알려주기도 한다. 그 표지판의 존재는 그것이 금지하는 활동이 실제로 일어날 가능성을 시사한다. 일본의 국민운동이라고 볼 수 있는 야구도 공원 이용객들에게 위험할 수 있는데 왜 그 공원에 '야구 스윙 연습을 하지 마시오'라는 표지판은 없을까? 그 이유를 보자면 먼저 야구는 보통 지정된 야구장에서 한다. 또한 도쿄에는 골프 연습장이 동네마다 흔하긴 하지만 입장료를 받는 반면 공원은 공짜다. 물론 그 표지판 자체는 이러한 정보를 담고 있지 않지만 특정 표시물의 존재와 부재는 공공장소가 실제로 이용되는 현실과 그것이 어떻게 이용되어야 한다고 생각하는가 하는 당위적 가정에 대한 많은 정보를 준다.

인구 밀도가 높은 나라에서는 한 개인의 예의 없는 행동이 근처의 많은 사람에게 불편을 줄 수 있으므로 공중도덕의 규칙이 지나치게 자세히 명시되는 경우가 많다. 도쿄 지하철의 표시물은 상당히 자주 발생하여 공식적 제제가 필요한 일련의 행동을 알려준다. '금연 구역', '성추행 금지', '휴대전화 통화 금지', '음악을 틀지 마시오', '화장하지 마시오', '문이 닫힐 때 열차로 뛰어오르지 마시오', '바닥에서 자지 마시오', '음료 반입 금지' 등 다 쓰자면 끝이 없다.

표시물이 없다는 사실 역시 많은 것을 알려준다. 이란에서 현장 조사를 할 때 우리 연구팀은 테헤란 북부로 야간 산책을 나가서 공원을 거닐었다. 공원 전체에 표지판이라고는 단 두 개밖에 없었다. '마시는 물'과 약간 떨어진 곳에 있는 '마실 수 없는 물'이었다. 세계에서 가장 오지랖이 넓은 나라라고 할 수 있는 미국에서 그와 비슷한 공원은 금지와 명령이 담긴 온갖 규칙과 규정을 상세하게 명시한 표지판으로 넘쳐나는 경우가 많다. 그것이 어린이 놀이 구역이라면 더 심할 것이다. 이러한 종류의 공원 표시물은 그 도시, 그 지방, 그 나라의 규제 환경의 척도가 될 수 있다.

어느 것이 더 세련된 사회일까? 물리적이고 노골적인 표시물을 사용하여 규칙과 법규를 명시하는 나라? 금지와 허용에 대한 암묵적 약속이 사회의 짜임 자체에 내재하는 나라? 표시물의 부재는 과정의 부재나 사고의 부재, 혹은 결론의 부재, 아니면 법의 지배의 부재를 반증하는 것일까? 아니면 정반대일까?

많은 경우, 표시물은 최후의 수단이다. 즉 글로 지시하지 않고도 목표하는 바가 직관적으로 성취될 수 있게 효율적으로 계획될 수 있는(혹은 계획되었어야 할) 공간에 대한 각주 같은 것이다. 또한 도시 계획자, 건축가 및 디자이너는 사람들의 행동에 영향을 미칠 수 있는 신호를 포함한 토목공학적 재치를 발휘한다. 낮은 담의 가장자리나 건축물의 모서리에 사람들이 앉지 못하도록 뾰족한 꼬챙이를 줄지어 박아놓는다든지, 스케이트보드 선수들이 난간 위를 타고 내려갈 수 없도록 철구슬을 박아놓는다든지, 비둘기들이 많이 앉는 표면에 침을 박아놓는 것 역시 이러한 재치에 해당한다.

도시의 표시물을 제대로 보는 눈을 기르는 훈련을 하는 동안, 좀 더 디지털화된 미래에는 이것이 어떻게 진화할 것인지도 생각해보자. 우리가 점점 디지털 층을 켜켜이 만들고 우리를 둘러싼 세상에 겹쳐 씌운다고 상상해보라. 이론적으로 보았을 때, 그 층을 만드는 사람은 누구든지 공지사항이나 의견을 올릴 수 있고 이러한 층을 발견할 수 있는 사람들은 누구나 그것을 읽을 수 있게 된다. 그리고 정부기관이든 광고업자든 공지사항을 올리는 사람들이 고성능의 카메라와 센서로 지나가는 사람을 조사할 수 있다고 치자. 그러면 그들은 자신의 권력을 행사하기 위해 그렇게 수집한 자료를 어떻게 사용하게 될까? 만약 '금연 구역'이라는 표지가 여러분이 제일 무서워하는 권위주의적인 고교 수학 선생의 목소리와 이미지로 뜬다면 우리의 환경은 어떻게 달라질까?

## 자료 수집의 퀄리티는 공감각이 결정한다

:

디자이너들은 종종 차이트가이스트Zeitgeist에 발을 맞추어 나가야 한다고 말한다. 차이트가이스트란 직역하면 '시대정신'이지만 실제로는 문자적인 의미와 거리가 있다. 이는 동시대의 유행이나 스타일보다 훨씬 더 넓은 뜻을 담고 있는데 그것은 바로 분위기이자 정수다. 실력 있는 디자이너는 문화적 흡수를 통해 디자인이 차이트가이스트와 일치하는지 불일치하는지 직관적으로 판단할 수 있다.

내가 플라츠가이스트Platzgeist라고 부르는 것 역시 마찬가지로 동네든, 도시든, 지방이든, 국가든, 환경에 대한 완전한 감각을 말한다. 위에서 언급한 이 모든 기법은 의식적이든 무의식적이든 그러한 감각을 얻을 수 있도록 돕는다. 하지만 우리가 감각적 자극을 통해 그것을 포착한다면 실제적인 분위기가 담긴 데이터베이스를 만들 수 있다. 그리고 플라츠가이스트의 감각이 시간이 지남에 따라 희미해지고 난 후에도, 이 데이터베이스는 그 장소와 그곳의 정신으로 되돌아갈 수 있는 차표가 될 것이다.

매크로(즉 클로즈업) 카메라 렌즈를 통해 주변 환경을 포착하는 작업을 매크로 투어macro tour라고 부른다. 이 작업은 사물을 가까이에서 포착하고 경험함으로써 물체나 공간을 구성하는 질감, 색깔, 기하학 무늬, 풍기는 멋 등 문자 그대로 작은 것에 대해 생각할 수 있게 해준다. 매크로 렌즈는 사물을 그 맥락으로부터 떼어낼 수 있게 해주지만 포착한 이미지는 나중에 누적 효과의 느낌을 주는 다발로 묶어서 볼 수 있다.

매크로 투어는 동네 주변을 걸어 다니면서 할 수도 있고 편의점이나 버스 안 혹은 공원처럼 좀 더 제한된 공간에서 할 수도 있는데 여러 팀에 의해 수행될 때 가장 효과가 있다. 후속 회의에서 다른 팀이 찍은 사진들을 함께 모으고 정리하여 진열한 후 공유할 수 있기 때문이다. 매크로 사진촬영에서 고유한 세부사항과 피사계 심도depth-of-field는 또한 프레젠테이션이나 경험한 것을 정리한 자료나 동영상을 만들 때 훌륭한 재료가 된다.

매크로 투어의 또 다른 형태로는 초광각 렌즈를 사용하는 어안 투어fisheye tour와 한 장의 이미지 속에 가능한 가장 많은 환경을 포착하는 파노라마 투어panorama tour가 있다. 높은 해상도에 시야가 한정된 매크로 투어와는 대조적으로 어안 투어와 파노라마 투어는 배경이라는 큰 그림에 대한 자각을 고양시킨다. 이렇게 줌 렌즈의 확대와 축소로 생기는 대조는 플라츠가이스트를 흡수하기 위한 이상적인 관점을 제공한다.

이러한 활동의 목표가 배경 내의 감각적 경험을 포착하는 것인 만큼, 시각적 자극을 뛰어넘는 것을 도와준다. 물론 냄새나 맛이나 촉각적 경험을 기록하여 재생하는 것은 힘들 수 있지만(언젠가는 가능해지는 날이 올 것이다) 청각적 투어가 그 과정에 멋진 질감의 층을 더할 수 있다.

고요가 정말로 소리의 완벽한 부재인 경우는 거의 없다. 그저 우리의 귀를 훈련시켜서 주변의 소음을 차단하는 것뿐이다. 고급 녹음기는 떠돌아다니는 소리들을 잡아서 환경을 재상상할 수 있게 해준다. 굽 낮은 신발을 신은 통근자들 사이에서 들리는 하이힐 소리, 멀리서 아기가 우는 소리, 기계가 철거덕거리는 소리… 사무실로 돌아와서 녹음한 것으로 합성 작업을 하면 자료를 수집했던 환경을 재창조하고 팀원들의 감각적 기억을 되살릴 수 있으며, 또한 콘셉트 영상concept movies에 깊이를 더해줄 오디오 트랙을 제공할 수 있다.

## 쉬어야 할 때를 아는 것도 능력이다

:

이 장에서 개략적으로 설명한 문화적 눈금 조정 기법은 영감을 얻기에 좋을 뿐만 아니라 재미있다. 그러나 기업 리서치를 하게 되면 언제나 떠오르는 질문이 있다. 현실적으로 타당할까? 정식 연구 스케줄을 피해서 이 작업을 진행한다 하더라도 시간과 에너지라는 비용이 드는 것은 사실이다. 그러면 팀원들이 피곤해질 수도 있고 수면 부족[6]을 야기할 수도 있다.

그러면 현실성에 대해 이야기해보자. 예를 들어 특정 인구층에 맞는 전자레인지를 디자인한다고 상상해보라. 현지인의 통근 습관을 입체적으로 이해하는 것이 그러한 임무를 수행하는 데 어떻게 도움이 될까? 현지인들이 그 상품의 잠재 소비자라고 했을 때, 그들이 후다닥 먹을 것을 집어 들고 이동하면서 먹게 만드는 사회적 압력에 대한 명확한 통찰을 얻을 수 있다. 그 환경의 성문율과 불문율이 허용하는 것에 따라 공공연히 혹은 몰래 대중교통을 이용하면서 식사하는 모습을 보게 될 수도 있다.

넓은 의미에서는 이 기법이 소비자의 현재 생활과 그들이 원하는 삶의 모습, 또 그들이 직면한 일상의 장애물 및 편리함과 비용 사이에서 어떻게 균형점을 찾는지 등을 이해할 수 있게 도와준다. 소비자들을 직접 인터뷰하고 그들의 집을 방문할 때, 통근 및 다른 맥락적 활동들은 이야기에 대한 이해를 돕는다. 따라서 인구학적 자료로 얻어지는 정보로는 결코 알 수 없는 부분까지 다채로운 통찰이 가능해진다.

이러한 문화적 눈금 조정에서는 균형을 잘 맞추어 지나친 자극으로 느껴지지 않도록 하는 것이 중요하다. 적절히 이 일을 수행하기 위해서는 연구원들이 얼마나 흡수했는지 그리고 그 과정에서 얼마만큼의 에너지를 썼는지 부단히 확인해야 한다. 지나친 학습이라는 것은 존재하지 않지만(새내기 팀들의 경우 자료를 지나치게 많이 수집하는 경우가 있긴 하다) 무엇을 하든 하강 곡선이 시작되는 지점이 있다. 현명하고도 용감한 선택은 한 발짝 물러나서 보다 풍부한 결과를 산출하는 방법에 집중하는 것이다. 일주일 동안 밤 12시까지 일한 팀원들을 새벽 4시에 깨우는 것은 바람직한 일이 아니다.

종종 좋은 디자인 연구와 훌륭한 디자인 연구의 차이는 공식적 자료 수집과 비공식적 자료 수집의 올바른 균형점을 찾고 그것을 처리 하는 정신적·육체적 여유를 가지는 데 있다. 자료(처리되지 않은 정보)를 통찰력(그 자료를 현 과제에 설득력 있게 적용하는 능력)으로 전환하는 일이 이 작업의 본질이다. 더구나 대부분의 연구원은 공식적인 방법을 배우는 데는 문제가 없지만, 일한다기보다는 재미있게 노는 것 같은 활동이 지나치게 잦아지면 양심의 가책을 느끼는 경우도 많다. 나는 이것을 최적의 표면적surface area 찾기라고 부르는 데 책 뒤에 나오는 부록 '관찰 연구의 여덟 가지 원칙' 중 하나다.

가능성을 상상하는 우리의 능력은 경험에 의해 증폭된 지식과, 또 이 경험 중 어떤 것이 현 임무에 적용될 수 있는지 이해하는 능력에서 비롯된다. 새로운 사업을 시작하든 어떤 개별적 상품을 디자인하든 혹은 직업을 바꾸든 간에 신속한 눈금 조정 기법과 드러나 있어 보이지 않는 것들을 감지하는 능력은, 여러분이 목적지에 도달하는 데 유용한 도구가 될 것이다. 그것을 여러분의 삶과 일에 적용한다면 사람들을 설득하고 그들의 마음을 움직일 수 있으리라. 일단 이것만 깨닫고 나면 고객들의 지갑은 저절로 열린다.

# 06

## 무엇을 신뢰하고
## 무엇을 불신할 것인가?

1849년 7월 8일, 〈뉴욕헤럴드〉는 '우아한 외모'의 윌리엄 톰슨 William Thompson에 대한 기사를 실었다. 그는 뉴욕 거리에서 낯선 사람들에게 다가가 말을 걸어 가벼운 대화를 나누는 것으로 유명했다.[1] 가벼운 농담으로 사람들의 신임을 얻고 난 후, 그는 "선생님의 시계를 내일까지 저에게 맡길 만큼 저를 신용하십니까?"라고 물으며 말 그대로 그들의 신뢰도를 테스트했다. 그를 믿고 자신의 시계를 건네준 사람들이 꽤 되었던 모양이다. 톰슨은 시계를 받아들고 웃으면서 자리를 떴고, 시계 주인들도 웃으며 가던 길을 계속 걸어갔다. 피해자들은 이렇게 단도직입적으로 대담한 제안을 하는 친절한 남자라면 신뢰할 만하다고 생각했다. 물론 그들 중 톰슨이나 자신의 시계를 다시 본 사람은 아무도 없었다. 당시 110달러짜리 금시계를(2012년의 물가로는 3,000달러에 이른다)[2] 두 달 전 톰슨에게 빌려주었던 토머스 맥도날드가 길에서 우연히 그를 발견하고 재빨리 경찰에게 알려 체포될 때까지는 말이다.

이 기괴한 범죄행각에 대한 소문이 퍼지자, 톰슨은 신용 사기꾼Confidence Man으로 알려지게 되었고, 그의 이야기는 《모비 딕》의 저자 허먼 멜빌Herman Melville의 마지막 장편 소설 《사기꾼The Confidence-Man: His Masquerade》[3]의 모티브가 되었다. 또한 그의 별명 '신용 사기꾼'은 낯선 사람의 신뢰를 얻어 사람을 조종하고 이용하는 전문가들을 지칭하는 단어가 되었다.

함부로 타인을 신뢰할 때 겪을 수 있는 위험은 먼 옛날 뱀이 '어떤 동물보다도 더 간교하게' 에덴동산의 아담과 이브에게 사기를 쳤던 이야기[4]에서도 볼 수 있다. 인간 역사의 가장 초기에 나오는 이 교훈은 모든 인간 상호작용에 큰 영향을 주는 가장 기초적인 힘인 신뢰의 역할을 이야기하고 있다.

모든 사회관계와 사업 거래, 모든 표결과 조약, 모든 찬성과 반대 등 우리가 하는 모든 일에 신뢰는 필수적이다. 신뢰 없이는 사람이 살아갈 수 없지만, 어느 정도의 불신 없이도 살아남을 수 없다. 무엇이 신뢰할 만하고 불신할 만한 것인지를 감지하는 우리의 능력은 정교하게 연마된 개인적·문화적 정체성의 일부를 이룬다. 그리하여 우리는 지나치게 신뢰하는 사람들을 순진하다고 부르고 지나치게 불신하는 사람들을 피해망상이라고 놀리기도 한다.

2012년 맨해튼 거리에서 전혀 모르는 사람에게 3,000달러짜리 시계를 건네주는 사람이 과연 있을까? 더구나 말하는 뱀의 충고를 듣는 사람은 얼마나 되겠는가? "나는 나이지리아 왕자의 아들이며 귀하의 도움을 요청합니다."(몇 년 전 영어권에 많이 돌던 사기성 이메일-옮긴이)로 시작하는 이메일을 끝까지 읽는 사람이 몇 명이나 있을까? 우리의 기준은 시간이 흐름에 따라 변할 수도 있지만, 그 변화의 방식은 대규모든 소규모든 예측 가능하다. 그리고 이것을 가지고 우리는 지구 곳곳을 여행하면서 왜 사람들이 특정 물건, 사람, 브랜드 등을 더 신뢰하는지, 신뢰를 쌓고 유지하려면 무엇이 필요한지를 탐구할 것이다. 중국부터 시작하자.

## 중국의 길거리 만두와 미국의 스타벅스 커피 우유
:

한겨울의 대낮. 여러분은 전통적 회색 벽으로 둘러싸인 베이징의 한 동네를 바삐 걸어간다. 지독한 추위를 피해서 뭔가를 좀 먹을 수 있는 따뜻한 곳을 찾는 중이다. 내일은 도쿄에서 있을 홍보 회의에 참석하러 가야 하기 때문에 최상의 컨디션을 유지하고자 한다. 길거리에서 만두가 들어 있는 대나무 바구니가 층층이 쌓인 채 김을 모락모락 내면서 손짓한다. 그 옆에는 얼룩진 앞치마를 두르고 얼굴이 쭈글쭈글하고 피부가 거친 할머니가 있다. 이 노점에서 파는 만두가 먹어도 될 만큼 안전할까? 여기에 대한 판단착오가 어떤 결과를 가져올까? 각각의 상황을 입증할 증거는 무엇일까? 그러한 증거에 대한 자신의 평가를 신뢰하는가?

일주일 후 6,000마일을 날아서 여러분은 샌프란시스코에 있는 스타벅스 안에 서 있다. 손님용 카운터 위에는 '커피용 우유' 스티커가 붙은 용기가 있다. 스티커의 글씨는 흐릿하게 번져 있고 우유 용기에는 손가락 자국들이 선명하다. 여러분은 이 용기에 담긴 액체를 커피에 붓기 전에 그 앞에 서서 잠시 멈춘다. 얼마나 많은 사람들이 이 용기를 만졌을까? 그중에 화장실에 다녀와서 손을 씻지 않고 만진 사람은 몇 명이나 될까? 마셔도 안전할까? 각각의 상황을 입증할 증거는 무엇일까? 판단착오가 어떤 결과를 가져올까?

동네 만두 노점 앞에 서 있든 대형 커피 체인점의 커피 우유 용기 앞에 서 있든지 간에, 결정을 내리는 바로 그 순간에 여러분은 은연중에 혹은 의식적으로 크고 작은 모든 조건을 고려한다. 다른 손님들이 그 위험 부담을 떠안는지의 여부 같은 맥락적인 단서, 과거 비슷한 상황에서의 경험, 브랜드 가치와 그것이 상징하는 것, 일이 잘못되었을 경우의 결과 등 그 종류는 다양하다. 모든 시나리오와 모든 단서는 이 하나의 순간과 얽혀 있다.

신뢰 생태계trust ecosystem란 우리가 각각 신뢰나 불신의 결정을 내리는 맥락이다. 이것은 지역 범죄율, 시각 및 후각적 맥락, 낯선 이들의 친절도 등 주변 환경과 거기에 개입되는 모든 요소로 특징 지어진다. 신뢰 생태계는 그 속에서 벌어지는 모든 상호작용의 모습을 규정한다.

## 기업의 신뢰도를 결정하는 여섯 가지 요소
:

신뢰의 생태계를 탐험하면서 신뢰를 연구하기 전에 우리가 상품과 서비스의 신뢰도를 실제로 어떻게 평가하는지 살펴보자. 거기에 간단한 공식은 없다. 신뢰에 대한 결정은 무엇인가 수상하고 의심 스러우며 잘못된 것 같은 느낌이나 '바로 이거야' 하는 느낌 같은 애매한 감정 상태부터 경험에 의한 추측, 혹은 단순한 심리적 판단까지 다양한 것에 바탕을 둘 수 있다. 예를 들어 식당 리뷰 웹사이트에서 적어도 별 네 개 이상을 받은 곳이 아니면 식사하러 가지 않는 사람이 있다고 하자. 하지만 만약 식도락가인 친구가 포스퀘어 같은 소셜네트워크에서 예상 밖의 식당에 로그인을 해서 은연 중에 추천하면 그도 거기에 예외적으로 가볼 수도 있다. 이러한 형식의 경험적 추측이야말로 3장에서 다룬 한계치 수용 모델의 근간이 된다. 그와 더불어 사회관계망 내의 신뢰 생태계와 사회관계망 그 자체가 의사결정 과정에 미치는 큰 영향을 보여준다.

　이렇듯 신뢰에 대한 접근법 역시 매우 다양하다. 신뢰는 의사결정에 대단한 영향을 주지만 많은 양의 정보를 분석할 때 직관에 크게 의존하는 속성이 있다. 그래서 우리는 작은 세부사항 하나만 달라져도 불안해지거나 안심하게 된다. 그러나 합계(전체 신뢰 생태계)와 그것의 모든 구성요소(각각의 단서) 사이에서, 신뢰는 생존을 위한 특정 요소나, 기본적 자원을 유지하기 위한 마음에서 비롯된다. 좀 더 체계적인 설명을 위해, 우리가 신뢰의 정도를 가늠하는 여섯 가지 일반적 차원을 살펴보자. 진품성authenticity, 약속이행성fulfillment, 가치value, 안정성reliability, 안전성safety, 의존 가능성recourse이 그것이다.

어떤 제품이 우리의 기대에 부합하는 특성을 지니고 있을 때, 우리는 그것을 진품이라고 부른다. 그 '진품성'에 대한 평가가 주관적이고 문화 의존적이라 할지라도 말이다. 피자를 예로 들어보자. 뉴욕에 사는 사람에게 제대로 된 피자란 얇고 바삭한 식감을 가진 도우에 소스를 가볍게 두른 것이고, 시카고에 사는 사람에게는 두툼한 도우에 소스를 넉넉하게 뿌린 것이다. 그렇지만 그 두 도시 중 어디라도 식당 주인이 버터를 듬뿍 넣어 만든 패스트리에 케첩과 가공 치즈를 뿌린 피자를 내놓는다면 고객들은 그 식당과 그곳에서 자신들의 개념과 일치하는 '피자'를 먹을 수 있을 것이라는 믿음을 잃게 된다.

영국제 목재 착색도료 및 방부제 브랜드인 론실Ronseal의 약속이행성은 '제품이 약속하는 기능을 그대로 실현해내는' 좋은 표본이다. 우리는 기업이 표방하는 내용과 일치하는 제품을 신뢰하며 거기에 미치지 못하는 제품은 신뢰하지 않는다.

가치는 다른 제품과 비교했을 때 가격 대비 품질 수준을 말한다. 쉽게 말해서 우리는 '바가지 쓴 것' 같이 느껴지지 않는 제품을 신뢰한다.

안정성은 약속이행성과 비슷한 개념으로, 제품이 충분한 일관성을 가지고 기능을 발휘해서 그 제품이 가장 필요한 순간에 반드시 작동할 것으로 기대된다는 뜻이다. 안정성이 있는 제품은 내일도 작동하고 모레도 작동하고 그다음 날에도 작동할 것이다.

안전성은 이해하기 쉬운 개념이다. 신체적으로나 심리적으로 사람이나 환경에 심각한 해를 끼칠 것이라 여겨지는 제품은 신뢰하지 않는다.

마지막으로, 의존 가능성은 제품이 고장나면 생산자나 판매자가 신속하고 정중하게 문제를 해결해줄 것이라는 보장의 명시적·내포적 의미다. 명시적 의존 가능성에는 품질보증서, 고객센터 무료 전화, 교체 방침, 환불 보장 등이 있다.

신뢰의 여섯 가지 구성요소의 공통점은 무엇일까? 이들은 모두 과대광고 금지법, 불량품법, 위생안전법 같은 소비자보호법을 통해 표준화되고 법제화되어 시행될 수 있지만, 집행 법규와 집행 수준이 맥락마다 크게 달라질 수 있다. 전체 여섯 항목에 대한 개인의 주관적 평가가 과거의 경험과 그들이 접근할 수 있는 유효한 정보에 따라 달라지듯이 말이다. 그러한 법규들과 주관적 평가 사이에서 일련의 기대치가 형성되어 신뢰 생태계를 규정한다.

신뢰도가 높은 소비자 생태계에서 고객은 상인들이 안정적인 제품과 합리적인 가격이 매겨진 서비스를 제공할 것이라고 예상한다. 또한 그들은 과대광고를 보게 될 것이라는 우려가 낮고 동시에 신뢰에 큰 위반이 발생했을 때 정부나 배심원들이 든든한 의지가 될 것이라고 생각한다. 한편, 신뢰도가 높은 생태계에서 상인들은 소비자들이 자신들의 상품과 홍보 내용을 그대로 여과 없이 받아들여줄 것이라 기대한다. 반대로 신뢰도가 낮은 소비자 생태계에서 고객들은 대부분의 상품에 대해 훨씬 더 미심쩍게 생각하며 법적인 안전장치가 없는 것에 대해 불안해한다. 상인은 신뢰성을 입증하는 부담을 오롯이 다 떠안게 되는 한편, 벌금이나 소송 걱정 없이 하고 싶은 대로 할 수 있다는 사실도 안다. 당연한 말이지만, 높은 신뢰 생태계와 낮은 신뢰 생태계에 있는 소비자들은 기본적으로 매우 다른 가정을 한다. 전자에서는 위험 신호가 켜질 때까지는 모두 믿을 만한 반면, 후자에서는 걱정이 누그러들기 전까지는 모두 수상하다.

우리는 이러한 기본 가정을 신뢰 한계치 맵의 각기 다른 시작점으로 생각할 수 있다. 신뢰 한계치 맵에서 최저 한계치 아랫부분은 거부의 영역이고 최대 한계치 윗부분은 절대적인 믿음의 영역이며 그 사이는 적당한 신뢰의 영역이다. 거부의 영역에서는 소비자가 예전의 상품이나 서비스를 사용하는 것을 거부한다. 왜냐하면 돈, 건강, 명예 등 소비자가 구매 시 중요하게 생각하는 가치를 기준으로 보았을 때 혜택이 비용에 미치지 못한다고 생각하기 때문이다. 적당한 신뢰의 영역에서는 어느 정도 소비할 의향이 있지만 회의적인 마음도 동반하기 때문에 잠재적으로 거래가 깨질 수 있는 문제에 대해 경계를 게을리하지 않는다. 절대적인 믿음의 영역에서는 제품이나 서비스에 대한 모든 약속이 이행될 것이라고 소비자가 100퍼센트 확신하기 때문에 하자를 찾거나 만약의 경우를 대비하는 데 에너지를 낭비할 필요가 없다.

앞에서 소개한 베이징의 만두 노점상과 샌프란시스코의 우유 용기 시나리오로 다시 돌아가 보자. 국제적인 기준으로 보았을 때, 중국은 소비자의 신뢰 수준이 낮은 생태계이며 특히 음식에 관해서는 더 심하다. 매년 시시때때로 오염된 음식에 대한 뉴스가 끊이지 않는다. 젤라틴과 파라핀에 화학약품을 섞어서 만든 가짜 달걀부터[5] 양고기 냄새와 맛을 내기 위해서 양의 오줌에 절인 오리고기,[6] 산업용 주방이나 시궁창에서 채취해 재활용한 일명 '시궁창 기름'이라고 부르는 포화지방 덩어리까지 종류도 다양하다. 한계치 맵이 고스란히 거부의 영역에서 시작될 가능성이 매우 높다.

그렇다면 식당 주인이 잠재고객을 어떻게 충분한 신뢰의 영역으로 이동시킬 수 있을까? 실내장식을 바꾸고 메뉴를 새로 짜거나 높은 별점을 받은 리뷰를 신문에서 오려 붙일 수도 있고, 심지어 좀 더 고급 식당처럼 보이도록 가격을 올릴 수도 있다. 혹은 원재료와 접시에 오르는 음식 사이의 직접적인 연관성을 확립할 수도 있겠다. 예를 들어 닭요리가 몸통, 발, 날개, 머리 등 머리부터 발끝까지 (중국에서는 닭발을 별미로 여긴다) 온전히 다 나온다면[7] 고객은 닭이라는 것을 쉽게 알 수 있다. 낮은 신뢰 생태계에서 도살된 동물과 접시 위에 오르는 음식 사이에 보이는 외양의 차이는 높은 신뢰 생태계보다 일반적으로 더 적다.

이제 샌프란시스코에 있는 스타벅스로 가보자. 국가적·지역적·도시적 차원에서 비교해볼 때, 미국은 높은 소비자보호 기준이 갖춰져 있으며 또한 그것이 상당히 잘 집행되고 있는 곳이다. 그뿐만 아니라 여기는 기업의 안전 기준이 잘 확립된 곳이기도 하다. 이 환경에서는 스타벅스 매장의 다른 모든 것이 그러한 안전 기준에 부합하는 한, 커피 우유 용기는 전적으로 안전하다는 것이 기본 가정이 된다. 그러나 부주의한 직원이 쏟아진 우유를 닦지 않고 내버려 두었다든지 우유 주변에 파리들이 날아다니는 등 위생에 대한 적색 신호가 보이면 그것을 소비하는 것에 대해 다시 생각해볼 것이다. 이 경우 그곳에서 파는 커피의 진품성에 대해(정말 공정 무역 커피일까?),

약속이행성에 대해(디카페인 커피를 시키면 진짜 카페인 없는 커피를 줄까?), 가치에 대해(이것이 3달러의 가치가 있을까?), 안정성에 대해(어제 마셨던 커피처럼 맛이 좋을까?), 안전성에 대해(커피를 들고 주차장까지 걸어가는 동안 뚜껑이 그대로 닫혀 있을까 아니면 내용물이 쏟아져서 화상을 입게 될까?), 의존 가능성에 대해(만약 커피 맛이 이상하면 새로 한 잔을 더 주거나 환불해줄까?) 심사숙고할 것이다. 그러나 스타벅스는 이러한 기준을 놓고 생각했을 때 일반적으로 신용 있는 브랜드로 간주된다. 따라서 간판에 쓰인 상호명 자체가 경험에 의한 추측이 되어 고객들이 정신적 에너지를 쏟을 필요 없이 믿음을 갖고 선택할 수 있도록 해준다.

## 유명 브랜드의 허와 실

:

브랜드는 신뢰의 생태계에서 분명한 역할을 한다. 널리 알려진 브랜드의 신제품을 접할 때마다 그 제품에 대한 우리의 기본 신뢰 수준은 그 브랜드에서 나온 다른 품목을 사용하면서 겪은 경험에 의해 형성된다. 브랜드에 대한 신뢰 수준은 브랜드 충성도 및 그것과 연결된 긍정적인 이미지와 강한 상관관계를 보인다. 이 두 가지는 브랜드의 시장점유율을 높이고 회사가 가격을 높일 수 있는 능력[8]을 제공한다.

  브랜드에 대한 신뢰는 또한 사람들이 그 브랜드에 관한 정보를 믿고자 하는 의사에 영향을 끼친다. 에델만 신뢰도 지표조사 Edelman Trust Barometer에 따르면 신뢰도가 높은 회사의 경우, 그 회사에 대한 긍정적 정보를 한두 번 듣게 되면 그것을 믿겠다는 사람들이 51퍼센트를 차지했다. 반면 부정적인 정보에 대해 처음 한두 번 듣고서 그것을 믿겠다는 사람은 25퍼센트에 불과했다. 그러나 회사의 신뢰도가 매우 낮을 경우, 57퍼센트가 그 회사에 대한 부정적 정보를 한두 번 듣게 되면 그것을 믿겠다는 답변을 한 데 반해 긍정적인 정보에 대해서는 겨우 15퍼센트만이 믿을 의사를 내비쳤다.[9] 신뢰는 브랜드에게 큰 자산이 될 수 있지만, 불신은 그보다 더 큰 타격을 줄 수 있다.

브랜딩branding을 진품성, 약속이행성, 가치, 안정성, 안전성, 의존 가능성의 여섯 가지 차원으로 생각해보면, 유명 브랜드 네임을 확립함으로써 얻을 수 있는 주요 혜택을 발견할 수 있다. 코카콜라를 지금의 코카콜라로 만든 일관성은 다음과 같은 사실을 암시한다. 첫째, 코카콜라는 언제나 고객이 알고 있고 예상하고 있는 맛을 낸다는 점에서 진품성이 있다. 둘째, 예전에 그것을 마셨을 때의 효과를 고객이 알고 있고 또 그 기대 효과를 다시 느낄 수 있다는 점에서 약속이행성이 있다. 셋째, 닻 내리기 효과anchoring effect[10]로 알려진 인지 편향 덕분에 예전에 코카콜라 한 병을 1달러를 주고 샀으므로 다음에 살 코카콜라 한 병 역시 1달러의 값어치를 할 거라는 느낌을 지속적으로 자아낸다는 점에서 가치가 있다. 넷째, 앞에서 언급한 것처럼 코카콜라는 언제나 같은 맛을 낸다는 점에서 안정성이 있다. 다섯째, 여태껏 코카콜라를 마셔서 안전에 위협을 받은 적이 없으므로(요즘 많이 보도되는 청량음료 장기 음용 시 생기는 건강 문제를 제외한다면[11]) 다음번에 그것을 마실 때도 안전하리라고 기대할 수 있다는 점에서 안전성이 있다. 브랜드가 이러한 일관성을 유지할 수 있다면 의존 가능성은 그다지 필요가 없어진다. 왜냐하면 이론적으로 그러한 일련의 가정들이 절대적인 믿음[12]을 불어넣어서 의존 가능성에 대한 생각을 고객의 머릿속에서 사라지게 만들기 때문이다.

소비자가 특정한 브랜드를 신뢰한다는 점을 고려해보면 경쟁사들이 제품을 더 많이 팔기 위해서 기존의 브랜드를 베끼고 표절하거나 패러디하는 모습이 많이 보이는 것도 놀랄 일이 아니다. 선글라스와 휴대전화의 경우 시장에 나와 있는 다른 제품들과 기가 막힐 정도로 비슷하게 디자인된 모조품에 가까운 제품을 흔히 마주친다. 회사나 소비자들이나 사법당국에서 사용하는 '가짜'의 정의가 늘 같지는 않다. 하지만 수상쩍은 장소에서 특정 브랜드명을 발견할 때 우리 모두의 머릿속에 떠오르는 단어는 크게 다르지 않을 것이다.

가장 충격적인 예는 카불에 있는 KFC 매장에 갔을 때다. 그곳은

KFC 특유의 빨간색과 흰색이 조합된 간판에 샌더스 대령의 낯익은 얼굴이 보였고 전형적인 튀김 냄새가 나는 등 진짜 KFC 같은 외양과 냄새를 풍기고 있었다. 그러나 KFC의 모회사인 얌!Yum!의 공식 체인점은 그 나라에 하나도 없었다. 현지의 사업가가 그 브랜드의 이미지를 복사해 자신의 영업장을 차린 것이다. 그리고 브랜드명을 카불 프라이드 치킨KFC으로 바꾸었다. 전쟁으로 폐허가 된 나라에서 누군가가 패스트푸드 영업점 전체를 역설계할 수 있다는 것 자체만도 놀라운 일이다. 그러나 내 관심을 제일 끈 것은 단지 다른 나라에 존재하는 브랜드를 모방하는 것에 그치지 않고 현지의 기준에 맞춰 변형했다는 점이다.

진짜 KFC 영업점으로 들어가면, 식재료로 사용된 동물의 모습을 메뉴나 간판에서 찾아볼 수 없다. 높은 신뢰 생태계에서는 패스트푸드 회사들이 고기를 얻는 동물과 접시에 올리는 음식들 사이의 거리를 가능한 한 멀게 만든다. 그러나 카불에서는 사정이 다르다. 간판에 하나 추가된 항목은 매우 사실적인 닭의 사진이었다(물론 메뉴에 케밥이 추가된 사실이 여기가 진짜 KFC가 아니라는 단서가 될 수도 있겠지만, 우리가 5장 맥알루에서 본 것처럼 패스트푸드 회사는 종종 현지 입맛에 맞게 메뉴를 조정하기도 한다). '닭고기'가 진짜 닭이 아닐 수도 있는 나라에서는 소비자들에게 원재료를 재확인시켜줄 필요가 있다.

이 특정 신뢰 생태계의 맥락에서 진품성은 판매하는 음식(이 경우는 닭고기가 되겠다)과 원재료 사이의 직접적인 관계가 확립되느냐에 따라 좌우된다. 즉 그들이 판매하는 음식이 진품임을 보여줌으로써 신뢰가 생겨나는 것이지 그 식당 자체가 KFC 본사가 인정하는 공식 체인점인지는 중요하지 않다.

만약 켄터키에 있는 KFC 영업점에서 카불 프라이드 치킨집에서 하듯 살아있는 닭의 사진을 게시하고 케밥을 판다면, KFC 단골손님들이 그 브랜드로부터 기대하는 바와 지나치게 차이가 나게 되어 소비자들이 그 브랜드에 대해 가졌던 신뢰를 잃을 것이다. 코카콜라에서 뉴코크New Coke를 시장에 내놓는 오류를 범했던 경우에서 보듯이, 진품성의 여부는 소비자들이 결정한다. 라이프세이버 Life Savers 사탕의 이름을 딴 라이프세이버 소다Life Savers soda, 콜게이트Colgate 치약회사에서 만든 즉석 음식, 근육통에 좋은 벤게이Ben-Gay 연고 회사가 만든 아스피린, 볼펜 회사 빅Bic의 속옷, 권총회사 스미스 앤드 웨슨Smith and Wesson의 산악자전거 등을 생산한 사람들에게 물어보라. 이 상품들은 모두 브랜드 인지도가 높지만 실패한 경우다.

## 우유에 코를 대고 킁킁거려보는 단계
:

대학을 갓 졸업하고 나서 나는 영국 런던대학교 버크벡 단과대에서 디자인 과목을 가르쳤다. 그때 웹디자인학과 학생들에게 내준 숙제 중 하나가 차 한 잔을 준비하는 익숙한 작업을 단계별로 분석하는 것이었다. 이 숙제는 학생들이 전자상거래 같은 과정을 설계하는 데, 그 단계마다 숨은 의미를 생각해볼 수 있도록 하는 것이 그 의도였다. 대부분의 학생이 차를 준비하는 과정의 단순한 흐름을 잘 짚어냈다. 부엌으로 들어가서, 주전자에 물을 붓고, 가스레인지에 불을 켜고, 주전자를 불 위에 올려놓은 다음, 여러 종류의 차중에서 특정한 한 가지를 고르는 등 나머지는 말하지 않아도 다들 이해하시리라. 주전자의 물을 끓이기 전에 티포트에 차를 넣을 것인지 말 것인지, 어떤 종류의 차를 사용할 것인지(중국과 인도로 가서 같은 질문을 던진다면 현지인들의 대답은 매우 다를 것이다), 전기 주전자를 사용할 것인지 가스레인지를 사용할 것인지, 설탕을 넣을 것인지 말 것인지에 대해 다양한 의견이 나왔다.

그런데 이미 언급된 단계 이외에 더 추가할 다른 단계가 있는지 묻자 한 학생이 손을 들더니 평범한 기준에 벗어나기는 하지만 전적으로 합리적인 말을 했다. "우유에 코를 대고 킁킁거려보는 단계가 있습니다." 그는 혼자 사는 총각으로 집에서 보내는 시간이 거의 없었고 장을 보는 일이 드물었다. 그 결과 우유가 다 마시기도 전에 상하는 일이 허다했다. 따라서 이 학생이 우유 냄새를 맡아보는 것은 그것을 마셔도 될지 나름대로 확인하는 방법이었던 것이다.

다시 스타벅스 이야기로 돌아가 보자. 다국적 브랜드 영업점에서 우유 냄새를 테스트하는 것과 집에서 하는 냄새 테스트의 차이는 무엇일까? 스타벅스 매장에서는 위생 검사관의 평가가 문에 붙어 있고, 우유 용기 바깥 부분에 물방울이 맺힌 것으로 보아 냉장고에서 이제 막 꺼내온 것으로 보이며, 분주하게 움직이는 직원들이 일정한 간격을 두고 우유 용기를 새것으로 교체하는 모습이 보이는 등 우유를 믿어도 된다고 소비자에게 신호를 보내는 수십 개의 지표가 있다. 그러나 집에서의 유일한 지표는 우유갑에 찍힌 유효기간밖에 없다. 유효기간은 어느 정도 신뢰감은 줄지 몰라도 우유가 그 기간 전에 절대로 상하지 않는다는 보장을 하진 않는다.[13]

살다 보면 냄새 테스트를 하는 일이 자주 있다. 어떤 제품이나 서비스를 소비하거나 이용하는(혹은 어떤 사람과 교류할 때도) 결정적인 단계에서 과연 신뢰할 만한지 재확인을 위해서 하는 일들이 여기에 해당한다. 좋은 디자이너, 상품 개발자, 마케팅 담당자 등 각종 혁신에 관련된 사람들이라면 소비자들이 어떤 신뢰 생태계에 속하는지, 그리고 어떠한 긍정적 단서들이 신뢰를 강화하고 우려를 잠재우는지 반드시 알아야 할 것이다. 소비자가 단순히 차 한 잔을 끓이든 인터넷에서 가계부 정리를 하든 말이다.

제품과 서비스를 신뢰할 수 있을 것이라는 기대가 기본치가 되는 높은 신뢰 생태계에서 신뢰 지표는 진품성, 약속이행성, 안정성,

의존 가능성을 통해 이미 존재하는 신뢰를 유지하고 지탱하는 역할을 한다. TV 광고에서는 쉐보레Chevrolet가 '자동차의 본질'이라고 재차 약속한다. 만약 운전 시 무슨 일이 생겨도 언제든지 여러분을 구해줄 온스타OnStar가 있으니까.

불신이 기본값이 되어 상인들이 잠재고객에게 자신의 상품이 믿을 만하다는 것을 증명할 필요가 있는 낮은 신뢰 생태계의 소비자들에게는 신뢰 지표가 잠재고객들을 거부의 영역에서 충분한 신뢰의 영역으로 당겨오도록 디자인되어 있다. 이러한 지표들은 안전성과 가치를 다루는 경우가 많다. 한 달 치 월급을 들여서 휴대전화를 샀는데 알고 보니 생각했던 브랜드가 아니면 낭패다. 하지만 한 달 치 월급을 쏟아부은 휴대전화가 아예 작동이 안 된다든지 심지어 감전의 우려까지 있다면 그건 훨씬 더 큰일이다.

이러한 경우를 방지하기 위한 냄새 테스트sniff test는 약간의 재치만 있으면 가능하다. 중국 충칭에서는 공공장소에서 침을 뱉는 행위[14]가 아직도 비교적 흔하게 일어난다. 그래서 택시 운전사들은 안전과 직결되는 청결에 대한 신뢰 지표로 시트커버를 주로 사용한다. 가장 믿을 만한 택시들을 보면 앞자리 시트커버 뒷면에 아예 그날에 해당하는 요일이 찍혀 있다. 그렇다고 해서 다른 택시 운전사들이 시트커버를 매일 갈지 않는다는 말은 아니다. 단지 그 사람들은 고객들에게 직접 그 사실을 알려 재확인시키는 데 같은 수준의 노력을 들이지 않는다는 말이다.

2009년의 통계에 따르면 우간다와 아프가니스탄은 인구의 각각 9퍼센트와 15퍼센트만이 전기를 사용할 수 있다.[15] 그래서 많은 휴대전화 사용자가 시장에 가서 자동차 배터리나 다른 전력 공급원이 있는 가게 주인에게 약간의 수수료를 지불하고 전화를 충전한다. 하지만 그 가게 주인이 전력이 다 소모된 전력원으로 사기를 치는지 어떻게 알겠는가? 전기가 닿지 않는 아프가니스탄의 동네에서는 상인들이 전력 공급원에 전구를 달아서 불빛을 통해 신뢰를 얻으려 한다. 그래도 휴대전화를 가게에 맡겼다가 다시 찾으러 올 때까지 전화기가 무사할 것이라고 어떻게 믿겠는가? 나는 우간다에서 노점상 주인들이 전화기를 보안 연극 같아 보이는 작은 금고에 보관하는 것을 보았다. 물론 여느 보안 연극이 그렇듯이 절도에 대한 철통같은 보안은 아니지만 그래도 고객들의 마음을 편안하게 해준다.

서비스 상품의 경우 냄새 테스트를 서비스 디자인과 설계 구조안에 직접 포함해놓는 경우가 가끔씩 있다. 중국의 이베이eBay라할 수 있는 타오바오Taobao는 낮은 신뢰 생태계에서 운영되는데 온라인상의 신뢰도는 심지어 더 낮다. 이베이와 타오바오를 비교했을 때 가장 큰 차이점은 타오바오의 경우 전용 채팅방이 있어서 판매자와 구매자가 실시간으로 흥정도 하고 서로 냄새 테스트를 할 수 있다는 부분이다. 그와 더불어 타오바오는 고객이 물건을 받고 거기에 만족할 때까지 지불 금액을 에스크로 계정escrow account에 넣어둘 수 있다. 이것이 본질적으로 의미하는 것은 타오바오가 단지 상거래만 중재하는 것이 아니라 판매자와 구매자 간의 신뢰 관계도 중개한다는 사실이다. 중국 시장에서 이베이가 참패하고 타오바오가 압승한 이유는 바로 이러한 차이점에 있다.

물론 제품과 서비스에 대한 믿음을 심어주는 데는 이보다 훨씬 더 은근한 방법도 있다. 색깔, 질감, 글자 스타일, 모양, 크기, 부피, 무게 같은 모든 디자인적인 단서들은 상품이 약속대로 모든 것을 이행할 것이라는 신뢰를 구축하는 데 큰 역할을 한다.

다음에 전자제품이든 치약이든 무엇인가를 사러 나갔을 때 머릿속으로 이런 연습을 해볼 것을 권한다. 같은 범주에 들어가는 제품 두세 가지를 잠시 살펴보고 왜 어떤 것을 다른 것보다 더 신뢰하는지 생각해보자. 브랜드명 때문일까? 이 제품을 썼던 과거의 경험을 바탕으로? 아는 사람이나 언론 매체나 광고를 통해 들은 이야기 때문에? 포장의 디자인 때문일까? 가격? 매장에서 제품의 진열 위치가 좋다든지 눈에 띈다든지 가게에서 그 물건을 취급하는 방식 때문에?

이번에는 '잘못된' 선택으로 인해 기대하던 바와 구매한 물건 간에 대단히 큰 격차가 발생한 경우 그것이 초래할 결과를 고려해보

자. 사기를 당한 기분이 들까? 아니면 바보같이 당했다는 점이 창피할까?(그리고 그 창피는 물건을 산 본인이 느껴야 마땅한 것일까? 아니면 이 물건을 추천한 동료들? 또는 그 물건을 판 가게 점원?) 물건을 반품한다든지 고객센터에 연락하는 등 의존 가능성에 기대보려는 시도를 하겠는가? 새로운 불신의 경험을 다른 이들과 나누려고 애쓰겠는가? 아니면 그냥 자신의 실수라고 생각하고 다음번에는 다른 선택을 하겠는가? 이러한 결과를 증폭하거나 경감해줄 수 있는 맥락이나 환경이 있는가?

이런 결과를 평가하고 나서 더 신뢰할 수 있는 제품을 사기 위해 기꺼이 지불할 상대적 가격을 생각해보자. 어느 정도의 신뢰면 충분하고 어느 정도면 과하다 싶을까? 신뢰를 얻으려고 지나치게 애쓰는 상품에 어떻게 반응하겠는가? 예를 들어 최신 스마트폰처럼 고급스럽게 포장된 여섯 개들이 스펀지 수세미에 구매자의 개인정보를 등록해야 하는 품질보증서가 들어 있거나, 수세미에 이상이 있을 경우 브랜드의 본사 직영점으로 가서 즉시 교환이 가능하다는 문구가 붙어 있다면 어떨까?

이 연습을 조금 더 심도 있게 하고 싶다면 해당 제품의 신뢰성을 4장에서 다루었던 빌과 볼런의 기술 확산 과정에 적용시켜 인식, 관심, 평가, 시행, 수용의 각 다섯 단계와 그 후 사용기간 동안 어떻게 평가할 것인지 생각해보면 된다.

마지막으로, 사용기간 말기의 신뢰 문제와 제품이 언제까지 유효하고, 언제쯤 다 소모되며, 언제부터 효용성을 잃는지를 표시해주는 디자인적 요소가 있다. 냄새로 우유를 테스트했던 그 학생처럼 우리는 물건의 맛이 갔을 때(반드시 문자 그대로의 의미가 아니더라도) 감각을 이용해 그것을 알아차릴 수도 있다. 또한 자동차 브레이크 마모 센서나 연료용 가스 누출 시 쉽게 알아차릴 수 있도록 주입한 냄새처럼 제품에 내장된 경고 장치가 감각적 요소를 이용하는 경우도 많다. 하지만 유효기간이 훨씬 지났는데도 음식이 상하지 않거나 교체할 시기라고 표시되는 칫솔이 여전히 말짱하면 메커니즘이 긍정 오류로 인식될 수 있다. 그러면 우리는 그 메커니즘 자체에 대한 믿음을 잃게 되고 그것을 아예 무시하게 된다. 나중에 기회가 된다면 제품의 신뢰성을 비교하면서 제품에 냄새 테스트 기능이 내장되었는지 살펴보고, 그것이 어떤 냄새 테스트인지 생각해보라. 그다음 이러한 메커니즘을 개발하는 방법뿐만 아니라 실제로 거기에 주의를 기울이게 하는 방법을 고민해보라.

우리 모두는 소비자들이다. 이 연습을 통해서 우리가 가진 선택 사항들을 고려한다면 우리의 소비 선택 뒤에 숨어 있는 이유에 대한 통찰을 얻을 수 있다. 소비자들이 사랑까지는 아니더라도 충분히 신뢰하고 사용할 제품과 서비스를 시장에 선보이고자 하는 사람이라면 이러한 질문에 대해 체계적으로 접근해야 이해가 가능할 것이다.

지금쯤, 거래가 이루어지는 상황부터 제품의 브랜드, 디자인, 외양에 이르기까지 사실상 소비자 환경의 모든 면에서 신뢰가 영향을 주고받는다는 것이 분명해졌으리라. 이 주제에 대해서 수백 권의 책이 쓰였고 앞으로도 계속 쓰일 것이다. 따라서 나의 목적은 신뢰 관계의 모든 측면을 도식화하는 것이 아니라 그것에 접근하는 새로운 각도 몇 가지를 제공하는 것이다. 그리고 가장 헷갈리고도 흥미로운 내용으로 이 장의 마지막을 장식하고자 한다. 그것은 바로 어떻게 거짓과 사기와 도둑질을 바탕으로 시장 전체가 성립되는지, 또한 신뢰의 불문율을 깨뜨렸음에도 번성할 수 있는지에 대한 이야기다.

## 찝찝하지만 도움이 되는 짝퉁의 번영

:

중국 쓰촨성의 성도인 청두成都에 대해 자주 들어볼 기회는 없을지 몰라도 이곳은 인구 1,400만이 넘는 중국 대도시 중 하나다.[16] 2006년 겨울에 그곳으로 여행을 갔을 때 나는 함께 여행한 친구와 뒷골목을 돌면서 그 도시를 탐험했고 우연히 한 현지 남자를 만나게 되었다. 그는 오토바이 뒤에 있는 나무 상자를 열더니 다양한 종류의 성욕개선제와 콘돔을 보여주었다. 다시 말해 현지 성인용품점인 셈이었다. 좁은 뒷골목을 좀 더 걸어가니 이러한 가설 성인 용품점이 두 군데 더 보였다. 그곳들은 모두 현지에서 생산된 성욕 개선제를 팔았는데 그들이 팔던 상품 중에는 비아그라를 사칭하는 물건도 있었다. 그 제품은 비아그라와 똑같은 모양으로 포장되어 있었고 모양이나 크기도 비아그라와 똑같았다.

낮은 신뢰 생태계에서는 판매 제품이 약속하는 것과 실제 제품이 다른 경우가 많은 데다, 점포가 아닌 오토바이에서 팔았기 때문에 문제 발생 시 의존 가능성이 거의 없었다. 그럼에도 그 세 곳 경쟁 사업체는 모두 사람들로 북적거리고 있었다. 고객은 대부분 우뚝 서고 싶은 중년 남자들이었다. 중국 성욕개선제는 종종 '216시간 지속 가능! 콩팥에도 좋습니다'[17]는 식으로 효능을 과장하기 일쑤였다. 그에 비하면 흰 상자에 내용물 스티커가 붙어 있고 옆에 로고가 찍힌 비아그라 포장 정도는 애교인 셈이다. 그 좁은 골목에 경쟁 제품을 팔고 있는 노점상이 세 군데나 있다는 것은 이 제품의 성장 가능성이 큰 시장이 존재한다는 이야기다. 가짜 상품을 사거나 광고와 같은 효과를 전혀 볼 수 없음은 물론이거니와 유해 물질을 복용할 위험이 도사리고 있는데도 말이다. 가짜 상품을 사게 될 우려가 이다지도 높은 곳에서 물건을 사는 이유가 무엇일까? 이러한 행동은 우리가 여태까지 다루었던 신뢰성의 모든 법칙과 모순되는 것 같다.

그럼에도 2008년에 발표된 OECD 위조 및 불법 복제에 관한 최근 보고에 따르면 이러한 상품이 전 세계 무역량의 1.95퍼센트를 차지한다고 하니 금액으로 따지면 2,500억 달러 정도가 될 것이다.[18] 물론 이 숫자는 어림치일 뿐이다. 불법 MP3 파일과 역설계한 자동차 같은 제품들 간의 가격 차이가 클 뿐만 아니라 불법 제품 생산자들이 분기별 연간보고서를 내지 않기 때문에 암시장을 파악하기란 본질적으로 힘들다. 실물 경제적 측면으로 생각했을 때 실제 원가를 계산하는 것 또한 어렵다. 그러나 어쨌건 간에 판매자와 구매자 모두에게 이득이 되지 않는다면 그런 시장은 존재하지 않을 것이다.

지난 몇 년 동안 마이크로소프트는 불법 복제 프로그램이 미리 설치된 컴퓨터를 판다는 전자 매장에 소송을 거는 것부터[19] 지적 재산권 침해자들을 엄중하게 단속하겠다는 약속으로 마이크로소프트가 '타의 모범'이라고 칭송한 항저우杭州에 투자하는[20] 등 중국에서 일어나는 소프트웨어 불법 복제를 막기 위해 온갖 노력을 기울여왔다. 2011년 마이크로소프트의 CEO 스티브 발머Steve Ballmer는 중국과 미국의 개인용 컴퓨터 판매량은 비슷한데도 중국 매출액은 미국 매출액의 5퍼센트밖에 안 된다고 발표했다.[21] 그가 이 수치를 어떻게 계산했는지는 모르겠지만 중국의 어떤 도시든 몇 블록만 걸어가면 불법윈도우 CD를 20위안에 파는 노점상을 쉽게 볼 수 있는 것은 사실이다.

그러나 발머의 주장이 사실이라 해도 나는 마이크로소프트가 불법 복제의 덕을 본다고 말하고 싶다. 매출액은 비교적 적더라도 중국인들이 제품과 플랫폼을 수용함으로써 이 회사 상품을 사용하는 문화를 만들어냈기 때문이다. 해적판은 인식을 고취하는 홍보 역할을 한다. 특히나 컴퓨터 운영체계처럼 일반 사용자들이 기술적으로 이해하기 힘든 상품이라면 그 가치는 더 크다. 컴퓨터 운영체계를 배우는 데 투자하게 되는 시간, 돈, 정신력은 그것이 진품이든 모조품이든 상관없이 다른 종류의 운영체계를 수용하는 데 장벽이 된다. 소비자들이 비록 진품을 만든 회사의 매상을 올려주지는 않지만 제품에 대한 소비자 충성도를 높일 수 있다. 그래서 마이크로소프트 같은 회사로서는 해적판을 사는 소비자들을 나중에 온라인으로 판매하는 서비스든 같은 회사의 연관 제품이든 실제로 매출을 올려주는 소비자들로 만들 수 있는 좋은 기회를 얻는 셈이다.

가짜 비아그라와 해적판 윈도우 CD는 신뢰에 관한 중요하고도 헷갈리는 질문을 던진다. 소비자의 입장에서 비아그라를 보았을 때 진품성과 의존 가능성이 최하일 것이 뻔하고 안전성, 안정성, 약속이행성, 가치에서 위험을 초래할 가능성이 매우 높은 제품을 신뢰하는 이유가 무엇일까? 첫째, 다른 대안이 없을 경우 소비자들은 자신의 신뢰 한계치를 낮추는 경우가 종종 있다. 이제는 일반 성인

용품점이 흔해졌지만 2005년만 해도 중국에는 그런 점포가 거의 없었다. 둘째, 비아그라는 생필품과 비슷한 면이 있어서 다급해진 소비자들은 위험을 감수하고서라도 약의 효능을 얻고자 한다. 셋째, 운동화부터 휴대전화까지 수많은 가짜 제품과 마찬가지로 가짜 비아그라는 위험 비용과 금전적 비용을 비교했을 때 소비자들이 위험을 감수할 만한 상쇄 효과가 있다. 즉 모조 비아그라를 사는 사람들은 금전적 능력보다 위험감수 능력이 더 크다.

순수 경제 논리에 따르면 세 번째 해석이 가장 주가 되는 원인인 것 같다. 그러나 소득 피라미드의 바닥에 있는 사람들과 수년간 이야기를 해본 결과, 이들은 약속이행성이 낮은 제품을 살 형편이 안 된다는 것을 알게 되었다. 그것을 다른 물건으로 대체할 능력이 없기 때문이다. 그래서 이들은 우리 주변에서 볼 수 있는 가장 까다로운 고객 중 하나가 된다. 이들이 가끔씩 짝퉁인 줄 뻔히 알고도 물건을 사는 경우가 있는데 시장에 나와 있는 상품이 그것밖에 없거나, 물건 자체보다는 브랜드명이 더 중요할 때다(비아그라는 이 경우와 크게 관련이 없겠지만 나이키나 아이폰의 경우가 여기에 해당한다). 혹은 제한된 예산으로 물건을 당장 구입해야 하고 진품을 살 돈을 모을 시간이 없을 때다. 그런데 진품과 짝퉁의 차이를 점점 이해하게 되면서, 중국의 소비자들이 가짜 물건을 사는 것에 만족하지 않고 진품을 원하거나 실제로 구매하기도 하는 점차적인 변화가 목격되었다.

해적판 소프트웨어나 다른 디지털 상품의 불법 복사물로 인해 신뢰에 관한 전혀 새로운 문제들이 제기되고 있다. 가끔 바이러스나 악성 프로그램이 발견되기도 하지만 짝퉁 제품도 진품과 완전히 똑같다는 것이 일반적인 가정이다. 소비자들은 정품이나 모조품에 거의 같은 정도의 신뢰도를 보인다. 거리의 노점상들이 마이크로소프트 같은 고객 서비스를 해줄 리가 없으니 의존 가능성은 제외하고 말이다. 여기서 공급자가 고려해야 할 문제는 철권을 휘두르는 당국과 힘을 모으거나 소송을 걸어 어떻게 무단 복제를 막을 것인지가 아니다. 그들이 고민해야 할 가장 중요한 문제는 극적인 효과를 위해 불법 복제 방지에 약간의 투자를 할 것인지 혹은 돈을 좀 잃기는 하겠지만 그래도 여전히 이익을 얻을 수 있도록 새로운 제품과 서비스 개발에 투자할 것인지 결정하는 것이다. 이것은 디지털 혁명으로 사업 모델 자체가 완전히 뒤죽박죽이 된 음악, 영화, TV, 출판 산업에 특히 중요한 질문이지만, 점차 내구재 생산자들도 한번쯤 생각해볼 만한 주제가 되고 있다.

이 문제의 전면과 중심에는 또 중국이 있다. 그 이유 중 하나는 중국이 세계 제조의 허브이자 불법 복제 및 모조품의 단연 최고 수출국이기 때문이다(하지만 2008년 OECD 보고서에 따르면 전체 총수출에서 불법 복제품이 차지하는 비율은 134개국 중 15위밖에 되지 않는다[22]). 중국에는 복사와 불법 제조를 전문으로 하는 거대 그림자 산업이 존재한다.

그러나 이 산업은(샨자이山寨라고 불리는 이 산업은 '산에 만든 진지fortress'라는 뜻이지만 '산적의 소굴'이라는 의미도 된다) 여기에 그치지 않고 상품을 역설계한 후 그것으로 진품을 대체함으로써 생산과 혁신의 문화를 만들어냈다. 예를 들어 샨자이 생산자들은 SIM 카드를 넣는 슬롯이 여러 개가 있는 휴대전화를 최초로 개발했다.[23] 이 기능은 같은 이동통신사 가입자들이 무료로 통화할 수 있는 점을 이용해 통화 시간을 절약하려고 여러 통신사에 가입하는 사람들에게 인기가 높다. 그들은 또한 전기면도기와 담뱃갑이 내장된 휴대전화를 처음 만들기도 했다.[24] 그렇다고 그들이 소형 전자제품만 만들 수 있다고 생각하면 오산이다. 샨자이 포르쉐를 시험 운전해보거나 이케아의 복사품인 11 퍼니처에 가서 가구를 한번 둘러보라(이곳에서는 애석하게도 이케아 미트볼 요리는 팔지 않는다[25]).

공개적으로 인정하지는 않겠지만 중국에 생산시설을 두고 있는 대부분의 다국적 회사들은 중국에 생산 공장이 있으면 불법 복제를 당연한 일로 받아들인다. 유명 운동용품 회사의 한 임원은 〈뉴욕타임스〉와의 익명을 전제로 한 인터뷰에서 다음과 같이 말했다. "우리의 고객을 빼앗아 가냐고요? 그렇지는 않을 겁니다. 신경 쓰이냐고요? 물론입니다. 하지만 우리는 일종의 칭찬으로 받아들이고 있습니다."[26]

짝퉁 제품을 두려워할 이유는 없을지 몰라도, 그렇다고 샨자이 문화가 세계 유명 브랜드에 심각한 위협이 되지 않는다고 볼 수는 없다. "불법 복제 신발을 만드는 것은 과도기적인 선택입니다. 이제 우리는 자체 브랜드를 개발하고 있습니다. 장기적으로 자체 브랜드를 계속 개발하여 그 브랜드에 대한 명성을 얻는 것이 우리의 목표입니다." 〈뉴욕타임스〉와의 인터뷰에서 어느 샨자이 공장장의 설명이다. 샨자이에는 작은 나사못에서 소프트웨어 플랫폼까지 공급망 각각의 단계에 있는 생산자들의 재빠른 연결망이 있다. 따라서 보통은 1년 정도의 생산 과정이 걸리는 복잡한 전자기기를 단 한 달 만에 만들어낼 수 있으며, 소위 말하는 정품보다 먼저 시장에 선보이는 일도 종종 있다. 그들이 이러한 독창성으로 자체 브랜드를 만든다면 어떤 일이 벌어질까? 이러한 공장들에게 하청을 주던 대기업들은 어떻게 대처할 수 있을까?

그러면 중국 소비자들에게 던질 질문이 있다. 어릴 때부터 사용해 오던 신망 있는 브랜드와, 그동안 무대 뒤편에서 일해오다가 드디어 더 나은 제품을 더 좋은 가격으로 제공하게 된 무명씨 중 누구를 신뢰하겠는가? 브랜드 가치를 이용해서 소비자로 하여금 구매 시 돈을 조금이라도 더 쓰도록 부추기며 수익 창출에 열을 다하는 기업 브랜드와 수익보다는 소비자의 요구를 맞추는 데 열을 다하는 샨자이 브랜드 중 어떤 것을 사겠는가? 그리고 이것은 중국 소비자뿐만 아니라 그 외 세계 시장의 모든 소비자가 생각해볼 질문이기도 하다.

만약 이도 저도 아니라는 대답이 나온다면? 이케아와 11 퍼니처 가운데 아무것도 고르지 않고, 집 밖으로 나가는 대신 그저 의자에 앉아서 원하는 디자인을 내려받은 뒤 집에서 3D로 출력한다면? 너무나 먼 미래의 이야기 같은가? 논란이 많은 파일 공유 웹사이트 인 파이러트 베이The Pirate Bay는 이미 3D 출력 항목을 추가했다.[27] 또한 시간이 흐름에 따라 기술이 발전하게 되면 틀림없이 이것이 가능할 것이며 품질에서도 전문적인 생산 과정에 버금가는 날이 올 것이다.

그러면 여러분은 누구를 신뢰할 것인가? 브랜드, 공장, 아니면 여러분 자신? 무엇보다도 중요한 것은 여러분의 잠재적 고객이 누구를 신뢰할까? 여러분의 제품은 어느 신뢰 생태계에서 그 가치를 증명하게 될까? 소비자들이 신뢰를 다지기 위해서 찾는 단서는 어떤 것들일까? 그중 어느 단서들이 특정 문화나 맥락에 적용되고, 또 어떤 것이 세계적으로 적용될까? 그리고 이것을 염두에 둔다면 여러분이 시장에 선보이고자 하는 제품이 어떻게 달라질까? 불신의 세계에서, 여러분은 소비자들에게 냄새 테스트를 할 기회를 어떤 방법으로 제공할 것인가?

# 07

## 일상을 벗겨내야만
## 보이는 본질

무더운 6월 아침 호치민 시 외곽 주택가에서 오토바이 택시 뒷자리에 앉아 군데군데 파손된 콘크리트 거리를 굉음을 내며 달리는 자신의 모습을 상상해보라. 지붕 위에 줄지은 TV 안테나에 눈을 고정한 채 신분의 상징과 기술 수용 같은 말을 되새기며 가고 있는데 갑자기 거리의 무엇인가가 여러분의 주의를 끈다. 별다른 것은 아니다. 3~4리터 정도 되는 반투명한 액체가 담긴 커다란 병이 벽돌 위에 놓여 있고 그 옆에는 10살 정도 되어 보이는 소년이 플라스틱 호스를 손에 들고서 여러분이 탄 오토바이가 멈추는지 지켜본다. 택시 운전사는 오토바이를 세운다. 여러분은 이제 막 주유소에 도착했다. 주유소의 핵심 구성요소만을 갖춘 그런 주유소다.

여러분이 일반 주유소를 생각할 때 당연히 여기던 모든 것이 제거된 상태다. 남은 것이라고는 고객의 연료탱크보다 약간 높은 자리에 놓인 연료병과 그 병에서 탱크로 연료를 옮길 호스, 그리고 지불한 돈을 챙길 아이뿐이다. 여기서 하나라도 더 없앤다면 더 이상 주유소의 기능을 하기가 불가능할 것 같다.

내가 이런 형태의 주유소를 처음 보았을 때 그것은 상당한 충격으로 다가왔다. 그리고 오랫동안 당연하게 받아들인 주유소에 관한 경험에 대해 모든 것을 다시 배우게 되었다. 리터당 가격을 외치고 있는 거대한 주유소 간판, 커다란 지붕의 보호를 받으며 예닐곱 개의 주유 펌프 옆을 줄지어 움직이는 차들, 사무실의 점원들, 방범 카메라, 신선한 커피와 군것질거리를 구비한 편의점, 지저분한 화장실 등 전형적인 미국, 한국, 독일, 영국 주유소에서 보는 이 모든 다층적 요소를 켜켜이 벗겨내고 나면 남는 것은 벽돌 위에 놓인 휘발유 병뿐이다.

자신이 찾고 있던 것을 순도 100퍼센트의 형태로 발견하는 것은 감격적인 경험이다. 그러나 본질을 찾는다는 것은 무슨 뜻일까? 자신이 보고 있는 것이 과연 본질인지 어떻게 알 수 있을까? 그리고 바로 그 '벽돌 위의 병'을 발견한다면 그것으로 무엇을 할 것인가?

우리 모두는 자신이 몸담고 있는 세계에 익숙해지고 익숙해질수록 배경 속으로 섞여 들어간다. 한때는 단계마다 미리 생각해가면서 수행했던 새로운 일도 곧 기계적 습관이 된다. 우리는 더 이상 질문하지 않는다. 그에 대한 대답과 사물이 돌아가는 모습을 당연하게 보기 때문이다. 실제로는 당연하지 않다고 해도, 그 당연함을 느끼게 만들었던 조건이 오래전에 바뀌었다 해도 말이다.

그러나 우리가 부수적인 것들을 떼어내고 최소한의 기본적인 것만 남긴다면, 어떤 서비스에 대한 이해를 처음부터 다시 쌓아올릴 수 있을 것이다. 또한 그 본질을 가지고, 동일한 서비스를 선진국부터 개발도상국까지 다양한 시장에 맞게 디자인하는 시작점으로 사용할 수도 있다. 그리하여 각 시장의 분위기에(실제 소비자들과 그들의 생활 등) 맞는 언어를 구사하면서 진입한 후에는 동일한 핵심 과정과 인프라를 여전히 이용할 수 있게 하는 것이다.

## 단순함이 옳은 것이다
:

특정 제품 및 서비스에 대한 가능성의 로드맵을 생각해보는 데는 원뿔 모양을 상상하는 방법이 있다. 현재를 나타내는 꼭짓점에서 시작하여 미래 속으로 계속 퍼져나간다. 가장 단순한 시작점의 상징으로 벽돌 위의 병보다 더 적합한 것이 있을까? 그 단순한 이미지를 염두에 두었을 때 여러 가지 디자인의 방향을 탐색하는 일이 훨씬 쉬워진다.

원뿔은 단지 선택 사항의 이론적인 범위를 보여주기 위한 것이다. 일단 가고자 하는 구체적인 디자인의 방향을 잡고 점점 더 많은 선택 사항을 추가해 넣었다면, 여러분은 크리핑 피처리즘creeping featurism의 함정에 빠질 위험이 있다. 이것은 유용하기보다는 혼란을 유발하는 기능과 특징을 자꾸만 층층이 쌓아올리는 나쁜 버릇을 말한다. 도널드 노먼Donald A. Norman은 영향력 있는 그의 저서 《일상용품의 디자인The Design of Everyday Things》에서 크리핑 피처리즘에 대해 '재빨리 치료 하지 않으면 안 되는 치명적인 병'이라고 묘사하면서, 엄청난 양의 조직화 작업을 주사함으로써 치유될 수 있지만 "언제나 그렇듯이, 가장 좋은 방법은 예방책을 쓰는 것이다."[1]라고 주장한다. 그래픽 디자이너인 존 마에다John Maeda 로드 아일랜드 디자인스쿨 총장은 "단순함이 옳은 것이다."라고 부르짖는다. 《단순함의 법칙The Laws of Simplicity》에서 마에다는 디자이너가 반드시 지켜야 할 열 가지 법칙을 제시한다. 그중 첫 번째 법칙은 축소와 조직인데 공교롭게도 노먼이 제시한 크리핑 피처리즘에 대한 처방약과 일치한다.[2] 이러한 법칙을 지키는 가장 좋은 방법은 가능한 한 본질에 가장 근접하도록 벗겨내는 것이다. 아니면, 적어도 부수적이고 잡다한 기능들 때문에 본질이 흐려지는 일은 없어야겠다.

본질을 찾는 데는 일종의 정신적 작업을 수반한다. 디자인 세계에 종사하는 사람들은 제품과 서비스를 '새로운 눈'으로 보고, 사물의 진정한 모습과 잠재 가능성에 대한 색다른 통찰을 얻을 수 있도록 프로젝트에 신선한 시각을 제공하는 것에 대해 이야기를 많이 한다. 새로운 팀원을 영입했을 때도 새로운 눈이 따라오지만, 우리 자신의 눈을 새로운 방향으로 돌리고 우리가 오랫동안 당연시하던 것들을 재평가하는 방법을 사용함으로써 눈을 훈련시킬 수도 있다.

나는 지난 여러 해 동안 자원이 매우 한정된 사회(혹은 가난한 사회라고 부를 수도 있겠다. 물론 가난이라는 것은 상대적이지만)에서 많은 영감을 얻었다. 대부분은 개발도상국이었지만 선진국 내 특정 지역사회도 포함이 되었다. 두 가지 예를 들어보겠다. 브라질의 상당히 부유한 지역인 코브라솔과 몽고의 수도인 울란바토르다.

나는 코브라솔에서 런던, 도쿄, 파리에서 보이는 것과 똑같이 생긴 즉석사진 촬영 부스를 우연히 발견했는데 단 한 가지 빠진 것이 있었다. 바로 카메라였다. 카메라가 없는 즉석사진 촬영 부스란 이율배반처럼 들리지만 사실은 그 지역의 자원 현황에 잘 맞는 것이었다. 인쇄 가게에 있던 그 부스의 용도는 증명사진의 배경을 제공하기 위한 것이었다. 증명사진을 찍고 싶은 손님이 오면 부스 안에 앉힌 후 가게 주인이 카메라를 가져와서 부스 앞에 난 커다란 구멍에 대고 사진을 찍었다.

한편 울란바토르에서는 '노상 휴대전화 서비스'를 발견했다. 길거리에 테이블과 부피가 큰 탁상용 일반 전화기를(그러나 일반 전화선에 연결된 것이 아니라 건전지와 SIM 카드로 작동하는 전화였다) 설치해놓은 형태였다. 점원은 고객이 전화를 하는 동안 옆에서 전화기를 들고 따라다닌다. 두 사람의 아름다운 춤 동작 속에서 고객은 이동이 가능한 상태임과 동시에 전화 코드에 묶여 있는 상황이 된다. 이제 그 서비스는 그 시절(2005년)을 회상하게 해주는 추억거리가 되었을 테고 그 노상 가게의 고객들은 지금쯤 대부분이 휴대전화를 소유하고 있을 것이다. 하지만 '노상 휴대전화 서비스'는 그 당시 서비스의 수요가 가장 큰 곳을 잘 포착했던 것이다. 즉 그 가게는 길거리에서 고객들에게 단순히 전화 서비스를 제공하는 것에 그치지 않고 고객이 전화를 하면서 열심히 걸어 다니며 몸을 녹일 수 있도록 해주었다. 한겨울의 울란바토르에서 장시간 밖에 서 있다간 몸이 꽁꽁 얼어붙어버릴 테니까 말이다(그래도 혹시 이 동네로 여행을 온다면 금요일 밤에는 밖에 나갈 것을 강력히 추천한다).

길거리는 단서를 모으고 정보를 수집하기에 알맞은 곳이지만 연구 프로젝트 중에는 이러한 지면 수위ground-level 활동을 보완하기 위해 여러 가지 기법을 사용한다. 가장 간단한 방법은 사람들이 일을 어떻게 수행하는지 체계적으로 관찰하고 왜 그 방법을 쓰는지 물어보는 것이다. 나는 연구할 때면, 대개 가정집을 방문하고 거기서 시간을 보내는 편이다. 집은 사람들이 가장 마음 편히 하고 싶은 대로 행동하는 곳이기 때문이다.

또 다른 간단한 방법은 실제 사용법에 대한 자료를 추적하는 것이다. 만약 공식적 연구 상황이라면 참여자들에게 제품이나 서비스를 핵심적 존재 이유까지 벗겨내 보라고 부탁하기도 한다. 즉 참여자들에게 흰 종이를 주고 일반적인 기능들의 3분의 1이나 절반 정도를 포함시킬 만한 '예산'밖에 없다고 가정하고 이 범위 내에서 어떤 기능들을 넣을지 적어보라는 테스트를 한다. 이러한 테스트는 참여자가 어떤 기능을 제일 가치 있게 여기고, 선택한 기능들 간에 어떤 상호작용이 있는지 생각해보도록 한다. 그리고 이 테스트 결과는 연구팀에게 소비자 선호도에 관한 다양한 종류의 통찰을 제공한다.

각각의 접근법은 그 위험을 내포한다. 예를 들면, 특정 물건을 다른 것보다 더 선호하는 이유에 대해 명확하고 자세하게 설명을 잘하는 사람들이 있다. 그러나 이것은 미래에 자신이 가질 수 있는 요구를 예측하여 설명해야 하기 때문에 많은 사람은 이 일을 힘들어한다. 그렇지만 숙련된 연구팀이라면 이러한 문제를 어떻게 줄이는지 알기 때문에 각 조사 때마다 올바른 정보와 영감을 얻어낼 수 있을 것이다.

스튜디오로 돌아온 뒤에는 팀을 다른 방향으로 이끌기 위한 다양한 자극을 사용하면서 서비스에 대한 구상을 재정립하는 체계적인 방법들을 동원한다. 작업들은 종종 다른 렌즈를 통해 이루어진다. 은행업에 관한 프로젝트일 경우, 안전이나 편리성, 혹은 '좋은 서비스'라는 개념이 은행 고객들에게 무엇을 의미하는지, 혹은 그들의 기술적 조망이 어떤지 살펴보았을 때 아이디어를 얻을 수 있다. 한편, 어떤 일을 수행하는 방법이 다른 이유를 알고자 하는 경우는 개성personality을 통해(혹은 외부적 성격persona이나 원형archetype이나 특정 세분 시장에 맞는 실제 소비자들을 통해) 풍부한 직접적 현장 자료에서 드러날 때가 많다. 그리고 연료를 사거나 전화를 걸거나 차 한 잔을 끓이는 것과 같은 과정들을 단계별로 매핑하면 재상상이 쉬워진다. 또한 프레임워크(한계치 프레임워크를 포함하여)는 조사결과를 폭넓게 보고 팀이 중요하게 생각하는 것을 담아내는 데 쓸모가 있다.

에드워드 드 보노Edward de Bono가 고안한 것과 같은 워크숍 활동에는 수평적 사고 연습lateral thinking exercise이 있다.[3] 연구팀과 고객을 같은 방에 넣고, 팀의 선입견을 깨는 일련의 자극 요소를 활용해 상황에 전혀 어울리지 않는 무엇인가를 통합시키는 방법을 알아내도록 하는 것이다. 예를 들어 상업은행 서비스를 살펴보는 데 특이한 자극으로 폭신한 중국제 판다곰 인형을 이용해보자. 우리는 판다곰 인형의 특성을 모두 매핑한다. 촉감, 문화적 의미, 생산 품질, 그리고 약간 옆길로 새서 멸종 위기 동물이나 인공수정, 판다곰을 로고로 사용하는 세계야생생물기금World Wildlife Fund 등등…. 그리고 나서 상업은행의 특성을 매핑하는 것으로 넘어갔다가 다시 판다곰의 특성을 상업은행에 어떻게 접목할 수 있을지 아이디어를 함께 짜내 본다. 판다곰의 생김새에 관한 이야기로 시작해 은행 업무에서 인공 수정에 해당되는 부분이 무엇일지 알아내는 토론으로 넘어갈 수도 있다.

본질 수준의 이러한 브레인스토밍 과정을 거치는 것은 아이디어 회의를 위한 체계를 제공하지만, 가정이 주는 한계를 벗어날 수 없는 대부분의 사람에게는 지극히 어렵다. 이것은 붕괴와 재구성의 과정인데 희한하고 재미있으면서도 비실용적인 아이디어가 많이 나온다. 그러나 전혀 생각지 못했던, 그러면서도 '내가 왜 진작 이 생각을 못했지?' 싶은 상식적 발상들도 떠오를 수 있다. 이러한 통찰은 다른 것들보다 본질을 더 잘 포착하는 경우가 많다. 판다곰 복장을 한 채 은행 고객에게 인사하게 하는 것은 뻔한 아이디어이기는 하나 상식적인 것은 아니다. 한편, 고객에게 폭신하고 커다란 판다곰 인형을 안고 있는 아이를 떠올리게 할 수도 있다. 마치 자신의 돈이 안전하게 보관되어 있다는 것을 언제나 확인할 수 있는 것처럼, 평안한 마음을 가지도록 하는 것이 은행업의 본질에 가장 가까이 다가가는 것이다. 이런 수준의 귀여움은 여러분이 기대하는 은행업에 대한 개념과 맞지 않을지는 몰라도 한국이나 일본 같은 나라에서는 일상다반사다.

## 휘발유 없는 주유소

:

자신이 지구를 처음 방문하는 외계인이라고 상상해보라. 그리고 경기가 진행 중인 영국의 축구장을 가로질러 간다. 이 경험을 다른 동료 외계인들에게 어떻게 설명하겠는가? 가장 간단한 방법은 지구인 22명이 풀이 나 있는 땅뙈기에서 돼지 방광을 따라 이리저리 달리는 장면을 묘사하는 것이다. 무엇이 어느 지점까지 추상화될 때 오해를 불러올 수 있는지 보여주고, 또 그러한 추상화 지점으로부터 어떤 종류의 아이디어와 가정이 자라날 수 있는지 보여주는 것이 이 연습의 의의다. 22명이 돼지 방광을 따라 이리저리 달린다면 그 주목표는 방광을 그물망에 차 넣는 것일 수도 있고 그것을 잡아서 터뜨리는 것일 수도 있다. 아니면 희한하게 생긴 23번째 남자의 신경을 거슬리게 하는 것이 목표일 수도 있다. 이 남자는 검은 옷을 입고 있는데 가끔씩 고통스러운 듯이 귀를 찢는 삑삑 소리를 내는 것으로 보아 그가 하는 일이 몹시 괴로운 일인 것 같다. 혹은 공원을 가꾸는 일이 종교화된 사회인지도 모른다. 그래서 이런 활동의 목적은 노예들에게 특수 디자인된 신발을 신겨서 신성한 잔디밭을 일구고 밟아주는 것임에 틀림없다.

무엇인가를 핵심만 남기고 다 벗겨보는 훈련은 그 자체로도 매우 보람 있다. 어떤 제품의 부수적인 요소들을 완전히 다 벗긴 형태는 시장에 독특한 가치를 제공하는 우아미를 선사할 수도 있다. 그러나 핵심에 대한 심도 있는 이해는 재구성하면서 얻게 된다. 특히 제품이나 서비스가 본질적으로 어떻게 변하는지 생각해볼 때 핵심을 깊이 이해할 수 있게 된다.

만약 주유소의 본질이 벽돌 위의 병이 아니라 현재 주유소에서 겪는 어떤 주변적 경험이라면 어떻게 될까? 다시 여러분이 주유소를 처음 보는 외계인이라고 상상해보라. 차가 들어오고, 사람들이 편의점에 들어가서, 물건을 좀 둘러보고, 돈을 내기 위해 줄을 섰다가, 마지막에 가서 즉흥적으로 무엇인가를 사기로 결정했다고 하자. 그것을 보고 이 모든 일련의 행위가 즉흥적으로 구매를 결정하기 위해서 이루어진 일이라고 가정한다면 어떻게 될까?

실제로 그것이 옳은 가정이라면 주유소가 그 행위를 중심으로 어떻게 지어질지 생각해보라. 줄을 서는 곳에서 손에 닿을 만한 위치에 진열된 유혹적인 상품에 사람들이 제대로 노출될 만큼 오래 기다리되, 기다림에 지쳐서 자리를 박차고 떠나지 않을 만큼만 기다릴 수 있도록 세심하게 줄이 짜인다. 신형 TV나 고급 여행 상품을 사는 데 주유 시 리터당 할인해주는 식으로 기름은 단지 더 큰 구매를 위한 홍보 전략 도구일 뿐이다.

주유소의 핵심 기능이 중매를 알선하는 일이라면 어떨까? 고객들이 줄을 서서 상대와 그 차량을 잘 관찰하고 잠재적 파트너 간에 손쉽게 상호작용을 할 수 있는 형태로 앞마당을 디자인할 수 있을 것이다. 기름을 넣는 과정은 대화를 나눌 수 있을 만큼 길어야 하지만 그 시간이 너무 길어서 실수할 기회를 주어서도 안 된다. 그동안 매력적인 직원이 앞 유리를 닦고, 엔진오일이나 윤활유 등을 체크하고, 타이어에 바람을 넣고, 군것질거리와 음료를 고객들에게 가져다준다. 이 모든 과정의 목적은 자연스럽게 좀 더 조용한 곳으로 이동할 수 있는 기회를 주기 위해서다. 언젠가는 초콜릿이나 다이아몬드처럼 휘발유를 선물하는 것이 보편적인 구애 행위로 여겨질 때가 올지도 모른다.

주유소가 언제든지 먹을 수 있는 음식을 전문으로 하는 업체의 개념에 바탕을 두고 설립된다면? 혹은 동네 최고의 화장실 서비스 제공 업체라면? 또는 현재의 구조와 전혀 관계가 없는 아트 갤러리나 놀이공원 같은 서비스는 어떨까?

이 연습의 의의는 터무니없는 개념을 생각해내거나, 핵심에 초점을 맞추는 것이 아니다. 각각의 비본질적인 층들이 어떻게 총체적 경험을 재조정하는지 이해하는 것이다. 또한 핵심 기능에 대한 욕구가 없는 사람에게 서비스나 제품이 어떻게 보일지 느낄 수 있게 해준다. 주유소에서 소변이 급한 사람에게 벽돌 위의 액체가 가득한 병은 아무 도움이 되지 않는다. 하지만 주유소가 완전히 다른 형태로 설계된 경우 그 사람은 소변을 보고 나오면서 충동구매를 하든지 중매 서비스를 한번 이용해볼 가능성이 높아진다.

이 훈련은 신기술이나 새로운 표준의 도입을 감안하여 핵심을 다시 생각해보도록 해준다. 20세기 초엽에는 차를 소유할 수 있을 만큼 부유한 극소수를 위한 틈새 상품으로 약국에서 휘발유를 팔았다. 이 부자 고객들은 보통 차를 관리할 운전사도 함께 고용했다. 그 이후 차츰 중산층의 미국인들도 차를 소유하게 되면서 차량 서비스 센터가 전국 곳곳에 생겨났고 요즘 우리가 말하는 '풀 서비스'를 제공하기 시작했다. 이곳의 점원들이 기름을 넣고, 오일을 체크하고, 타이어에 공기를 넣고 그 외 다양한 기술적 서비스를 제공했다. '서비스'가 실제 운영의 핵심이었고 소비자 경험의 본질이었다. 텍사코Texaco나 걸프Gulf같은 대형 주유소 체인점들은 직원들이 얼마나 친절한지 광고했고, 필요한 곳에 어디든 갈 수 있도록 도와준다는 회사의 고객 서비스 철학에 따라 공짜 도로지도를 주면서 소비자들을 꼬드겼다.[4]

그런데 차들의 안정성이 점점 높아지면서 차를 자주 정비할 필요가 없어졌다. 거기에다 신기술 덕분에 운전자들이 직접 주유를 해도 될 만큼 안전해지고 전자결제도 가능해지자 주유소의 본질이 서비스에서 연료 충전으로 바뀌었다. 이것은 차량은 물론 운전자에게도 해당되는 이야기로 주유소에 붙어 있는 편의점에서 간식과 음료수와 담배를 사고 화장실에 가는 등 운전할 기력을 재충전한다.

'서비스 센터'나 '휴게 주유소' 같은 모델은 모두 벽돌 위의 병보다 훨씬 더 많은 것을 제공하지만, 각각의 맥락에 따라 둘 다 주유소의 본질로 볼 수 있다. 어느덧 이런 추가 서비스가 그 사업의 본질의 일부가 되었을 수도 있기 때문이다. 물론 어떤 지역에서 필수로 여겨지는 것이 다른 곳에서는 그렇지 않을 때도 많다.

예를 들어, 1998년 일본 정부가 주유소 규제를 완화해 운전자가 스스로 주유할 수 있도록 허용하고 나서도 풀 서비스를 제공하는 주유소만 이용하는 사람이 많았다. 결국 셀프 주유소로 바꾸게 된 사람들도 굉장히 불안해하며 셀프 주유를 시도했다. "제가 혹시 이곳에 불이라도 낼까 봐 겁나요." 두 아이를 둔 한 일본 아주머니는 〈로스앤젤레스타임스〉와의 인터뷰에서 이렇게 말했다. 그녀는 셀프 주유소로 바꾸고 나서 거기 직원으로부터 다른 사람들과 함께 사용법을 배우는 중이었다.[5] 규제 완화가 이루어진 지 10년이 지난 뒤에도 일본 내 셀프 주유소는 전체의 16퍼센트밖에 되지 않으며, 일본자동차연맹Japan Automobile Federation에는 잘못된 휘발유를 넣어 자동차가 고장 난 운전자들의 도움 요청이 지금도 끊이지 않는다.[6]

한편, 미국의 휴게 주유소는 최근 몇 년 동안 고전을 면치 못하고 있다. 전국편의점협회National Association of Convenience Stores에 따르면 1991년에는 미국 전역의 주유소 숫자가 20만이었으나 그 이후 5

만 군데 이상이 문을 닫았다.[7] 유류 판매로는 남는 이익이 거의 없기 때문에 사업을 유지하기 위해서는 간식과 음료를 파는 것이 불가피하다. 워싱턴 시에는 상당히 파격적인 시장 전략을 수용한 주유소 주인이 있다. 기름값을 엄청나게 올려서 길 건너에 있는 주유소와 비교해 갤런당 1달러 이상 차이가 날 때도 많다. 이유는 무엇일까? 미국 석유마케팅협회 회장인 댄 길리 건Dan Gilligan은 〈워싱턴포스트〉와의 인터뷰에서 "그 사람은 휘발유를 팔 생각이 없습니다."라고 귀띔했다.[8]

그렇지만 사람들이 자동차를 계속 모는 한 어딘가에서 연료를 구해야 한다. 휘발유 대신 전기로 가는 차들이 점점 더 늘어나고 있는 지금, 앞으로도 '휴게 주유소'의 핵심이 여전히 주유와 충전일까? 지금까지 공공 충전의 경우 주로 주차 공간 옆에 충전기를 설치해놓은 형태가 대부분이다. 휴게 주유소보다는 벽돌 위의 병에 훨씬 더 가깝다. 전기는 지하 탱크와 펌프가 필요하지 않으니(미니멀리즘적으로 설계된 충전소는 공중전화 부스처럼 손바닥만한 장소만 있으면 된다) 특정 교차로에 주유소를 세울 필요 없이 도시 곳곳에 손쉽게 충전소를 여러 개 세울 수 있다. 또한 20~30분씩 걸려 차를 충전하는 것보다, 배터리를 갈아 끼우는 방식으로 훨씬 신속하게 서비스를 제공하는 충전소를 보게 될지도 모른다. 그러나 이런 충전소는 다량의 배터리를 저장하고 충전시킬 시설이 필요하게 될 것이다. 뉴

욕에 있는 허드슨 리버 밸리Hudson River Valley의 하이 폴즈High Falls
는 재개발 사업의 일환으로 버려진 주유소를 충전소, 요가 스튜디
오, 명상 센터로 보수하고 있다.[9] 언젠가는 주유소가 공중전화 부
스나 전통적 소매 은행처럼 점점 사라지게 될까?

　도시에서 차량을 충전하는 것은 쇼핑이나 외식을 하러 나가서
차를 세우고 주차하는 동안 하게 되는 부수적인 일이 되어가는 듯
보인다. 그러나 고속도로 여행을 할 때는 어떨까? 시외에서 충전소
의 본질은 무엇이 될까? 충전소 주인이 소비자 경험 쪽에 투자해
야 할까? 작은 놀이공원이라든지 오락실처럼 소비자들이 기다리
는 동안 그들을 즐겁게 해줄 수 있는 경험으로? 그들이 도입할 수
있는 것들은 무한하지만 소비자에게 반드시 필요한 것이 무엇인지
깨닫는 것이 성공의 첫 단추다.


## 모든 인프라는 일시적 껍질에 불과하다

:

이 책을 읽을 수 있고 또 읽고 싶어 하는 독자라면, 최소한 은행계
좌 하나쯤은 있고, 직불카드, 자동인출기, 수표, 모바일 은행 애플
리케이션까지 돈을 사용하는 다양한 방법을 알고 있을 것이다. 일
단 대부분의 사람은 이런 수준의 서비스를 사용할 수 있게 되면,
그 서비스의 본질을 생각하는 것은 고사하고 어떤 점이 마음에 드

는지도 더 이상 생각하지 않는다. 은행업의 핵심은 돈이 필요할 때까지 안전하게 보관하는 것이며 필요할 때 받는 이가 어디에 있든 돈을 찾을 수 있게 해주는 업무다. 당연한 말이겠지만, 자신과 가족들의 돈을 잃어버리는 것은 생존에 위협이 되며, 이러한 기본적인 서비스를 받을 수 없는 사람들이 그 위협을 주로 체감한다.

이것이 바로 금융기관과 은행이 하는 일에 대한 자신의 생각에 도전해보기 위해 고객이 탐구하고 싶어 하는 개념이다. 불행히도 그들은 가정을 재설정하는 방법을 모를뿐더러, 소비자들이 은행에게 자신의 돈을 순순히 갖다 주도록 하는 핵심 동기를 재구성하는 방법을 모르는 경우가 많다.

선진국에 사는 사람들에게 은행은 자신의 삶과 긴밀하게 엮여 있다. 그래서 은행 서비스를 받을 수 없다는 것이 무슨 의미이며 은행이 존재하지 않을 때의 문제점들은 어떤 것인지 상상하기 어렵다. 또한 우리가 속한 사회에서는 이것에 관해 연구하기가 어렵다. 사람들에게 기존의 금융 인프라를 다 없애고 서비스 없이 살아보게끔 강제하는 비인간적인 방법을 쓸 수는 없지 않은가. 그래서 좀 더 가시적인 것을 뛰어넘어 조사하기 위해서는 현금 인출이 말 그대로 침대 밑에서 돈뭉치를 꺼내는 것을 의미하는 곳으로 여행을 갈 필요가 있다.

금융 서비스의 측면에서 선진국과 개발도상국의 격차는 어마어

마하다. 전 세계 가구 중 약 49퍼센트가 예금계좌를 갖고 있지만 일본은 계좌 보유율이 거의 100퍼센트인 데 반해 콩고와 아프가니스탄은 1퍼센트도 안 된다. 은행을 이용할 수 있는 사람들이 늘어나고 있지만 큰 폭은 아니다. 예를 들어 2008년에서 2009년 사이 인구 800만의 부룬디는 전국적으로 현금인출기의 수를 두 배로 늘렸다.[10] 정확하게는 2대에서 4대로 늘어난 것이다. 현금인출기 서비스를 제공한다는 것은 더 공식적인 은행 서비스를 뜻하기 때문에 늘린 것이라고 한다. 반대로 일인당 현금인출기 숫자가 가장 많은 곳인 캐나다에는 성인 458명당 한 대꼴이 있다.[11] 하지만 국적을 떠나서 돈에 관한 한 사람들은 동일한 기본적 동기에 따라 움직인다. 캐나다에 있는 사람에게 왜 은행에 입금하느냐고 물으면 아마 '원래 그렇게 하는 것'이라고 대답할 것이다. 반면 은행계좌가 없는 부룬디 사람에게 왜 돈을 코트 안감에다 덧대서 꿰매느냐고 물으면 그는 역설적으로 은행의 본질에 대해 이야기할 가능성이 크다. 돈이 필요할 때까지 안전하게 보관하기 위해서라고 말이다. 이것이 바로 차이점이다.

40년 전으로 되돌아가서 미국인이나 영국인에게 전형적인 은행이 어떻게 생겼는지 묻는다면 어떤 대답을 듣게 될까? 대리석 바닥에 10미터 높이의 천장이 있고 줄 서는 곳에는 벨벳으로 줄이 쳐져 있으며, 창문 뒤에는 은행원과 큰 금고가 있고 줄무늬 양복을 입은 몸집이 큰 신사들이 그 금고 안을 드나든다고 설명할 것이다. 그러나 오늘날 은행의 모습은 훨씬 더 단순해졌는데, 그 이유는 소비자에게 은행이 지점보다는 현금인출기, 온라인 뱅킹, 휴대전화 애플리케이션의 개념이 되었기 때문이다. 하지만 그중 어떤 것도 핵심은 아니다. 언제나 그랬듯이 지금도 안전하게 돈을 보관하는 것과 용이한 입출금이 핵심이다. 모든 인프라는 그저 껍질에 불과하며 우리가 앞에서 보았던 기술 수용 및 폐기와 같은 메타포를 따른다. 우리는 모두 소라게 같다. 어디에 살고 무엇을 하든지 우리의 욕구를 더 잘 충족시켜 주는 것을 발견하면 다른 껍질로 옮겨가는 것이 불가피하다.

4장에서 살펴보았듯 안전과 용이한 입출금은 사람들마다 받아들이는 의미가 다르다. 무엇이 존재한다는 것을 확인하는 방법으로 유형성을 중시하는 사람은, 개인 금고를 쓰든 침대 매트리스를 쓰든, 돈이 들어 있는 안전한 통이 보여야 한다. 한편 추상적인 숫자를 신뢰하는 사람들은 컴퓨터 화면에 자신의 이름 앞으로 2만 달러가 있다고 뜨는 것만으로도 그 2만 달러가 자기 돈이라고 믿는다. 이는 은행이 안전과 입출금의 용이성이라는 본질적 핵심을 성실히 담아내기만 한다면 어떤 종류의 껍질로 핵심을 담는다 해도 문제가 전혀 없다는 뜻이다.

어떤 때는 껍질조차 없는 경우도 있다. 적어도 물리적인 의미에서는 말이다. 예를 들어 케냐의 엠-페사 같은 모바일 송금 서비스는 기존의 가시적인 은행 인프라가 아니라 전적으로 모바일 연결망과 사회관계망을 이용한다. 앞에서 이야기했듯이 엠-페사는 소비자들이 휴대전화로 계좌를 열 수 있게 해주고 통화 시간을 미리 사서 '전송' 하는 것과 같은 방법으로 입출금을 하게 해준다. 혹은 결제카드를 발급해주는 심플Simple이라는 인터넷 서비스의 경우는 스마트폰으로 입금이나 송금, 공과금 납부 같은 출금 기능을 이용할 수 있게 해준다. 그럼에도 그 웹사이트에는 이런 문구가 나온다. "심플은 은행이 아닙니다. 심플만 있으면 은행이 필요 없습니다." 거기에는 지점도 금고도 창구직원도 줄 서 있는 사람들도 없지만, 예금보험공사FDIC가 보증해준다. 심플이 서비스를 시작하기도 전에 예비 고객 10만 명은 대기자 명단에 이름을 올려달라고 요청했다.[12] 그 사업은 사람들이 자신의 돈 관리를 위해 원하는 바의 본질에 집중하면서, 유행하는 최신 기술을 사용해 설계된 한편, 수수료 부분에서 투명성을 보장함으로써 성공을 거뒀다.

위에서 본 바와 같이 은행이 인프라를 다 벗겨내고 안전과 입출금의 용이성이라는 본질로 다가갔을 때 커다란 원뿔 모양의 가능성이 열린다. 또, 그러한 제품의 장단점에 대해 생각해보는 것은 훌륭한 훈련이 되기도 한다. 만약 모든 통신망 연결점에서 은행 서비스의 전체 혹은 일부를 이용할 수 있다면 어떻게 하겠는가? 현금인출기 대신에 승차권 자동발매기에서 은행 업무를 볼 수 있다면? 잔액 조회를 할 수 있는 도쿄의 자판기처럼, 모든 자판기에서 은행계좌 조회 업무를 볼 수 있다면 어떨까? 모든 POS 단말기가 집에 있는 프린터와 연결되어 있어서 영수증을 찍어낼 수 있을 뿐만 아니라 원하는 무슨 정보든지 조회할 수 있다면? (다시 도쿄의 교통 시스템을 예로 들자면 교통카드를 충전하는 발매기에서 시간, 날짜, 장소에 따라 어떤 카드의 기록이라도 찍어낼 수 있다) 혹은 모든 POS 단말기가 현금인출기라면? 모든 휴대전화가 POS 단말기라면? 생전 처음 보는 사람이 지갑과 휴대전화를 잊어버려 곤란에 처해 있을 때 여러분의 휴대전화를 빌려주어 돈을 지불하게 해주겠는가?

## 당신이 창업을 꿈꾼다면?

:

제품이나 서비스의 본질을 찾아서 새로운 가능성을 만들어내는 실제 작업은 대체로 창업하는 업체들에게 유리하다. 동네 주유소가 기존에 설치된 가스 펌프, 유류 탱크, 편의점 등을 다 뜯어내고 거대한 벽돌 위에 거대한 병을 가져다 놓기를 정말로 기대하는 사람은 없다. 기존 인프라의 매몰비용이 가능성의 원뿔을 크게 좁힐 수 있는 것처럼 기회의 원뿔도 좁힐 수 있다. 특히 사업체가 껍질을 바꾸기 전에 소비자가 먼저 바꾸려고 한다면 말이다.

신규 업체는 특히 기술낙천주의자들의 상상력을 자극할 수 있는 힘을 가지고 있다. 현 정부가 개인의 아이디어나 돈에 손을 대지 못하도록 공해公海에 새로운 자치국가를 세우고 싶어 하는 진보적 '해상국가 주창자'들처럼 상상력이 풍부한 사람들은 많다.[13]

그러나 순수한 본질의 형태로 새로운 사업을 시작하고자 하는 기업이 단순화 작업에 너무 열중한 나머지 중요한 부분까지 놓친 예들도 많다. 세상에서 가장 저렴한 자동차를 개발해 자동차 업계에 혁명을 일으킬 것을 약속했던 타타 나노가 출시되었을 때를 회고해보자. 타타 나노의 생산자는 자동차를 소유한다는 것이 단지 바퀴 네 개와 엔진을 소유한다는 뜻이 아니라 자동차 소유주가 됨으로써 사회적인 지위를 부여받는다는 것을 간과했다. 그래서 타타 나노의 소유주가 이 세상에서 가장 싸구려 차의 주인이라는 낙인이 찍히도록 만들어버렸다.

기존 업체의 경우 신규 사업체가 가지는 다양한 가능성은 없어도 사업 경험이라는 무시할 수 없는 무기가 있다. 과거의 성공이 미래의 결과에 대한 척도는 결코 아니라 할지라도, 그것은 층층이 쌓인 기능이나 설비나 부수 장착물 아래 본질에 대한 타당한 이해가 숨어 있다는 일반적인 신호다. 벽돌 위의 병보다 더 많은 것을 제공하는 주유소가 잘못되었다는 말이 아니다. 그러나 추가된 층의 가치를 이해함과 동시에, 현재의 공식에서 더하고 빼기를 통해 얻을 수 있는 기회를 발견하기 위해서는 그것들을 하나씩 벗겨내는 상상을 해보면서 아쉬운 마음이 드는지, 아무 느낌이 없는지 생각해보면 된다.

단순함이 옳은 것이라면, 본질을 찾는 것은 현실 직시다.

# 08

## 기업들의
## 오만과 편견

수천만의 사람이 매일같이 직면하지만 가장 평가 절하되는 난감한 문제가 있다. 여기에 대해 옳은 결정을 내리면 적절히 생리현상을 해결할 수 있지만 잘못된 결정을 내리면 약간의 수치와 불편함을 겪고 이성에게 잔소리를 들을 수도 있다. 다행히도 대다수의 사람은 이 문제를 마주했을 때 대부분 옳은 결정을 내린다. 그런데 이 작업을 성공적으로 수행하기 위해서는 시각적, 청각적, 촉각적, 후각적 단서를 포착하고 처리하면서 중요한 결정을 내리는 능력이 필요하다. 그 문제는 바로 생리현상 해결을 위해 신사용 혹은 숙녀용 화장실 문 앞에 섰을 때 합당한 문을 고르는 일이다.

공공화장실은 우리가 사용자 경험을 디자인할 때 제일 먼저 연상하는 곳은 아니다. 하지만 이 장소는 우리의 일상적인 일들을 더 쉽고 편안하게 바꿀 수도 있지만, 의도치 않게 성가시고 창피한 경험을 하게 만들 수도 있는 디자이너와 혁신가들의 권력을 보여주는 훌륭한 예다.

공중화장실은 나이, 성별, 인종, 소득수준, 교육수준, 문자 해독 여부에 관계없이 세계 만국의 모든 사람에게 중요한 서비스를 제공한다. 어떤 이들에게는 공중화장실이 최후의 보루이지만, 또 다른 이들에게는 길거리에 쭈그리고 앉아 일을 보는 것을 제외하면 이것이 유일한 방법이다. 누구에게나 화장실에 가야 하는 때가 온다. 그때가 오면 누구든지 가야 한다. 이 두 개의 문에 다가가는 순간, 안도감과 창피함 사이의 경계는 신사용을 숙녀용과 구분하는 표시판 위의 페인트만큼 얇아진다.

## 당신의 선택에 세계가 주목한다
:

방갈로르의 100년 된 도심 시장에서 장이 파할 무렵 화장실 앞에 서면 오감이 마비되는 듯하다. 작열하는 여름 태양 아래 야채와 과일이 자연적으로 부패하는 냄새와 함께 시장통을 드나드는 수백 명의 소변이 모여서 풍기는 냄새가 진동한다. 그 냄새는 주로 건물의 한쪽 벽에서 나는데, 이는 서서 소변을 보는 남자들이 여자들보다 목표물을 놓칠 가능성이 많아서 냄새가 더 많이 나기 때문이다. 건물 근처에 퍼지는 냄새는 화장실 안으로 들어온 적이 없는 사람에게도 그곳의 용도를 잘 알려준다. 물론 그 건물 속에서 어떤 일이 벌어지는지를 알려주는 다른 단서들도 있다. 두 문의 오른쪽에는 영어로, 왼쪽에는 힌두어로 각각 '신사용'과 '숙녀용'이라는 표지판이 붙어 있다. 그리고 그 문 옆에는 콧수염을 한 남자가 멋진 파란 셔츠를 입은 모습과 사리sari를 입은 여자의 모습이 커다랗게 그려져 있다. 또한 평생 동안 화장실을 사용해온 경험에 비추어 남자들이 한쪽 문에 줄지어 들어갔다가 나오고 다른 쪽 문에는 여자들이 드나드는 장면을 해석해볼 수도 있으리라. 전체적으로 이곳은 맥락적 단서들이 풍부하게 쌓여 서로의 의미를 강화하고 있었다.[1] 그러나 다들 한 번 정도는, 결정을 내리기 위해 사용할 단서가 없는 상황에 처해본 적이 있었으리라.

몇 년 전 테헤란에서 몇 시간 정도 떨어진 곳에 있는 트럭 휴게소에 간 적이 있다. 운전사는 설탕을 듬뿍 넣은 차를 주문하기 위해 앞쪽에 앉아 있었고 나는 화장실을 찾으러 뒤쪽으로 나와 어떤 문으로 들어가야 하는지 고민하고 있었다. 한 군데는 آقایان라는 표시가, 다른 문에는 خانم[2]라는 표시가 붙어 있었다. 남녀를 구분할 수 있는 색깔이나 기호도 없었고 양쪽에서 나는 냄새도 똑같이 희미한 소독약 냄새였다. 두 문을 살짝 열고 들여다보았으나 헛수고였다. 그저 동일한 모양의 개수대와 꽃병 그리고 화장실 칸막이가 줄지어 있을 뿐이었다. 대부분의 남자는 줄지어 벽에 붙어 있는 소변기를 보고 남자용 화장실임을 확인하겠지만, 소변기도 보이지 않았다. 이란 정부가 국민에게 쭈그리고 앉아서 용변을 보도록 명령했기 때문이다. 덕분에 오줌이 튀어 냄새가 나는 부작용이 줄어들어 또 하나의 은근한 단서가 사라진 셈이다. 나는 동전을 던져서 결정을 하고 들어갔다. 그러나 나오는 길에 키가 작고 통통한 신사가 다른 문에서 나오는 것을 보고야 말았다.

가능성은 반반이었으나 나는 맞추지 못한 것이다. 하지만 누가 남녀의 그림이라도 붙여놓았더라면(아니면 여성적인 형태를 묘사하는 것이 문화적 금기니, 그저 남자 그림만이라도 붙여놓았더라면) 나는 이렇게까지 고민하지 않아도 되었을 것이다.

화장실 문의 디자인은 비교적 단순한 문제다. 대부분의 다른 제품과 서비스는 단지 어떤 문을 열고 들어갈지를 선택하는 것보다 더 복잡한 조작법을 요구한다. 인터넷에서 쇼핑하거나, 비행기 표를 예약하거나, 사진을 현상하거나, 상하기 쉬운 천으로 된 옷을 세탁하는 데 몇 가지 단계를 거쳐야 하는지 생각해보라. 또한 주변 여건에서 발견되는 단서보다 디자인된 단서에 의존하는 경우가 얼마나 되는지 고려해보라.

특정 상품과 서비스를 사용, 소비, 운용할 만한 사람들은 어떤 부류이며, 그 경험을 통해 그들이 얻고자(혹은 얻지 않고자) 하는 것이 무엇인지 생각하는 데는 많은 노력이 들어간다. 예를 들면 어떤 방법으로도 절대 파괴할 수 없는 랩톱이나 휴대전화를 만드는 것이 가능하긴 하다. 그러나 그것을 제작하는 데 추가로 더 들어갈 재료가 원가를 높이고, 특히 경쟁 제품과 비교해서 가격이 높아지기 때문에 소비자는 비용과 내구성 사이에서 선택해야 한다. 소비자가 해야 하는 장단점 비교 결정은 그 물건을 디자인하고 만들고 판매하는 사람들이 내려야 하는 결정으로 변한다. 소비자가 곧 바꿀 예정이거나 몇 번 사용 후에 금방 버릴 법한 물건에, 굳이 내구성을 높여 만드는 것은 최적의 디자인이 아니다. 절대 부서지지 않게 만드는 데 드는 돈을 화면 해상도나 제품 무게처럼 다른 면을 향상하는 데 사용하거나, 제품 원가를 낮추어 좀 더 다양한 소비자들이 구매할 수 있는 낮은 가격에 제품을 내놓을 수 있도록 비용을 절약하는 것이 더 효율적이다.

휴대전화 같은 단 하나의 제품이 수천만 혹은 수억 개가 팔릴 잠재력이 있는 세계에서(아이폰을 예로 들자면 2011년 한 해 동안 7,200만 개가 팔렸다)[3] 모든 사람이 쓸 만한 물건을 디자인하는 시기는 언제이며, 보다 적은 수의 소비자들을 위해 멋진 물건을 제공할 때는 언제이고, 극소수에게 완벽하게 맞는 제품을 내놓을 때는 언제인지 어떻게 알 수 있을까? 그리고 다른 소비자들을 제외하고 일부에게만 제품을 제공하는 것에 대한 윤리적 파문에 대해 어떻게 조치를 취할까?

## 당신이 문맹인이라면?

:

휴대전화 생산자가 문맹인을 위한 특수 전화기를 개발해야 할까? 2005년, 노키아는 이상한 점을 발견했다. 일반 휴대전화를 사용하지 않을 것 같은 문맹인들이 자사의 일반 제품을 구매한다는 사실이었다. 노키아는 이런 현상을 이해하고자 나에게 이 주제에 대한 연구를 맡겼다.[4]

그 당시 노키아는 연간 2억 5,000만 달러 이상의 매출을 올리고 있었고 세계적으로 판매되는 휴대전화의 세 대 중 한 대는 자사 제품이었다.[5] 그 제품들은 모두 글자와 숫자의 인터페이스로 디자인되었다. 그러나 매출의 많은 부분을 문맹인들이 차지하고 있어서 최적의 사용자 경험을 하지 못하고 있었다. 그 시대에는 흑백 화면에 단순한 덩어리 형태의 전화기가 많이 쓰였는데 대표적인 제품으로는 노키아 3100이 있다. 그런데 그보다 몇 년 전에 업계에서는 선진 시장의 소비자들이 컬러 화면과 다른 여러 가지 기능을 갖춘 전화기로 옮겨갈 것이기 때문에 이런 종류의 전화기는 금방 뒤로 밀려날 것이라는 말이 돌았다. 그럼에도 이 모델이 회사 성장과 더불어, 같은 모바일 생태계에 있는 이동통신사 성장의 지배적인 동력이 되었다. 그 이유는 이 모델이 신흥시장에서 부유층부터 극빈층까지 다양한 소비자들이 살 수 있을 만큼 저렴한 가격에 기능을 제공한 덕택이다.

노키아는 적절한 제품을 제공하고 튼튼한 유통망 구축에 투자함으로써 초보용 전화 시장을 전부 장악했다. 예를 들어 인구의 70퍼센트가 시골 지역에 사는 인도 같은 나라에서는 유통망이 매우 중요한 요소였는데, 어떤 시골 동네를 가든지 작은 상점에서 콩이나 쌀가마니 위에 노키아 제품을 진열해놓고 파는 모습을 볼 수 있었다. 이러한 성공의 결과로 노키아 제품이 초기 예상과 기대를 넘어서 다양한 방법으로 다양한 장소에서 사용되었다. 또한 그 과정에서 대부분의 최신 기술 회사들에게는 미개간지였던 소득 피라미드 최하층 소비자들까지 고객으로 만들 수 있게 되었다. 최하층의 문맹률은 굉장히 높다. 그러나 놀랍게도 휴대전화를 사서 쓰는 데 글을 모른다는 점은 큰 문제가 되지 않았다.

문맹률은 어렵지만 흥미로운 퍼즐 조각이다. 이것을 박멸해야 할 병으로 여기는 사람들과 단체들이 상당히 많다. 하지만 우리 모두는 문맹으로 태어났으며, 문맹은 계속 존재할 것이다. 그러나 문맹이라는 개념과 문맹인 혹은 문해인으로 산다는 의미는 사람들과 그들이 일상생활에서 사용하는 물건 사이의 관계에 깊고 근본적인 영향을 미친다.

문해력에 대한 정의는 다양하지만 가장 주로 사용되는 정의는 문자의 문해력, 즉 읽고 쓰는 능력을 말한다. 다른 모든 기능처럼 문해력은 완전한 문맹에서 고도의 문해력까지 다양한 연결선상에 위치한다. 문해력의 혜택은 시장에서 표지판을 읽는다든가 전화기의 인터페이스를 뒤져보는 등 문자 환경에서 그 지식을 적용할 수 있을 때 그 빛을 발한다. 한발 뒤로 물러나서 문해력은 상징이나 상징적 자극(결국 문자는 상징에 불과하다)으로부터 그 의미를 끌어내오는 능력으로 정의할 수도 있다. 문자 문해력과 수리력(즉 산술적 문해력)은 모두 정보기반사회에서 기능을 하기 위해 지극히 중요한 능력이며 따라서 학교 과정에서 필수적인 부분이다. 그러나 사람들에게는 사물의 모습을 보고 의미를 끌어오는 시각 문해력, 사람과 사물이 행동하고 움직이는 모습에서 의미를 끌어오는 관찰 문해력, 사물의 촉감에서 의미를 끌어오는 촉각 문해력, 사물의 소리에서 의미를 끌어오는 청각 문해력처럼 비체계적인 학습과 삶의 경험을 통해 다른 형태의 문해력이 생기기도 한다. 주어진 환경에서 기능할 수 있는 한도는 이렇게 복합적인 기능을 얼마나 잘 적용하느냐에 좌우되는 경우가 많다.

문맹은 기본적인 인간의 상태다. 누구에게나 타인은 가지고 있으나 자신은 가지지 못한 어느 정도의 지식이 있으며 지식의 부족은 도움 없이 어떤 업무를 수행하지 못하는 상황을 만들어낸다. 모든 것을 알고 있는 사람은 없다. 어떤 부분에 있어서는 모두가 문맹이다.

가끔 문해력을 가진 사람들이 마치 잠시 문맹이 된 것처럼 행동할 때가 있다. 문해력이 필요한 작업을 수행하다가 무엇인가가 기억이 나지 않을 때, 정신이 다른 곳으로 갔을 때, 피곤할 때, 혹은 그 외 다른 이유로 지적 능력을 적용하는 힘이 단절되었을 때다. 그런 의미에서 손에 휴대전화를 들고 거리를 걷는 사람은 일시적으로 부분적 시각장애를 가진다고 볼 수 있다. 즉 화면을 보고 있을 수도 있고 차량이나 행인들의 흐름을 보고 있을 수는 있지만 둘 다 한꺼번에 볼 수는 없기 때문이다. 이렇게 우리가 일시적으로 시각장애를 갖는 것처럼 우리 모두는 가끔씩 귀머거리이고 신체 마비이며 문맹이다. 우리는 특히 문화적 이해에서 문맹인 경우가 많다. 가장 확실한 이유는 언어의 장벽이지만 문화적 관습에 관해서 무지한 경우도 많다.

문해력의 차이는 실제적인 학습이 없더라도 나름의 전략에 의해 극복될 수 있다. 이러한 전략 중 하나는 인접 문해력proximate literacy으로 한마디로 말해 더 문해한 사람에게 도움을 청하는 것이다. 많은 사람은 이것을 일종의 의존으로 여기겠지만 다르게 보면 특정한 임무를 문해한 친구나 친지나 친절한 행인에게 맡기는 것이다. 이런 의미에서 극빈층들의 전략은 부유층이 즐겨 쓰는 전략과 같다. 위임이 바로 그것이다.

글을 모르는 농부가 도시에 사는 친지에게 지참금 송금과 결혼식 시간에 대해 부탁할 말이 있어서 문자를 보내야 한다고 상상해보자. 농부가 문자를 보내는 법(즉 휴대전화의 인터페이스를 사용하는 법)을 달달 외워서라도 배울 의욕이 있다고 한들 편집 기능에서 애를 먹을 것이다. 단어를 만들기 위해 낱자를 배열하는 법과 적당한 문법을 써서 문장을 만들기 위해 단어를 의미 있게 나열하는 법을 이해해야 편집 기능의 사용이 가능하기 때문이다. 만약에 문자를 보냈다 하더라도 그것을 상대가 받아서 이해했다는 것을 확인하기도 어렵다. 이 맥락에서 다른 사람의 도움을 빌리는 전략은 매우 효과적이다. 물론 이 사람들은 그가 도움이 필요할 때 근처에 없을 수도 있다. 그래서 문자를 보내는 데 몇 시간 내지는 며칠이 걸릴지도 모른다. 또한 문자를 대신 입력해주는 사람이 문자 내용에 대해 알게 될 것이기 때문에, 도움을 줄 수 있으면서도 개인적인 정보에 대해 신뢰할 만한 사람을 고르는 데 시간이 더 걸릴 수도 있다. 그러나 문맹률이 높은 사회에서는 이런 종류의 도움에 대한 수요가 더 크고 따라서 인접 문해력이 사회적으로 더 쉽게 받아들여진다.

문맹률과 휴대전화 사용에 관한 노키아의 연구는 상당히 광범위한 것으로 드러났고 인접 문해력에 대한 연구는 결과적으로 문맹 사용자를 위해 설계된 전화기가 보다 넓은 의미의 능력을 고려하도록 재설정되어야 한다는 것을 확인해주었다. 간단히 말하자면 사용자가 스스로의 힘으로 혹은 다른 사람들의 도움을 받아서 할 수 있는 것은 무엇일까? 그리고 사용자들이 하고 싶은 일을 하기 위해서 적용할 전략을 어떻게 결정하는가? 사용자가 하고 싶은 일이 전화를 받는 것뿐이라면 그는 단지 전화기와 선불 요금을 충전하는 일과(요금 충전은 주로 가게에서 해준다) 전화벨이 울릴 때 알맞은 버튼을 누르는 것만 배우면 된다. 만약 그의 동기가 전화를 거는 것이라면 에러가 났을 때 이전 단계로 가는 법과 숫자를 읽고(그의 전화번호 수첩에 쓰인 숫자와 전화기에 있는 번호 모양을 매치하는 것을 말한다) 그 숫자를 입력하는 법을 비롯해 전화기 메뉴 기본 사용법을 배울 필요가 있다.

연구하던 중 우연히 발견하게 된 재미있는 사실이 또 있다. 특정 언어를 읽고 쓸 수 있는 사람이 그 언어를 지원하는 제품이 출시되어 있음에도 불구하고 자신이 모르는 언어만 지원하는 휴대전화를 쓰는 경우가 있다는 사실이다. 이 상황을 이해하기 위해서 다음을 생각해보자. 누구나 갖고 싶어하는 고급 휴대전화나 자동차의 인터페이스가 여러분이 이해하지 못하는 언어로 되어 있다면 그것을 선택할 것인가? 아니면 여러분이 이해하는 언어로 된 시시한 휴대전화나 자동차를 선택하겠는가? 어떤 맥락에서는 사용하기 쉬운 것을 선택하겠지만 또 다른 맥락에서는 높은 사회적 신분의 상징을 남에게 보임으로써 훨씬 더 많은 사회적 자본을 생성할 수 있다.

연구는 특정 소비자층의 구체적인 욕구를 위해서 완벽하게 최적화한 제품을 개발하는 것보다 사용자 인터페이스를 조금씩 살짝 바꾸어서 기존에 출시된 휴대전화 모델을 계속 파는 것이 더 좋다는 결론이 나왔다. 문맹 소비자들을 압도할 것이라고 추정했던 난이도의 장벽은 사실 소비자가 폭넓은 사회관계망과 친절한 행인의 도움을 이용하는 정도에 따라 달라졌다. 약간의 도움을 받을지라도 기존의 전화기를 사용하는 것이 그들의 특수한 요구에 맞게 제품을 최적화하는 것보다 더 중요했던 것이다.

그 외에도 당시 문맹 소비자들만을 위한 제품을 개발하는 것이 적절하지 않았던 이유는 더 있었다. '사회적 약자'를 위해 디자인된 제품을 사면 거기에 따르게 될 사회적 낙인 때문에 소비자들이 물건을 살 의욕이 꺾인다. 문맹인들은 다른 사람들처럼 대접받기를 원하기 때문에 다른 사람들이 가진 것과 똑같은 제품을 원한다. 더구나 기존에 출시된 제품을 수십억 개 더 파는 규모의 경제와 비교했을 때, 새로운 제품을 설계하고 테스트해서 공급망에 유통시키고, 판매 및 마케팅 담당 부서를 교육하는 비용을 생각하면 가격이 너무 많이 올라가서 오히려 소비자들이 사기 힘들어진다. 그러므로 최적화된 제품은 우리가 처음에 도움이 되리라 생각했던 사람들의 삶을 진정으로 향상한다고 보기 어려웠다.

이러한 기기가 소비자들의 삶을 뒤바꿀 만큼 획기적이라고 믿었던 순진한 사람들과 이데올로그들은 그 결과를 받아들이기 힘들어

했지만, 개념적으로 최적이지 못한 기기가 가장 적합한 것으로 드러났다. 나아가 현 제품보다 더 나은 기술로 더 우수한 제품을 만들 수도 있지만, 전체적으로 볼 때 더 높은 가격과 낮은 사회적 지위의 상징을 제공한다는 문제가 생긴다. 또한 새로운 제품의 사용법을 배워야 한다는 만만찮은 불편이 있을 것이다.

## 누구를 위한 '최적'인가?

:

하지만 똑같은 문제를 오늘날 연구해보면 결론은 다를 수도 있다. 문맹의 소비자들 중 많은 수가 이제 세 번째, 네 번째, 다섯 번째 휴대전화를 사용하고 있어서 새로운 인터페이스 사용법을 배우는 데 익숙해져 있다. 통신망 접속도 더 안정적이고 빨라졌기 때문에 학습과정을 더 일관적으로 만든다. 또한 제품에 대한 비용도 상당히 낮아졌다. 화웨이Huawei나 노키아 같은 회사들은 터치스크린 기술이 들어간 제품을 계속 더 많은 신흥시장의 저소득층 소비자들의 손에 쥐어주고 있다.[6] 터치스크린 제품은 문자 입력과 메뉴 검색에서 직접적인 조작을 가능케 함으로써 문맹인도 복잡한 업무를 쉽게 수행할 수 있도록 해준다. 또한 음성 인식 기술의 발달로 비문자적 인터페이스도 훨씬 더 다양하고 폭넓은 언어를 인식할 수 있게 되어 곧 우리가 기계에 말하고 기계가 말로 응답하는 날이 머지 않았다.

뒤돌아보면, 문맹 연구는 시기 선택의 중요성과 더불어 소비자와 그들의 삶에 대한 뿌리 깊은 선입견이 가지는 함정의 예를 잘 보여준 셈이다. 그 당시 기업(전 세계에 산재해 있는 작은 마을 정도 크기의 기업)은 문맹의 소비자들이 문맹인을 위해 특별히 디자인된 휴대전화를 사고 싶어 할 것이라고 판단했다. 그 연구가 진행되기 전에 휴대전화가 여전히 부유층을 위한 사치품으로 여겨지던 때가 있었다. 우리는 소득 피라미드의 바닥에 있는 사람들에게 그런 물건을 떠안기려고 애를 쓰는 것은 상스러운 짓이라고 생각했었다. 가난한 사람들은 휴대전화를 살 돈이 없을 뿐만 아니라 사용할 곳도 없었을 테니 말이다. 그러나 수십억의 저소득 소비자들은 이 판단이 완전히 틀렸다는 것을 증명했다.

어떤 사람들은 휴대전화 초창기 시절에 소득 피라미드의 바닥에 있는 소비자들에게는 신경을 쓰지 않는 것이 부도덕한 행위가 아닐까 하는 의문을 제기했다. 문맹의 사용자들이 휴대전화를 원하거나 필요로 하는지 먼저 알아보지도 않고 그들을 위한 휴대전화를 만들었다면 그것이 부도덕한 행위가 아니었을까? 나는 두 경우 모두 그렇지 않다고 생각한다. 실제로 가장 좋은 방법은 최종 소비자들의 문제를 대신 해결해주려고 애쓰기보다는 소비자들이 그들 자신의 문제를 어떻게 해결하는지 이해하는 것이다.

'최적'으로 디자인된 제품은 그 나름의 매력이 있지만 누구에게 최적이며 무슨 목적에 최적인지 파악해야 한다. 여러 분야에 따라 '최적'은 더 빠르게, 더 저렴하게, 더 가볍게, 더 고품질로, 더 튼튼하게, 라는 다양한 의미로 쓰일 수 있다. 최적성이 하나로 통일된 개념이 아니라는 것을 고려한다면 이러한 차이를 어떻게 조율해야 할까? 그리고 누가 결정해야 할까?

인간은 자민족중심에서 자기중심에 이르기까지 다양한 중심 centricity에 따라 시각이 한정되게 마련이다. 우리가 새로운 맥락과 그 속에 포함된 사람들을 이해하기 위해 열심히 노력하는 만큼 엇박자로 나가기도 쉽다. 특히 대기업의 경우가 그렇다. 선진국의 기준에서는 최적으로 보이지 않는 것이 개발도상국의 기준에서는 최적일 수 있다. 특히나 비용 면에서는 더욱 그러한데 최소생계유지 비용 수준에서 살아가는 사람들이 최적화에 가장 능하기 때문이다. 어떤 사람들에게는 귀찮은 일이 다른 사람들에게는 비용을 최소화하는 기발하고 가끔은 필수적인 방법이 되는 경우도 흔하다. 문자나 전화비를 줄이기 위해서 전화를 걸었다가 수신자가 받기 전에 끊는 것이 그 좋은 예다.

휴대전화나 자동차처럼 복잡한 유통망이 필요한 제품은 세계 모든 지역의 입맛에 맞게 설계 및 생산을 할 수 없는 경우가 많다. 그러나 이런 종류의 제품을 전 세계적으로 생산 공급하는 기업들

도 자사 제품이 유통하는 지역의 실정에 맞는지 이해하려고 노력
해야 한다. 이러한 이해를 하느냐 못하느냐의 차이는 매우 극명하
다. 일부 인도주의 사상가들이 믿고자 하는 바와는 반대로, 기업
의 무지로 인해 손해를 보는 쪽은 개발도상국의 국민들이 아니라
기업이다.

## 가성비를 따지지 않는 가난한 소비자가 이상하다
:

세계화에 대해 격노할 일을 찾는 것은 그다지 어렵지 않다. 스타벅
스 때문에 제일 좋아하던 동네 커피숍이 문을 닫고, 인도네시아의
폭동으로 아시아에 경제대란이 오며, 애플이 자사 애플리케이션
플랫폼에 선정적인 내용을 올리지 못하도록 세계적으로 규제하면
서 자신들의 가치관을 강요하는가 하면,[7] 태고의 자연을 간직한 산
맥에 코카콜라와 펩시의 로고가 떡하니 붙어 있기도 하다.[8]

혹은 수익 극대화가 한 차원 더 심화된 상황을 보기도 한다. 네슬
레Nestle's가 공격적인 분유 판매를 벌여 모유 수유를 억제한다든지,
페이스북과 구글이 끊임없이 개인정보 취급방침을 수정하여 새로
운 서비스를 통해 개인 정보로 돈을 벌 궁리를 한다든지, 몬산토
Monsanto에서 불임 씨앗을 개발해 농부들이 매년 씨앗을 재구입하
게 한다든지,[9] 폭스콘Foxconn의 중국 공장에서 많은 노동자가 자살

한 사건이라든지,[10] 에릭슨Ericsson이 이란 같은 나라에서 감시 장비를 팔아 돈을 번다든지, 유니레버Unilever의 미백크림 광고가 인종차별의 비난을 받은 사건[11] 등 실제의 예는 넘쳐난다. 우리는 정부, 기업, 기관을 막론하고 어떤 단체든지 늘 관리 감찰해서 잘못을 저지르는 경우 그 책임을 물어야 하며, 특정 거대 시장 참여자가 있는 여러 국가에서는 그들도 견제해야 한다.

그러나 우리 개개인은 소비자, 고용주, 고용인으로서, 만들고 소비하는 제품, 꿈꾸는 생활스타일, 구매한 제품에 대한 사용 방법 간의 관계에 깊이 연루되어 있다. 우리는 사생활 침해에 신경을 쓰지만, 카메라에 잡히는 순간이 오면 기꺼이 개인적 가치관을 잠시 보류한 적이 다들 있다. 또, 우리는 모두 무료 이메일에 익숙해졌지만, 구글이 사용자에게 좀 더 맥락적인 광고를 보내기 위해서 알고리즘을 이용해 우리의 이메일을 읽는 것에 대해 (일시적으로나마) 성토한다.[12] 우리가 조용한 산에 가서 평화로운 시간을 즐길 때 전화벨이 울리면 욕이 저절로 튀어나오지만, 통신망 자체를 포기하는 것을 상상만 해도 다리가 후들거린다. 그런가 하면, 우리는 지구 온난화에 반대하지만, 친환경 생활을 지지하는 회의에 참석하기 위해 엄청난 연료를 사용하는 비행기를 타고 날아간다. 또 새 전자제품의 가격에 대해 목소리를 높이지만, 약간 더 비싸더라도 환경에 악영향을 덜 미치는 제품에는 지갑을 잘 열지 않는다. 사업을 위해 지구 반 바퀴를 돌며 여행하지만, 그 사업을 가능하게 해주는 소득 원들이나 세계 통신망의 다양하고 수많은 참여자에 대해 알아볼 생각은 않는다. 이러한 통신망이 바로 우리가 그곳으로 여행하고, 거기에서 머무르며, 출장 기간 동안 동료들과 사랑하는 가족들과 연락할 수 있게 해주는데도 말이다.

나는 상당히 많은 시간 동안 세계를 다니며 기업의 총회에서부터 고등학교 강당까지 다양한 장소에서 강연과 세미나를 해왔다. 또한 그곳에 참석한 석학들과 많은 것을 나누고 배울 수 있는 기회를 가지게 된 것에 늘 감사를 느낀다. 그런데 한번은 개발도상국에서 내가 하는 일을 포함해 대기업의 존재 자체가 커다란 재앙이라는 의미를 내포한 비난의 질문을 받은 적이 있다. 이런 종류의 질문은 고소득 사회와 자원이 한정적인(즉 가난한) 사회의 소비자에 대한 오해에서 주로 나온다. 이러한 왜곡이 생기는 이유는 의도는 선하지만 사람들을 있는 그대로 보지 못하고 보고 싶은 대로 보기 때문이다. 그들의 오류가 포함된 가정은 다음과 같다.

- 가난한 소비자들은 무조건 이성적인 선택을 할 의무가 있다(이 경우 '이성적'이라는 단어는 이 주장을 내세우는 사람이 정의한 대로, 그들의 현재 사회경제 상황에 즉각적인 혜택을 주는 것들을 지칭한다. 예를 들어 아픈 아이의 약을 사기 위해 돈을 쓰는 것은 괜찮지만 그 아

이가 TV를 보기 위한 전기를 위해서 돈을 쓰는 것은 이성적이 아니라는 논리다).

• 저소득 소비자가 '비이성적'인 선택을 했다면, 그 책임은 항상 그 물건을 제공한 회사에 있다.

• 소득 수준이 매우 낮은 국가의 소비자를 겨냥하는 기업들은 본질적으로 악하다.

이런 종류의 주장을 접하게 되면 나는 극빈층을 세상에서 가장 비판적이고 합리적인 소비자로 보는 시각에 반기를 들곤 한다. 구매하는 물건 하나하나 깊이 생각하지 않거나, 한 제품을 살 때 기회비용과 사회적 빚을 생각하지 않아도 되는 사치를 부릴 수 있는 사람들은 세계 인구에서 극히 일부다. 그러나 소득수준이 매우 낮은 소비자들은 부유층에 비해 계속적으로 이성적인 선택을 강요받는다. 왜냐하면 매일의 의사결정 과정이 돈을 낭비하지 않고 신중하게 쓰는 일을 중심으로 일어나는 경우가 많기 때문이다.

이러한 종류의 상충 효과는 사회에 큰 파장을 몰고 온《가난한 이들의 포트폴리오: 세계의 빈곤층이 하루에 2달러로 살아가는 방법Portfolio of the Poor: How the World's Poor Live on $2 a Day》이라는 책에

| 자산내역 | $174.80 | 부채내역 | $223.34 |
|---|---|---|---|
| 예금계좌 | $16.80 | 대출금 | $153.34 |
| 하미드가 고용주에게 맡겨둔 돈 | $8 | 친지와 이웃으로부터 빌린 무이자 빚 | $14 |
| 혹시 생활비가 모자랄 경우를 대비해 집에 보관한 돈 | $2 | 월급 가불 | $10 |
| 보험료 | $76 | 낭비벽이 있는 남편과 아들로부터 돈을 안전하게 보관하려고 두 이웃 아줌마들이 맡겨놓은 돈 | $20 |
| 고향에 보낸 돈 | $30 | 가게 외상 | $16 |
| 친척에게 빌려준 돈 | $40 | 밀린 집세 | $10 |
| 수중에 있는 돈 | $2 | | |
| | | 순자산액 | -$48.54 |

잘 묘사되어 있다.[13] 이 책은 방글라데시에 사는 하미드Hamid와 카데자Khadeja 부부의 경제생활을 1년 동안 관찰 기록한 것이다. 하미드가 모터 인력거 대리 운전사로 일하며 버는 70달러 정도의 월급으로 이들 부부가 아이와 함께 살아가는 모습을 보여준다. 1년이 끝나갈 무렵, 그 부부의 대차대조표는 다음과 같았다.[14]

그 외에도 카데자가 7명의 다른 여자들과 함께 쓰는 초라한 부엌에서 빌리거나 빌려준 쌀, 콩, 소금이 있었는데, 나중에 말썽이 없도록 비공식적인 대차대조표를 머리에 기억하고 있었다. 이러한 차변과 대변의 각 항목은 그 부부에게 전략적이고 물질적인 가치를 지녔다. 그 부부의 순자산액은 적자였지만 빚이 그다지 많지 않아 감당하기 어렵지 않았다. 가난한 사람들은 이성적으로 행동할 것이라고 주장하는 비평가들은 정규 교육과 문해력을 지능과 세상 물정을 이해하는 지식보다 더 높이 평가하고, 순수한 자신의 이익에 따라 내린 결정을 사회적 지위나 사회관계를 이유로 내린 결정보다 더 중요하게 여기는 듯하다. 그러나 무엇이 이성적인가는 지역에 따라 가변적이다.

세 달치 월급을 모아서 가장 저렴한 노키아 휴대전화를 사려고 가끔 밥까지 굶는 것은 비이성적일까? 만약 휴대전화를 이용해서 사업하려는 것이라면 어떨까? 혹은 게임을 하기 위한 것이라면? 아니면 사랑하는 사람들과 이야기하기 위한 것이라면? 또는 포르노를 보기 위한 것이라면? 세 달치 월급 대신 한 달치 월급으로 무명 브랜드의 싸구려 휴대전화를 사는 것이 더 이성적일까? 여러분의 아이폰 구매는 얼마나 이성적인가? 여러분의 나이키 운동화 구매는? 무엇이 이성적인지 아닌지는 누가 결정하는 것일까? 여러분이 가장 최근에 산 고가의 물건에 대한 기회비용은 무엇일까? 유명 브랜드의 휴대전화를 사는 것과 이름 없는 생산자가 만든 휴대전화를 사는 것의 장단점은 무엇일까? 적절한 기회비용이 어떤 것인지 누가 결정하는 것일까? 질문을 약간 더 꼬아서 제품을 창조하는 일을 하는 독자들에게 묻겠다. 저소득 소비자는 미적 감각이나 다른 표면적 요소를 거부하고 엄격하게 기능 위주로만 골라야 할 의무가 있는 것일까? 다시 한번 더 꼬아서, 회사들이 이런 시장에서는 심미성이 떨어지는 제품을 만들어야 할 의무가 있는 것일까? 결국 이런 논의는 한곳으로 집중되게 마련이다.

사무직을 선망하는 사회에서 흰 피부가 밭에서 일하지 않아도 된다는 의미를 내포한다면 피부를 하얗게 만들기를 원하는 것이 이성적인가? 그것을 원하는 소비자가 있다면, 지역 상황에 맞게 피부를 희게 만들 수 있는 방법은 무엇이 있을까? 그 방법이 얼마나 안전하고 안정적이며 효과적인가? 만약 다국적 기업이 들어와서 (그 지역의 기준으로 볼 때) 안전하고 안정적이며 효과적인 미백 제품을 제공한다면 그 기업은 악마인가 구세주인가? 그러한 제품을 개발하는 것이 의무인가 아니면 개발하지 않는 것이 의무인가? 만약 다국적 회사가 흰 피부를 가지고 싶은 사람들의 소망에 어필하면서 공격적으로 그 제품을 홍보한다면 이것이 본질적으로 그들을 인종주의자로 만드는 것일까? 만약 현지 회사가 똑같은 일을 한다면 어떨까? 만약 현지 회사가 똑같은 일을 하면서 훨씬 더 괴상한 광고를 한다면?

이러한 질문들이 비평가들이 생각하는 것보다 훨씬 더 복잡하다는 것을 여러분은 대부분 깨달았으리라. 진짜 중요한 쟁점은, 어떤 결론을 내리기 전에 여러분이 이제 조금씩 이해하게 된 소비자들의 목소리를 계속 듣고 그들이 원하는 것에 대해 다양한 대화를 하는 방법을 어떻게 찾을까 하는 것이다. 신문의 헤드라인과 유행 동향을 넘어 더 깊이 이해하기 위해서 무엇을 해야 할까?

정부가 무관심하고 로비스트들이 지배하는 나라에는 경제적 이득과 이윤 극대화를 무엇보다 앞세워 기회가 주어질 때마다 사회를 착취하고자 하는 회사들이 있다. 그러나 모든 회사가 그렇다고 단정 짓는 것은 논리보다 감정을 앞세운 결론이다. 가난한 소비자들의 요구에 맞는 제품과 서비스를 그들이 지불할 만한 가격에 제공해 상업적으로 가능성이 있는 상품을 만든다는 것은 한마디로 말해 놀라운 업적이다. 왜냐하면 그들은 필요와 한계라는 동기를 가진 세상에서 가장 까다로운 소비자들이며, 다채로운 지역적 대안품들이 존재하기 때문이다. 우리가 그 소비자들이 제품이나 서비스를 선택하는 것을 보고 그것을 이성적인 결정이라고 생각하는지의 여부는 전혀 관계가 없다. 우리의 구매 결정이 그 소비자들의 의견과 전혀 관계가 없는 것처럼 말이다.

정식 연구 과정을 통하든, 게릴라 전법을 이용하든, 단순히 우리 자신의 경험을 돌이켜보든, 사람들에게 동기를 부여하는 것이 무엇인지 이해하는 것은 의미 있는 제품과 서비스를 만드는 첫걸음이며, 결국에는 지속 가능한 사업을 만드는 첫걸음이기도 하다. 자원이 한정된 소비자 한 명이 매우 제한적인 소득으로 그 제품을 구매한다는 것 자체가 이미 최고의 칭찬인 셈이다.

가난한 이들은 형편없이 디자인된 제품과 서비스를 살 형편이 안 되고 제대로 작동하지 않을 것에 투자할 상황이 아니다. 그러나 그들도 무엇이 자신의 요구에 맞는지 맞지 않는지를 스스로 결정할 권리가 있다. 세계의 빈곤층에게는 주의를 기울일 가치가 없다는 생각은 참으로 오만이다.

# 결론

## :

이쯤에서 나는 여러분이 이 책에서 알게 된 것과 앞으로 할 일에 대해서 몇 마디 해야 할 것이다. 그러나 이 책은 그런 종류의 책이 아니고, 또 여러분은 쉽게 뭔가를 얻으려고 하는 독자들이 아니라고 믿는다. 나는 여러분에게 세상이 어떤 곳인지를 가르쳐주려는 게 아니다. 그저 세계를 좀 더 선명하게 보는 데 도움이 될 새로운 시각을 제공하고 싶었다. 이 책을 가장 잘 이용하는 길은 사물을 보는 새로운 방법으로 무장하고서, 가는 길목마다 더 현명한 의문도 던져가면서, 삶의 구석구석을 열심히 탐구하면서 살아가는 것이다.

어쩌면 여러분은 미래가 어떤 모습일지 궁금하고 거기에 어떻게 대처할지 생각하고 있을지도 모른다. 그러나 이 책은 그런 내용을 다루지 않는다. 다만 여러분이 밖으로 나가 세계 속에 발을 들여놓고 각 장에서 다른 인식의 렌즈를 통해 바라보기를 선택한다면, 미래를 훨씬 더 입체적이고 투명하게 볼 수 있을 것이다.

이러한 렌즈로 초점을 맞추면 무엇이 보일까? 가장 단순한 상황과 상호작용들조차 의미로 가득 차 있고 기회로 무르익어 있다는 사실을 보게 될 것이다. 또한 여러분의 친구가 카페에서 자리를 뜨면서 으레 하는 행동들이 그의 기억력 감퇴와 거기에 대처하려는 노력 때문이라는 것을 깨달을 수도 있다. 혹은 주유소나 호텔, 카페에서 제공되는 서비스를 볼 때 본질을 고려하고, 그와 더불어 경험을 보완하거나 격하하는 다층적 추가 요소들에 대해 생각해볼 것이다. 그런가 하면 여러분은 신기술이 공공장소에서 사용되는 것을 보고 그것이 주류 사회에 정착하거나 망각 속으로 사라지는 이유를 이해하게 될 것이다. 한편, 닭튀김 한 접시를 주문하기 전에 식당 내부나 문밖의 거리와 문화 속에서 명백하게 드러나는 모든 단서를 포착해 그 닭고기가 먹어도 될 만큼 안전하다고 믿어도 되는지 알아낼 수 있다.

여러분은 세상이 대답보다는 질문으로 가득 차 있다는 것을 보게 될 것이다. 저 소녀가 착용하고 있는 치아교정기는 정말 치아를 고르게 하는 데 사용되는 것일까? 그 소녀의 부모는 그 아이가 다른 사람들에게 암시하고 싶어 하는 만큼 부유할까? 친구 집 화장실에 있는 읽을거리는 그 친구 자신을 위한 것일까? 아니면 여러분에게 보이기 위한 것일까? 공원의 표지판은 누구의 권위로 세워진 것일까? 그것이 존재함으로써 혜택을 보는 사람은 누구일까?

또한 친구, 또래, 타인, 동료, 소비자 등과의 상호작용 같은 인간의 행동이 명시적으로 설명된 범위를 넘어서 포착되고 해독되고 분석될 수 있다는 것을 보게 될 것이다. 여러분은 이제 말로 직접적으로 표현된 것보다 말로 표현되지 않은 내용을 이해하는 것에 재미를 느끼기 시작할지도 모른다.

또한 신기술이 나타났을 때(지금쯤이면 신기술이라는 것은 항상 나타난다는 것을 눈치챘겠지만) 그것이 인간 행동에 영구적인 변화를 일으키는 장기적 혜택 면에서 무엇을 제공하는지 감이 올 것이다. 그와 더불어 여러분이 판매 대상 소비자든 그저 옆에서 지켜보는 사람이든지 간에 기술의 신선함은 시간이 지나면 사라진다는 것을 이해할 것이다.

샤워할 것인가 말 것인가, 계단을 이용할 것인가 승강기를 이용할 것인가, 주변 사람들이 전화 내용을 엿듣도록 할 것인가 조용한 곳에 가서 통화할 것인가 같은 두 갈래 길에 섰을 때, 이 각각의 행동들이 '하기'와 '하지 않기'의 정교한 프레임워크에 연결되어 있다는 사실을 볼 수 있을 것이다.

이러한 모든 사소한 것들과 삶의 모든 렌즈들을 도구로 사용한다면, 세계가 어떻게 돌아가는지에 대해 더 포괄적인 이해를 할 수 있을 것이다. 혹은 다음번에 휴가를 갈 때, 이러한 지식으로 '그 장소와 상황 속에 있다'는 사실을 더 깊이 이해하게 될 것이다. 따라서 내가 삶에서 좋아하는 부분과 싫어하는 부분을 더 잘 인식하게 되어서, 더 많이 즐기고 돌아올 수 있을 것이다. 어쩌면 그곳 사람들이 제한된 자원으로 삶을 꾸려가는 독창적인 모습을 보고 영감을 얻을지도 모른다. 아니면 기업과 고객이 직면하는 문제를 해결하기 위해 새롭게 얻은 통찰력을 활용할 수도 있다.

주변을 잘 둘러보면 훨씬 더 많은 것이 눈에 띌 것이다. 이제는 드러나 있는 것들도 잘 보일 테니 말이다.

부록
# 관찰 연구의 여덟 가지 법칙
:

## 1. 표면적을 최적화하라

표면적surface area은 연구 주제에 다가갈 수 있는 모든 접점의 총계
를 일컫는다. 이러한 접점이 쌓여서 이루어진 표면적은 연구의 넓
이와 깊이, 압력(다른 부분에 비해 더 많이 들어간 노력)과 층(즉 대안backup
plan), 그리고 질감(윤리, 프로정신, 불법매매, 강도intensity)을 포함한다. 최
적 표면적은 자료 수집을 쉽게 하고 공식적·비공식적 접점에 쉽게
다가갈 수 있게 해준다. 또한 일이 계획대로 풀리지 않을 경우가
생기게 마련인데, 그럴 때 만약의 사태에 유연하게 대처할 수 있게
해준다.

## 2. 현지팀은 성공적 연구의 열쇠다

현지팀을 채용하는 것은(핵심 팀원 한 명당 현지인 한 명이 이상적이다) 그

지역 사람들과의 교류의 질을 현저히 높이고 다루어야 할 연구 내용을 두 배로 빨리 처리할 수 있게 해준다. 현지 팀원은 두세 개의 언어 구사가 가능하고, 사교적이며, 외국인 및 이방인을 만나는 것을 즐길 뿐만 아니라 배움에 열의가 있고 경험에 의해 주로 자극을 받는 사람이 이상적이다.

열심히 일하도록 유도하고, 보상을 두둑이 하라.

## 3. 모든 것은 여러분이 있는 곳에서부터 나온다

연구 개요에 부합하는 동네에 있는 집이나 게스트하우스를 구하라. 그러고 나서 그곳을 집처럼 아늑하게 꾸미고 핵심팀과 함께 일할 지역팀을 결성하라. 회의실부터 아침 식사 공간까지, 팀원들이 함께 어울릴 수 있는 공식적 장소와 비공식적 장소를 만들라.

## 4. 다층적인 채용 전략을 세워라

가장 중요한 현장 교류를 주도적으로 계획하라. 연구 참가자들은 현지 연구의 핵심이다. 연구 주제가 매우 특수한 경우가 아니라면 직업소개소에 맡기지 말라. 현지 팀원을 비롯한 연구팀의 사회연결망을 이용하라. 소셜네트워크 웹사이트에 추상적인 조건 외에 명시할 수 있는 조건들을 올려서 적합한 사람들을 찾아라. 또한 참가자들이 도착하기 전에 그들을 깊이 파악할 수 있도록 팀원을 준비한다. 처음 인터뷰를 성공적으로 이끌면 참가자들이 몰릴 수 있다. 참가자를 채용하는 과정을 꾸준하게 계속적으로 진행하라.

## 5. 참가자 제일주의를 기억하라

모든 상호작용에서 참가자의 안녕을 제일 우선으로 하는 것은 연구기간 동안 자료를 수집하고 긍정적으로 적용하는 데 강력한 도덕적 기반을 닦는다. 즉 현지팀이 자발적으로 자신들의 사회연결망을 사용하게 만들고 나아가 훌륭한 연구결과를 낳게 되는 것이다. 전통적인 규칙은 '고객 우선'이지만 참가자 우선을 실천함으로써 고객은 자동적으로 최우선의 위치에 놓이게 된다.

## 6. 자료에 숨 쉴 공간을 주라

자료(단순한 정보)로부터 통찰(그 정보를 당면한 문제에 적용하는 방법)에 이르는 여정은 현장에서 시작된다.

자료는 신선할 때 마셔야 한다. 최소한 하루에 한 번, 매번 상호작용이 있은 후에는 팀원들이 다 같이 주요 자료를 검토하는 것이 좋다. 또한 스튜디오로 돌아오기 전에는 현지 조력팀들과 함께 하루 동안 검토의 날을 갖는다. 이동식 연구실에는 자료가 숨을 쉴 수 있는 넓은 공간을 마련한다. 그래서 자세한 항목을 꼼꼼히 들여다보기 전에 새로운 자료를 오래된 자료 위에 올려서 그것을 가리는 일이 없도록 한다. 이렇게 숨 쉴 공간을 주면 자료를 입체적으로 다채롭게 이해하고 그 이해한 내용에 익숙해지는 데 큰 도움이 될 뿐만 아니라, 스튜디오에서 본격적인 분석을 하기 전에 수동적인 노출을 통해 그것을 흡수할 수 있게 해준다.

## 7. 일반적인 규칙은 통용되지 않는다

각각의 연구 프로젝트는 새로운 현실을 창조할 기회다. 일반적인 규칙이 통용되지 않는다는 것을 보여줄 계기를 마련하라. 팀의 서열을 무시한다든지(서열이 가장 낮은 팀원에게 최고급 침대를 주고 여러분은 방 바닥에 누울 만한 자리를 찾아보라) 방문객에게 일을 시킨다든지 업무 및 생활 공간에 총체적 변화를 줘보라.

## 8. 긴장과 피로를 풀 시간을 남겨두라

분량이 압도적으로 많고 집중적인 연구를 하다 보면 심적으로 지칠 수 있다. 매일같이 장시간 동안 일해야 하고, 일 관계로만 알던 사람들과 매우 가까운 거리에서 함께 살아야 하며, 그와 동시에 프로젝트와 새로운 현지인의 광범위한 요구에 대처해야 한다. 그렇기 때문에 회복 시간이 필수적이다. 연구가 끝날 무렵에 적어도 이틀 정도는 팀원들이 함께 쉴 수 있는 시간을 마련해야 한다. 전체 팀원들이 다른 사람들의 시중을 받을 수 있는 근사한 곳으로 가서,

성취한 일들을 돌아보며 다시 익숙한 문명의 세계로 되돌아갈 정신적 준비를 하도록 배려하라.

연구가 끝나고 1년 정도 지나면, 기억에 남는 것은 공동의 목표를 향해 서로를 격려하고 도왔던 동지애와 연구를 마감하면서 보냈던 휴식시간이다. 좋은 추억을 만들라.

# 참고자료

## 서문_혁신을 갈망한다면, 주변을 살펴보라

1 미국 통계청US Census Bureau, Demographic Internet Staff, "International Programs, International Data Base", 2012년 10월 15일 자료, http://www. census. gov/population/international/data/idb/worldpopinfo.php.

2 세계은행World Bank, *World Development Indicators 2008.*
"Press Release: ITU sees 5 billion mobile subscriptions globally in 2010", http://www.itu.int/newsroom/press_releases/2010/06.html; Richard Heeks, "Beyond Subscriptions: Actual Ownership, Use and Non-Use of Mobiles in Developing Countries", ICTs for Development, 2009년 3월 22 일, http://ict4dblog.wordpress.com/2009/03/22/beyond-subscriptions- actual-ownership-use-and-non-use-of-mobiles-in-developing- countries/.

3 Henry Petroski, The Pencil: A History of Design and Circumstance (New York: Knopf, 1992). 헨리 페트로스키,《연필》(지호, 1997)

4 "Village Phone-Grameen Foundation", Grameen Foundation, 2012년 10월 15일 자료, http://www.grameenfoundation.org/what-we-do/mobile- phone-solutions/village-phone.

5 2006년 우간다의 휴대전화 소유율은 4퍼센트에 불과했으나 사용율은 80퍼센트에 달했다.

Kimberly J. Mitchell, Sheana Bull, Julius Kiwanuka, and Michele L. Ybarra, "Cell Phone Usage Among Adolescents in Uganda: Acceptability for Relaying Health Information", 2011년 5월 2일, Health Education Research.

6 엠-페사는 은행계좌가 없는 사람들을 위한 휴대전화 결제 서비스로 케냐에서 휴대전화로 24시간 송금 결제 업무를 볼 수 있게 해주었다.

7 Vikas Bajaj, "Tata's Nano, the People's Car That Few Want to Buy" The New York Times, 2010년 12월 9일, http://www.nytimes.com/2010/12/10/ business/global/10tata.html.

8 연구 프로젝트가 디자인과 연관된 경우, 규모는 더 작지만 실제 스튜디오 건물과 매우 흡사한 팝업 스튜디오에 연락을 해서 숙소 근처에 차린다.

9 노련한 기자들도 같은 질문을 던진다. 무슨 이유에선지 모르겠지만, 나를 자신들과 똑같은 일을 하면서 마감기한도 없이 단지 판공비만 더 받는 사람으로 생각하는 듯하다.

10 사람들의 문화적 견지를 이해하고 세계의 어느 곳에 중심을 두는지 알아보기 위한 테스트로 나는 간단한 세계지도를 그려보게 한다. 이 그림은 실제로 사람들이 평생 품어온 세계관과 일치하는 경향이 있다.

## 01 '하기'와 '하지 않기'

1 "Service Design Tools: Communication Methods Supporting Design Processes", 'http://www.servicedesigntools.org.'에 가면 간단한 사례와 함께 디자인 연구에 사용되는 프레임워크 및 여러 도구들이 한곳에 잘 정리되어 있다.

2 Megan Lane, "The Psychology of Super-casinos", BBC, 2006년 5월 25일, http://news.bbc.co.uk/1/hi/magazine/5013038.stm.
John Tierney, "Do You Suffer From Decision Fatigue?", The New York Times, 2011년 8월 17일, http://www.nytimes.com/2011/08/21/magazine/ do-you-suffer-from-decision-fatigue.html.

3 "The 10 Most Addictive Sounds in the World", Fast Company, 2010년 2월 22일, http://www.fastcompany.com/1555211/10-most-addictive- sounds-world; Martin Lindstrom, Buyology: Truth and Lies About Why We Buy (New York: Crown Business, 2010); Paco Underhill, Why We Buy: The Science of Shopping-Updated and Revised for the Internet, the Global Consumer, and Beyond (New York: Simon

& Schuster, 2008). 파코 언더힐, 《쇼핑의 과학》 (세종서적, 2011)

4 Richard H. Thaler, Cass R. Sunstein, Nudge: Improving Decisions About Health, Wealth, and Happiness (New Haven, CT: Yale University Press, 2008) 리처드 H. 탈러, 캐스 R. 선스타인, 《넛지》 (리더스북, 2018)

5 David Kestenbaum, "Japan Trades In Suits, Cuts Carbon Emission?", NPR.org, 2007년 10월 2일, http://www.npr.org/templates/story/story. php?storyId=14024250; "Super Cool Biz", The Japan Times, 2011년 6월 12일, http://www.japantimes. co.jp/text/ed20110612a2.html.

6 Mark Granovetter, "Threshold Models of Collective Behavior", American Journal of Sociology 83 (1978): 1420-43.

7 Mark Granovetter, Roland Soong, "Threshold Models of Diversity: Chinese Restaurants, Residential Segregation, and the Spiral of Silence", Sociological Methodology 18 (1988): 69-104; Mark Granovetter, Roland Soong, "Threshold Models of Interpersonal Effects in Consumer Demand", Journal of Economic Behavior and Organization 7 (1986): 83-99.

8 Alexis Madrigral, "Snorting a Brain Chemical Could Replace Sleep", Wired, 2007년 12월 28일, http://www.wired.com/science/discoveries/ news/2007/12/sleep_deprivation.

9 Jan Chipchase, "Mobile Phone Practices & the Design of Mobile Money Services for Emerging Markets", 2009년 12월, http://www. janchipchase.org/fp/wp-content/uploads/presentations/JanChipchase_ DesigningMobileMoneyServices_vFinal.pdf.

10 Naina Khedekar, "Nokia Money-Mobile Wallet Service Launched in India", Tech2, 2011년 12월 14일, http://tech2.in.com/news/mobile- phones/nokia-money-mobile-wallet-service-launched-in-india/264582.

11 John Tierney, "The Voices in My Head Say 'Buy It!' Why Argue?", The New York Times, 2007년 1월 16일, http://www.nytimes.com/2007/01/16/ science/16tier. html.

12 Ran Kivetz, "Advances in Research on Mental Accounting and Reason- Based Choice", Marketing Letters 10, no. 3 (1999): 249-266.

13 Nick Szabo, "Micropayment and Mental Transaction Costs", The 2nd Berlin Internet Economics Workshop, 1999년 5월.

14 Drazen Prelec, George Loewenstein, "The Red and the Black: Mental Accounting of Savings and Debt", Marketing Science 17, no.1 (1998): 4-28.

## 02 구찌 양복이 독이 되는 장소

1 Judith Lynn Sebesta, Larissa Bonfante, eds., The World of Roman Costume (Madison: University of Wisconsin Press, 1994), p. 13.

2 Erving Goffman, The Presentation of Self in Everyday Life (New York: Anchor Books, 1959). 어빙 고프먼,《자아 연출의 사회학》(현암사, 2016)

3 Walter M. Beattie Jr., "The Merchant Seaman", 시카고 대학University of Chicago, 사회학과Department of Sociology 미간행 보고서, 1950, p. 35.

4 "New Nokia Phones for Richie Rich', Wired, 2002년 1월 21일, http:// www.wired. com/gadgets/wireless/news/2002/01/49887.

5 Ian Marcouse, "The 100,000 [pounds sterling] Phone", Business Review(UK), 2008년 9월.

6 Harvey Leibenstein, "Bandwagon, Snob, and Veblen Effects in the Theory of Consumers' Demand", Quarterly Journal of Economics 64 (1950년 5월): 183-207.

7 Thorstein Veblen, The Theory of the Leisure Class (New York: Penguin Books, 1994). 소스타인 베블런,《유한계급론》(문예출판사, 2019)

8 "Status Displays: I've Got You Labelled", The Economist, 2011년 3월 31일, http:// www.economist.com/node/18483423.

9 Jan Kornelis Dijkstra, Siegwart Lindenberg, Rene Veenstra, Christian Steglich, Jenny Isaacs, Noel A. Card, and Ernest V.E. Hodges, "Influence and selection processes in weapon carrying during adolescence: The role of status, aggression, and vulnerability", Criminology: An Interdisciplinary Journal 48 (2010): 187-220.

10 Farnaz Fassihi, "A Craze for Pooches in Iran Dogs the Morality Police", Wall Street Journal, 2011년 7월 18일, http://online.wsj.com/article/SB100 01424052702303 36580457643016173249106.html.

11 Ryan Lynch, Dollars & Sense, 2008년 3/4월호, 5.

12 Tahir Qadiry, "Unlucky for Afghans: Number 39", BBC, 2011년 6월 17일, http://www.bbc.co.uk/news/13815417.

13 Kate Fox, Watching the English: the Hidden Rules of English Behaviour (London, Hodder & Stoughton, 2008). 케이트 폭스, 《영국인 발견》 (학고재, 2017)

14 Raksha Arora, "Homeownership Soars in China", Gallup.com, 2005년 3월 1일, http://www.gallup.com/poll/15082/homeownership-soars-china. aspx.

15 Michael J. Silverstein, Neil Fiske, "Luxury for the Masses", Harvard Business Review, 2003년 4월, http://hbr.org/2003/04/luxury-for-the- masses/ar/1.

16 Steve M. Chazin, "Marketing Apple: 5 Secrets of the World's Best Marketing Machine", p. 3.

17 Geoffrey Miller, Spent: Sex, Evolution, and Consumer Behavior (New York: Viking Adult, 2009). 제프리 밀러, 《스펜트》 (동녘사이언스, 2010)

## 03 성공의 비결, 밀고 당기기

1 "Busiest Station", 2012년 10월 20일, http://www.guinnessworldrecords. com/records-9000/busiest-station/.

2 스이카 (SUICA: Super Urban Inteligent Card) 혹은 모바일 스이카. 수박이라는 의미의 일본어와 발음이 같다. 일부 조기수용자들은 스이카 카드로 실험정신을 발휘하기도 했다. 카드의 가장자리를 잘라내고 휴대전화 케이스 안쪽에 테이프로 붙여서, 실제 모바일 교통 결제 시스템이 도래하기 전에 이미 '모바일 승차비 애플리케이션'을 만들어냈다.

3 스이포SUIPO. 스이카와 포스터의 합성어

4 아플 때 마스크를 하는 것보다 아예 일하러 나오지 않는 편이 더욱 남을 위하는 일이 아니냐고 생각하는 독자도 있겠으나, 그것은 회사에서 그다지 반길 일은 아니다. 심한 독감 같은 경우는 얘기가 다르겠지만 가벼운 감기에는 적용이 불가능하다.

5 Bryce Ryan, Neal Gross, "The Diffusion of Hybrid Corn in Two Iowa Communities", Rural Sociology 8, no. 1 (1943): 15-24.

6 Amelia Hill, "Thumbs Are the New Fingers for the Game Boy Generation", The Guardian, 2002년 3월 24일, http://www.guardian. co.uk/uk/2002/mar/24/mobilephones.games.

7 Betsy Sparrow, Jenny Liu, and Daniel M. Wegner, "Google Effects on Memory: Cognitive Consequences of Having Information at Our Fingertips", Science 333, no. 6043 (2011년 8월 5일): 776-778.

8 예를 들어 2012년 중위 연령median age 예상치는 이집트 24.9세, 나이지리아 18.4세, 우간다 15.2세인 데 반해, 영국 41.2세, 캐나다 42.4세, 미국 38.5세이다. CIA World Factbook, 현지 조사 자료 : 중위 연령Field Listing: Median Age, 2012 년 10월 20일 검색, http://www.cia.gov/library/publications/the-world-factbook/ fields/2177.html.

9 Alvin Toffler, "The Future as a Way of Life", Horizon 7, no. 3 (1965): 3.

10 〈혁신 확산의 관계망 모델Network Models of the Diffusion of Innovations〉이라 는 논문에서 Thomas Valente, Network Models of the Diffusion of Innovations (Cresskill, NJ: Hampton Press, 1995).

11 Chris Morris, "Porn Industry Looks for New Money Spinners", CNBC. com, 2011년 1월 6일, http://www.cnbc.com/id/40896321.

12 Paul Bond, "Film Industry, Led By Electronic Delivery, Will Grow in Every Category Through 2015", The Hollywood Reporter, 2011년 6월 14일, http:// www.hollywoodreporter.com/news/film-industry-led-by- electronic-200881.

13 "DPS(델리 퍼블릭 스쿨) MMS Scandal", Wikipedia, the Free Encyclopedia, 2012년 12월 4일, http://en.wikipedia.org/w/index. php?title=DPS_MMS_ Scandal&oldid=513168949.

14 주류 사회에서 전무하다시피 하던 성인용품을 손쉽게 입수할 수 있게 되는 등 성 문화 변동이 가장 큰 곳은 중국일 것이다. 10년 전에만 해도 보이지 않던 성인용품 점이 이제는 동네마다 들어서 섹스토이와 성욕개선제를 공공연히 팔고 있고, 인공 음경은 편의점에 진열되어 팔리고 있다. Jan Chipchase, "Pleasure at the Point of Sale", Future Perfect, http:// janchipchase.com/2011/04/pleasure-at-the-point-of- sale/.

15 Kevin Kelly, What Technology Wants (New Work: Penguin, 2010)

16 안면 인식 기능과 사생활 보호와 관련된 보다 폭넓은 맥락에 관심이 있다면 다 음을 참조하라. "American Civil Liberties Union", http://www.aclu.org; Federal Trade Commission, "Facing Facts: Best Practices for Common Uses of Facial Recognition Technologies", 2012년 10월, http://www.ftc.gov/ os/2012/10/121022facialtechrpt.pdf; "EPIC: Face Recognition", 2012년 10월 20 일 검색, http://epic.org/privacy/facerecognition/.

17 고객의 성별을 알아내는 어큐어 자판기. Jan Chipchase, "Touch Screen Vending", Future Perfect, http://janchipchase.com/2011/01/touch-screen-vending/

18 Bianca Bosker, "Facial Recognition: The One Technology Google Is Holding Back", Huffington Post, 2011년 6월 1일, http://www. huffingtonpost. com/2011/06/01/facial-recognition-google_n_869583. html.

19 스웨덴, 핀란드, 노르웨이에서는 다음 뉴스 기사와 같이 상대방에 대한 정보를 공문서 기록으로 추정하거나 혹은 직업별 연봉 통계 같은 자료로 알아볼 수 있다. Jeffrey Stinson, "How much do you make? It'd be no secret in Scandinavia", USA Today, 2008년 6월 18일, http://usatoday30.usatoday. com/news/world/2008-06-18-salaries_N.htm.

## 04 매일 들고 다니는 소지품에 숨어 있는 사업 기회

1 '낯익은 타인familiar strangers'은 공공장소에서 얼굴을 알아보지만 대화는 하지 않는 사람들을 지칭하는 개념으로 1974년 스탠리 밀그램Stanley Milgram이 소개한 개념이다. (스탠리 밀그램, 〈낯익은 타인의 얼어붙은 세계Frozen World of the Familiar Stranger〉, 〈Psychology Today〉 8: 70쪽~73쪽, 1974년 6월), 그 후 〈낯익은 타인 프로젝트Familiar Stranger Project: 공공장소에서의 불안, 위안, 그리고 상호작용Anxiety, Comfort and Play in Public Spaces〉. 두 명의 인텔Intel 연구원 에릭 폴로스Eric Paulos와 엘리자베스 굿먼Elizabeth Goodman을 포함한 많은 학자들에 의해 계속 연구되고 있다. Stanley Milgram, "Frozen World of the Familiar Stranger", Psychology Today, 1974년 6월; Eric Paulos, Elizabeth Goodman, "Familiar Stranger Project", http://www.paulos.net/research/intel/familiarstranger/index. htm.

2 Ronald W. Glensor, Kenneth J. Peak, and United States Dept. of Justice, Office of Community Oriented Policing Services, "Crimes against tourists", 2004, http://purl.access.gpo.gov/GPO/LPS61714.

3 아이팟과 아이폰 절도 사건과 이어버드가 표적이 되는 이야기는 셀 수도 없이 많으며 계속 발생하고 있다. "Robbers Targeting iPhones, iPods Near Venice Beach-CBS Los Angeles", http://losangeles.cbslocal.com/2012/04/11/robbers-targeting-iphones-ipods-near-venice-beach/; "Targeting iPods", Windsor Star, Canada. com, http://www.canada.com/windsorstar/news/life/story. html?id=468a8bc8-65b6-48ad-91ad-24e373f1e16c; Jacqui Cheng, "San Francisco Public Transit Warns About iPod Theft," Ars Technica, http:// arstechnica.com/apple/2007/03/

san-francisco-public-transit-warns- about-ipod-theft/; Jen Chung, "Subway Crime Down 'Cept for iPod & Cellphone Thefts",  Gothamist, http://gothamist. com/2005/04/28/ subway_crime_down_cept_for_ipod_cellphone_thefts.php.

4 "#01: iPod 1G: The First Original Commercial", 2007, http://www. youtube.com/ watch?v=nWqj6OQQOHA

5 "How Many Songs Does Each iPod, iPod mini, iPod nano, iPod touch, and iPod shuffle Hold", http://www.everymac.com/systems/apple/ ipod/ipod-faq/how-many-songs-does-ipod-hold-capacity.html.

6 아프가니스탄의 로샨 사가 제공하는 엠-파이사 서비스는 케냐에서 보다폰이 제공하는 엠-페 사와 똑같은 상품이며 일부러 철자를 약간 바꾸었다.

7 Eltaf Najafizada, James Rupert, "Afghan Police Paid by Phone to Cut Graft in Anti-Taliban War", Bloomberg, http://www.bloomberg.com/ news/2011-04-13/afghan-police-now-paid-by-phone-to-cut-graft- in-anti-taliban-war.html

8 "Financial Inclusion Data: World Bank", http://datatopics.worldbank. org/ financialinclusion/country/afghanistan.

9 Lisa Gansky, The Mesh: Why the Future of Business Is Sharing (New York: Portfolio, 2010). 리사 갠스키, ≪메시≫ (21세기북스, 2011)

10 "List of Tool-Lending Libraries", Wikipedia, http://en.wikipedia.org/ wiki/List_ of_tool-lending_libraries.

11 "BabyPlays.com Online Toy Rental", http://babyplays.com/.

12 Ryoichi Mori, Masaji Kawahara, "Superdistribution: The Concept and the Architecture", Transactions of the IEICE 73, no. 7(1990년 7월).

## 05 무엇을, 언제, 어떻게 관찰할 것인가?

1 우범지역 동네를 돌기에는 새벽 5시에서 7시 사이가 좋다. 연구팀에게 큰 위험을 가할 수도 있는 사람들이 자거나 술이 떡이 되어 신경을 쓰지 못하는 시간대이기 때문이다. 그리고 그들보다 덜 폭력적인 사회 구성원들은 일을 나가기 시작하기 때문에 공격의 위험이 줄어든다.

2 만약 편집증세 이외 다른 조건이 정당화된다면 남수단에서 연구를 진행하고 싶다.

3 더불어 면도와 같은 단순한 일이 고통스럽고 희한하며 선혈이 낭자한 경험이 될 수 있다는 것을 배웠다. 날이 서지 않은 면도칼을 세계 도처에서 경험했으며, 티베트

자치구에 위치한 도시 라사Lhasa에서는 짝퉁 질레트Gillette 면도기로 인해 얼굴의 살점이 떨어져 나간 적도 있다. 이스탄불에서는 머리 한 움큼이 뜯겨나가는 즐거움을 맛보기도 했고, 방갈로르에서는 흉터에 신선한 알로에를 붙여주는 친절함을 경험했다. 또한 점포에서 면도를 하는 것 외에도 길거리나 심지어는 밭에서도 면도를 받아보았다. 정전이 빈번하게 일어나는 가나의 한 동네에서 전기면도기로(에이즈 보균자가 많은 곳이라 지역 주민들이 칼보다 전기면도기를 더 안전하게 여기는 탓이다) 면도를 받았으며, 베트남 중부의 후에Hue라는 도시에서는 면도칼로 귀를 청소해주는 특별 서비스를 받았다. 한국에서는 아직 면도를 못 받아보았다.

4 Michael Luo, "'Excuse Me. May I Have Your Seat?'", The New York Times, 2004년 9월 14일, http://www.nytimes.com/2004/09/14/ nyregion/14subway.html; Carol Tavris, "A Man of 1,000 Ideas: A Sketch of Stanley Milgram", Psychology Today, 1974년 6월, pp. 74-75.

5 Andrew Jacobs, "Fire Ravages Renowned Building in Beijing", The New York Times, 2009년 2월 10일, http://www.nytimes.com/2009/02/10/ world/asia/10beijing.html.

## 06 무엇을 신뢰하고 무엇을 불신한 것인가?

1 "Arrest of the Confidence Man", New York Herald, 1849년 7월 8일; Herman Melville, The Confidence-Man: His Masquerade, ed. Hershel Parker (New York: Norton, 1971). p. 227.

2 "The Inflation Calculator", http://www.westegg.com/inflation/.

3 Herman Melville, The Confidence-Man. 허먼 멜빌, 《모비 딕》 (동서문화사, 2016)

4 창세기 3장 1절

5 Sharon Lafraniere, "Despite Government Efforts, Tainted Food Widespread in China", The New York Times, 2011년 5월 7일, http:// www.nytimes.com/2011/05/08/world/asia/08food.html.

6 "'Kitchen Expose' Chef's Confession: Duck Meat Brined in Lamb Urine to Be Used as Lamb Meat in a Dish", China Times, 2009년 3월 16일, http://hddn.ps/50-duck-sheep-lamb.

7 이 링크에 나오는 사진이 닭이라는 것은 누구나 믿을 수 있다. "The Psychology of Origins", Future Perfect, http://janchipchase. com/2010/05/the-psychology-of-

orgins/.

8 Arjun Chaudhuri, Morris B. Holbrook, "The Chain of Effects from Brand Trust and Brand Affect to Brand Performance: The Role of Brand Loyalty", Journal of Marketing 65, no. 2 (2001): 81-93.

9 2011 Edelman Trust Barometer: Global & Country Insights", p. 22, http://www.slideshare.net/EdelmanDigital/edelman-trust-barometer- executive-findings-6689233.

10 Amos Tversky, Daniel Kahneman, "Judgment Under Uncertainty: Heuristics and Biases", Science, New Series, 185, no. 4157 (1974년 9월 27일): 1124-1131.

11 Roni Caryn Rabin, "Avoiding Sugared Drinks Limits Weight Gain in Two Studies", The New York Times, 2012년 9월 21일, http://www. nytimes. com/2012/09/22/health/avoiding-sugary-drinks-improves- childrens-weight-in-2-studies.html.

12 코카콜라는 브랜드가 핵심 상품과 그 가치를 수정했을 때 발생할 수 있는 문제에 대한 교훈적 이야기를 제공해준다. 1985년 기존의 코카콜라를 없애고 뉴코크를 시장에 내놓았을 때 새로운 제조 공법은 소비자들로부터 엄청난 불만을 불러일으켰고 회사의 신뢰 생태계에 치명타를 입혔다. 다행히 코카콜라 임원들은 소비자들의 분노에 적절히 대응했고 원래의 제조법으로 만든 원조 코카콜라를 79일 만에 다시 시장에 내놓음으로써 제품의 명성을 지켰다.

13 Bruce Feiler, "Take Back the Trash", The New York Times, 2011년 3월 4일, http://www.nytimes.com/2011/03/06/fashion/06ThisLife.html.

14 침을 뱉는 행위는, 특히 외국인이 이 주제에 대해 언급했을 때, 교육수준이 높고 국제적인 중국인이 자국에 대해 가장 부정적으로 평가(최소한 이 주제에 관해 내려지는 평가는 그러하다)하는 한 부분인 것 같다. 그 이유를 감히 짐작해보자면, 침을 뱉는 행위는 매우 개인적이고 이기적인 기능을 수행하며 뱉은 내용물에 타인이 자연스럽게 노출되기 때문인 것 같다. 흙을 가까이 하는 노동이 잦은 농경 사회에서는 침을 뱉어야 하는 경우가 종종 있으며, 또 인구 밀도가 낮고 포장된 지면보다는 흙이나 풀로 덮인 환경에 있으므로 침을 뱉었을 때 타인에게 미치는 부정적 영향이 일반적으로 도시보다 낮다. 도시인에게는 침을 뱉는 행위는 얼마 전까지만 해도 그 사회가 어떤 모습이었으며 구성원들이 어떤 삶을 살았는지를 가까이에서 상기시켜준다. 한마디로 말해 교육수준이 높고 국제적인 중국인에게는 그들이 잊고 싶은 과거인 것이다. 현대적인 중국과 전통적인 중국 사이에 일어나는 불협화

음은 그 둘 간의 갈등과 변화의 속도에 대한 척도이다.

15 International Energy Agency, "Electricity Access in 2009", World Energy Outlook 2011, http://www.worldenergyoutlook.org/resources/ energydevelopment/ accesstoelectricity/.

16 "Cheng여, China: The City in 2010, the Sixth National Census Data Communique", 2012년 10월 15일 검색, http://www.chengdu.gov.cn/ govAffairInfo/detail.jsp?id= 425258.

17 이후에 나는 충칭重慶에 있는 시장에서 성욕개선제 포장에 대한 짧은 후속 연구를 진행했다. Jan Chipchase, "The Promise: Lessons For Service Design from the Packaging of Libido Enhancers in China", Future Perfect, 2012년 12월 12일 검색, http://janchipchase.com/content/presentations-and- downloads/lessons-for-service-design/.

18 OECD, "Magnitude of Counterfeiting and Piracy of Tangible Products: an Update", 2009년 11월.

19 Kathrin Hille, "Microsoft Alleges Piracy in China Lawsuits", Financial Times, 2012년 1월 10일, http://www.ft.com/cms/s/2/f87227ac-3b89- 11e1-a09a-00144feabdc0.html#axzz1yWK4AnvW.

20 Aaron Back, "Microsoft Tries Carrot to Fight China Piracy", Wall Street Journal, 2009년 5월 16일, http://online.wsj.com/article/ SB124236052789422819.html.

21 Owen Fletcher, Jason Dean, "Ballmer Bares China Travails", Wall Street Journal, 2011년 5월 26일, http://online.wsj.com/article/SB1000142405270230365480457634719024854826.html.

22 OECD, "Magnitude of Counterfeiting."

23 David Barboza, "In China, Knockoff Cellphones Are a Hit", The New York Times, 2009년 4월 28일, http://www.nytimes.com/2009/04/28/technology/28cell.html.

24 Xu Lin, Erik Nilsson, "Competition Drives Create-or-Die Existence", China Daily, 2012년 6월 13일, http://www.chinadaily.com.cn/life/2012- 06/13/content_15497936.htm.

25 Nicholas Schmidle, "Inside the Knockoff-Tennis-Shoe Factory", The New York Times, 2010년 8월 19일, http://www.nytimes. com/2010/08/22/magazine/22fake-t.html. Xu Lin, Erik Nilsson, "Competition Drives Create-or-Die Existence", China

Daily, 2012년 6월 13일.

26 Schmidle, "Inside the Knockoff-Tennis-Shoe Factory", The New York Times, 2010 년 8월 19일.

27 Owen Duffy, "Pirate Bay Hails New Era as It Starts Sharing 3D Plans", The Guardian, 2012년 1월 26일, http://www.guardian.co.uk/ technology/2012/jan/26/ pirate-bay-3d-printing.

## 07 일상을 벗겨내야만 보이는 본질

1 Donald A. Norman, The Design of Everyday Things (New York: Basic Books, 2002), p. 173. 도널드 A. 노먼, 《도널드 노먼의 디자인과 인간 심리》 (학지사, 2016)

2 John Maeda, The Laws of Simplicity: Design, Technology, Business, Life (Cambridge, MA: MIT Press, 2006). 존 마에다, 《단순함의 법칙》 (유엑스리뷰, 2016)

3 "Lateral Thinking", 2012년 11월 18일 검색, http://www.edwdebono.com/lateral.htm.

4 Tim Russell, Fill 'Er Up! The Great American Gas Station (Minneapolis: Voyageur Press, 2007).

5 Valerie Reitman, "Japanese Aren't Fuel-Hardy at New Self-Serve Stations", Los Angeles Times, 1998년 4월 26일, http://articles.latimes. com/1998/apr/26/news/ mn-43262.

6 휘발유를 잘못 주유하는 문제는 해당 연료탱크 입구에만 들어가는 펌프 노즐을 달아서 해결했다. Manabu Sasaki, "A Comedy of Errors at Nation's Self-Service Pumps", The Asahi Shimbun, 2010년 5월 4일, http://www.asahi.com/english/ TKY201005030208.html.

7 Ronda Kaysen, "A Clean New Life for Grimy Gas Stations", The New York Times, 2012년 7월 10일, http://www.nytimes.com/2012/07/11/ realestate/commercial/ a-clean-new-life-for-grimy-gas-stations.html.

8 John Kelly, "The Watergate Exxon's Famously Expensive Gas", The Washington Post, 2012년 4월 5일, http://www.washingtonpost.com/local/the-watergate-exxons -famously-expensive-gas/2012/04/04/ gIQAfEZyvS_story.html.

9 Ronda Kaysen, "A Clean New Life for Grimy Gas Stations", The New York Times, 2012년 7월 10일.

10 "Publication of Final Results for the Third Census of Population and Housing of 2008", 2010년 4월 14일, http://www.presidence.bi/spip. php?article405.

11 Consultative Group to Assist the Poor, and World Bank, Financial Access 2010: The State of Financial Inclusion through the Crisis (Washington, DC: CGAP and World Bank, 2010), p. 64.

12 Joseph Walker, "Tech Start-Ups Take On Banks", Wall Street Journal, 2012년 2월 23일, http://online.wsj.com/article/SBB000142405297020413640457720891206 2171818.html.

13 "Seasteading: Cities on the Ocean", The Economist, 2011년 12월 3일, http://www.economist.com/node/21540395.

## 08 기업들의 오만과 편견

1 Jan Chipchase, "Context, Risk & Consequences", Future Perfect, 2012년 12월 12일 검색, http://janchipchase.com/2005/11/context- understanding-risk-consequences/.

2 페르시아어로 숙녀용은 이 خانم, 신사용은 اقایان이다. 물론 왼쪽에서 오른쪽으로 읽어야 한다. 문제의 화장실은 여기에서 볼 수 있다. http://janchipchase.com/2006/10/consequence/.

3 "Apple iPhone: Global Sales 2007-2012", 2012년 10월 12일 검색, http:// www.statista.com/statistics/203584/global-apple-iphone-sales-since- fiscal-year-2007/.

4 1958년 유네스코의 문해literacy에 대한 정의 "일상생활 속에서 보이는 간단한 문장을 읽고 쓸 수 있으며 문자적 환경에서 기능할 수 있도록 이 지식을 적용할 줄 아는 사람을 문해력이 있다고 부른다." UNESCO, "Understandings of Literacy", Education for All Global Monitoring Report 2006, http://www.unesco.org/pv_obj_cache/pv_ obj_id_CEC43B731E879F232FCCB46488FF94B5E54A0300/filename/ chapt6_eng.pdf.

5 Report 2005, p. 23, http://i.nokia.com/blob/view/-/262088/ data/2/-/nokia-cr-report-2005-pdf.pdf.

6 "Huawei Launches World's First Affordable Smartphone with Google Called IDEOS", 2010년 9월 2일, http://www.huaweidevice.com/ resource/mini/201008174756/ideos/news_detail.html; Brian Bennett, "Nokia Unveils Trio

of Cheap Touch-screen Phones", CNET, 2012년 6월 6일, http://www.cnet.com/8301-17918_1-57448093-85/nokia- unveils-trio-of-cheap-touch-screen-phones/.

7 Heidi Blake, "Apple Accused of Censorship After Porn Disappears from iPad Book Chart", Telegraph.co.uk, 2010년 7월 27일, http:// www.telegraph.co.uk/technology/apple/7911821/Apple-accused-of-censorship-after-porn-disappears-from-iPad-book-chart.html.

8 "Coke Paints the Himalayas Red", BBC, 2002년 8월 15일, http://news. bbc.co.uk/2/hi/business/2195894.stm.

9 Paul Brown, "Monsanto Drops GM 'Terminator'", The Guardian, 1999년 10월 5일, http://www.guardian.co.uk/science/1999/oct/05/gm.food1.

10 Joel Johnson, "1 Million Workers. 90 Million iPhones. 17 Suicides. Who's to Blame?", Wired, 2011년 2월 28일, http://www.wired.com/ magazine/2011/02/ff_joelinchina/; "Everything Is Made by Foxconn in Future Evoked by Gou's Empire", Bloomberg, 2013년 4월 17일, http:// www.bloomberg.com/news/2010-09-09/everything-is-made-by- foxconn-in-future-evoked-by-terry-gou-s-china-empire.html.

11 Aneel Karnani, "Doing Well by Doing Good: Case Study: 'Fair & Lovely' Whitening Cream", Strategic Management Journal 28, no. 13 (2007): 1351-1357.

12 Matt Rosoff, "Google Is Studying Your Gmail Inbox So It Can Show You Better Ads", Business Insider, 2011년 3월 29일, http://articles. businessinsider.com/2011-03-29/tech/30006894_1_gmail-users-gmail- settings-gmail-account.

13 Daryl Collins, Jonathan Morduch, Stuart Rutherford, and Orlanda Ruthven, Portfolio of the Poor: How the World's Poor Live on $2 a Day (Princeton, NJ: Princeton University Press, 2009).

14 http://www.portfoliosofthepoor.com/pdf/Chapter1.pdf.

# 관찰의힘

초판 1쇄 발행 2019년 6월 25일
초판 2쇄 발행 2020년 10월 25일

지은이  얀 칩체이스·사이먼 슈타인하트
옮긴이  야나 마키에이라
발행인  홍경숙
발행처  위너스북

경영총괄  안경찬
기획편집  안미성

출판등록  2008년 5월 2일 제 2008-000221호
주소  서울 마포구 토정로 222, 201호(한국출판콘텐츠센터)
주문전화  02-325-8901 팩스  02-325-8902

디자인  김종민
제지사  월드페이퍼(주)
인쇄  영신문화사

ISBN 979-11-89352-12-7 03320

이 도서의 국립중앙도서관 출판예정도서목록(CIP)은 서지정보유통지원시스템 홈페이지(http://seoji.
nl.go.kr)와 국가자료공동목록시스템(http://www.nl.go.kr/kolisnet)에서 이용하실 수 있습니
다.(CIP제어번호: CIP2019018904)